여성 영성 수업

삶을
해석하고
다시 쓰기

박정은 지음

여성 영성 수업

옐로브릭

일러두기

- 이 책은 2016년에 출간된 《사려 깊은 수다》의 확대개정판입니다. 《사려 깊은 수다》에서 다룬 주제를 바탕으로, 여성 영성의 이론과 실천을 더 깊이 있고 체계적으로 다듬어 새롭게 펴냅니다.
- 본문 각주에 인용된 자료 중, 일부는 특정 내용을 담은 페이지를 명시하였고, 일부는 책 전체의 논지나 흐름을 바탕으로 한 경우로 페이지 표기를 생략하였습니다. 이는 해당 책이 특정 문장보다는 전체적으로 관련 내용을 다루고 있을 때 적용되었습니다.

차례

머리말 7

1부 이론

1. 영성이란 무엇인가 14
2. 목소리 찾기: 여성의 성장 단계 50

2부 실천

3. 삶을 해석하기 78
4. 여성과 공동체: 지혜의 원 97
5. 경청과 말하기 121
6. 여성의 몸 145
7. 감정을 다루는 법 171

3부 신비

8. 나이듦의 영성 212
9. 신비주의 245
10. 식별에 대하여 268

맺음말 293

머리말

"깊은 데로 가서 그물을 쳐라."

(루가의 복음서 5:4)

여기저기서 새롭게 피어나는 목소리를 듣는 것은 얼마나 행복한 일인지요. 그 행복을 돌아보며 어느 날엔가 동네 카페에 앉아, 며칠에 걸쳐 마치 숨을 내쉬듯 글을 써 내려갔습니다. 그때는 그 글이 정확히 무엇이 될지 잘 몰랐던 것 같습니다. 그저 숨이 되어 나오는 대로 적어 나갈 뿐이었습니다. 여성으로서 걸어온 나의 걸음을 돌아보고 다른 여성들의 삶을 지켜보며 성찰한 것들을 그저 줄줄 적어 내려갔습니다. 거기엔 멈출 수 없는 어떤 역동이 있었고, 마지막 장을 쓰고서야 숨을 깊이 내리쉰 기억이 납니다.

  길을 가다 우연히 만나는 어떤 공간, 홀로 가던 여행을 잠시 멈추고 숨을 돌리며 다른 여성들과 함께 웃고 우는 공간, 그리고 무엇보다 그 가운데서 자기 삶과 깊은 화해를 이루는 '바베트의 만찬'* 과 같은 공간을 꿈꾸곤 했습니다. 탄식도 애환도, 그리고 기쁨과 슬픔도 그저 가벼운 멜로디가 되어 그것을 관조할 수 있게 되는, 답을 알 수 없는 삶의 질곡에 대해서는 조금 거리를 둘 수 있는, 그렇게 해서 생겨나는 아름다움을 만져 볼 수 있는 그런 공간을 소망했습니다.

이런 꿈과 소망을 거칠게 적어 내려간 나의 글은 2016년에 《사려 깊은 수다》로 출간되었습니다. 이후 자매들 사이에서 생겨난 사려 깊은 수다의 공간에 대한 멋진 이야기들이 들려왔습니다. 여기저기서 공부하는 모임이 꾸려졌고, 나아가 전통적인 여성 신앙인에 대한 고정적인 이미지와 정체성을 넘어 좀 더 깊은 곳으로 가고자 하는 많은 이들의 갈망을 확인했습니다.

《사려 깊은 수다》가 나온 지도 벌써 십 년이 되어 갑니다. 본질적인 어떤 부분이 바뀌었냐고 누군가 묻는다면, 저의 답은 '아니오'입니다. 여성 영성의 본질은, 하느님의 사랑을 가운데 두고, 동등한 자매로 만나 체온과 삶의 고뇌를 나눔으로써 서로 힘을 얻는 평등성에 있습니다. 그래서 여전히 나에게 여성 영성의 본

---

* 《바베트의 만찬》(문학동네). 이 소설은 영화로도 만들어졌는데, 함께하는 삶과 깊은 화해가 저녁 식탁에서 이루어진다는 주제를 다룬다.

질은 '지혜의 원'입니다. 원이란 중심으로부터 같은 거리에 놓인 점들의 집합입니다. 그러므로 우리가 지혜의 원으로 모인다는 것은 한 사람이 어떤 심오한 진리를 점유하지 않음을, 그리고 누구나 생의 우물에서 건져 올린 생수 같은 지혜를 나누어줄 수 있음을 전제로 합니다.

영성은 인간 안에 깃든 하느님 같은(혹은 하느님을 닮은) 성정 혹은 성향에 관심합니다. 삶의 경험은 영성 공부의 중요한 자료가 됩니다. 영성적 눈으로 삶을 바라본다는 것은 '홀대받는 보물'이 가득 찬 세상을 보게 되는 것이고, 그곳에는 '가장 비천한 자리'도 '저속한 삶'도 없습니다.• 그래서 영성적 인간이 되기를 꿈꾸는 것은 전복적일 수밖에 없습니다. 내면 깊은 곳에서 진정으로 원하는 것을 찾아가면서 고유한 진실을 엮어 나가는 것, 그것을 우리는 영성적인 삶이라고 부릅니다.

이제 우리는 더 깊은 곳으로 가라는 목소리를 듣습니다. 마치 토끼 굴 앞에 도착한 이상한 나라의 앨리스처럼 말입니다.•• 그 구멍으로 들어가면 상상을 넘어서는 변화를 경험할 것입니다.

• 타고르, 《기탄잘리》 92번에서 인용. "I see by the light of death thy world with its careless treasures. Rare is its lowliest seat, rare is its meanest of lives."
•• 삶의 영성, 특히 호기심과 새로움에 대해 알고 싶다면, 루이스 캐럴의 《이상한 나라의 앨리스》와 후속편 《거울 나라의 앨리스》를 읽어 보길 권한다.

앨리스는 처음에는 토끼가 혼잣말을 하면서 지나가는 모습을 이상하게 보지 않았다가, 굴 속에 들어간 뒤 나중에야 그때 이상하게 여겼어야 했다는 걸 깨닫습니다. 우리도 그런 것 같습니다. 영성의 세계에 발을 내딛고 체험이 거듭될수록, 그간 본 것과 들은 것에 대한 반추가 시작됩니다.

더 깊은 영성 공부의 장으로 나아가는 이 여정은 '따로 또 함께' 가는 길입니다. 그래서 너무 외롭지 않아야 하고, 동시에 혼자만의 공간도 확보해야 합니다. 이것은 경쟁이 아니기에 가장 잘하는 사람이 존재하지 않는, '나도 잘하고 너도 잘하는' 그런 작업입니다. 여기서는 '이토록 유능한 나'라는 사람이 아니라, 눈을 반짝이며 영성적 지평을 넓히고 깊이를 더해 가는 현재의 '나'가 있을 따름입니다. 영성 공부는 영원한 현재 속에서 거룩한 호기심을 등불처럼 밝히는 일입니다.

이런 맥락에서, 이 책이 여성 영성을 추구하는 자매들에게 기본 틀을 제공하는 안내서가 되기를 소망합니다. 물론 이 틀은 각자가 실험을 통해, 맞는 것은 취하고 맞지 않는 것은 버리면서 각자 고유한 여성이 되어 가기 위한 것입니다. 이번 확대개정판에서는 여성 영성에 관한 학문적이고 실천적인 토대를 제공하고자, 공부에 도움이 될 만한 책들을 소개하고 주요 개념을 좀더 정리하여 설명하였습니다. 또한 문학과 예술을 좀 더 충분히 소개하고, 나이듦의 영성, 신비주의 등 새로운 장을 추가하고, 여성의 성서 읽기 방법론에 대해 이론적으로 다루었습니다. 특히 나는 자크 라캉Jacques Lacan의 정신분석학을 공부해 오고 있기에, 라캉의 담론을 내 나름대로 소화한 내용을 많은 부분 반영하였다는 점을 밝혀 둡니다. 또한 인용한 성서 구절은 공동번역을 사용했습니다. 제 영혼에 새겨진 말씀이 공동번역이고, 신·구교가 함께 한 작업이기 때문이기도 합니다.

아무쪼록 이 책이 우리 자매들의 영적 깊이를 더하는 데 조그만 도움이 되기를 소망합니다. 그리고 함께 여성으로 살고 이야기 나누며, 함께 웃고 울어 주며 이 여정에 함께해 온, 이 초록별에 살고 있는 모든 아름다운 자매들께 이 책을 바칩니다.

2025년
작은 섬 알라미다에서
박정은

1부

―――

이론

I
영성이란 무엇인가

최근 많은 사람들이 영성에 대해 이야기하고 관심을 가진다는 것은 무척 좋은 일입니다. 그런데 막상 "영성적 삶을 어떻게 사는 것인가" 하고 물으면 명쾌하게 답하지 못하는 것 같습니다. 그저 막연하게 영성은 어딘가 거룩하고, 고상한 신앙인이 되게 하는 어떤 것 정도로 이해하고 있는지도 모르겠습니다.

영성에 대한 정의는 세 가지로 정리해 볼 수 있습니다. 첫째, 영성은 하느님의 영의 성격, 특징, 속성을 의미합니다. 창조주the Creator 하느님다운 신적 특성은 결국 창조된 것the created 즉 자연, 인간, 그리고 생명을 지닌 모든 것 안에서 드러납니다. 그래서 영성을 추구한다는 것은 창조물로서 자기 내면에 깃든 신성을 발견하고 실현해 가는 과정이며, 더 나아가 다른 창조물이 보여 주는 있는 그대로의 아름다움, 자연스러움, 질서 등을 통해 세상에 깃든 신성을 발견해 가는 작업을 말합니다.

특히 자기 안에 담긴 영성적 요소를 발견해 가는 과정에서 우리는 놀라기도 하고 감동하기도 하는데, 그런 순간들을 통해 우리는 본연의 자기를 찾아갑니다. 이러한 전체 과정을 '내적 여정'이라고 부를 수 있습니다. 물론 모든 사람이 내면에 깊이 관심하지는 않습니다. 내면의 세계를 지닌 사람이란 결국 자기 삶을 돌아보고 살펴보는 사람으로, 그들을 일상의 철학자라고 부를 수 있을 것입니다. 소크라테스는 찬찬히 살펴보지 않는 생 unexamined life은 살 가치가 없다고까지 단언했습니다.

내면의 세계를 지닌 사람은 고유한 결을 간직합니다. 모든 사람의 내면 세계에는 고유한 신적 아름다움이 깃드는데, 그것을 찾아 잘 돌볼 때 그 아름다움은 거룩한 향기가 됩니다. 물질적인 것, 학벌, 세상의 지위와는 관계없이 생의 순간순간을 음미하며 일상의 결을 느끼고 향유하는 사람을 영성적인 사람이라고 할 수 있습니다. 커피 한 잔을 마실 때도, 그것이 어떤 잔에 담겨 있는지, 내가 어떤 향을 마시고 있는지, 이 행위는 내게 어떤 의미가 있는지를 살펴볼 수 있어야 합니다. 그렇게 순간을 살펴보는 내면의 작업들이 모여 영성적 일상을 이룹니다. 이런 일상에는 관조와 묵상, 기도와 침묵 같은 내밀한 영적 활동이 자리를 잡습니다.

영성의 둘째 정의는, 신앙의 경험 전체를 이해하고 발전시켜 감으로써 자기의 틀과 자아ego의 편협함을 깨고 더욱 깊고 크게 승화해 가는 전 과정입니다. 성서를 보면 예수님도 제자들에게 완전한 자가 되라고 하시는데, 그것은 온전한 자, 편협하지 않고 편견에 빠지지 않는 불편부당한 자가 되라는 의미입니다. 예수님은 그 예시로, 선한 자에게나 악한 자에게나 똑같은 햇빛과 비를 내려 주시는 하느님의 넓은 마음을 닮으라고 설명하십니다(마태오의 복음서 5:45, 48). 여기서 우리의 스승으로 그려지는 예수님은 유대인들을 구원하러 오셨다고 자신의 정체성을 명확히 하시지만, 사람들을 만나고 기도하면서 당신이 우주적 그리스도the Cosmic Christ이심을 깨닫고, 제자들에게 온 세상으로 나가 그 깨달음을 전하라 명하셨습니다.

자기의 틀을 벗어던지기 위해, 내 사고의 틀이 어디서 왔는지를 분석하고 영혼의 지도를 그려 보는 일은 중요합니다. 내가 어떤 영향을 받아 어떤 방식으로 신앙을 이해하고 있는지 알아 가는 것은, 이해의 지평을 넓혀 가는 첫걸음입니다. 영국의 시각예술가 그레이슨 페리Grayson Perry의 〈날들의 지도〉A Map of Days는 자신의 내면을 지도로 그린 작품입니다. 그는 마음의 경계를 굵은

선으로 표현하고, 밝은 부분, 어두운 부분, 영적인 부분, 창조적인 부분을 구분 지어 지도를 그렸습니다. 수년 전 한국의 국립중앙박물관에서 열린 〈자화상전〉에서 이 작품을 보고 깊이 감동 받았는데, 내면의 역동을 잘 묘사했기 때문인 것 같습니다.*

정신분석학자 자크 라캉은 주입된 언어, 특히 특정 문화나 환경이 삶을 바라보는 우리의 시선을 통제한다고 말하며, 이것들을 대타자the Big Other**라고 불렀습니다. 그는 한 개인은 타자의 욕망을 자기 것으로 욕망하며, 결국 자기 삶을 써 내려가는 것이 아니라 쓰이는 삶을 살게 된다고 이야기합니다. 바로 그런 한계를 알고 이해하면서 자기 삶을 써 나가는 일이 영성의 궁극적 목표입니다. 주어진 환경을 넘어 문화와 인간을 이해하는 일은 영성 수업의 가장 기초적인 부분이라 하겠습니다.

온통 '나'로 시작해서 '나'로 끝나는 삶은 영성적 삶이 아닙니다. 나의 영적 체험이나 기도 체험 자체가 가장 중요한 것이 아닐 수 있습니다. 내적인 체험은 나를 살아 움직이게 할 뿐 아니라,

---

- * https://artsandculture.google.com/asset/a-map-of-days-grayson-perry/bAEUMEt2XglIRQ
- ** 언어학에 기초한 라캉의 이론은 언어 혹은 말씀 중심의 서구 기독교 정신에 새로운 통찰을 준다. 특히 Jacque Lacan, *The Seminar of Jacques Lacan: Book XX—On Feminine Sexuality* (New York: W. W. Norton & Company, 1998), pp. 23-24를 보라.

나약한 사람, 마음이 상한 사람에게 달려가게 해야 합니다. 자기 중심적인 틀을 벗어던지고 다른 사람을 있는 그대로 만날 수 있을 때, 비로소 그의 삶을 영성적이라고 할 수 있습니다. 가끔 자신이 특별한 영적 능력이 있다고 주장하는 사람들을 봅니다. 또 영성을 공부하면 성령 은사로 충만하여 마법 같은 힘을 얻는다고 생각하는 분들도 만납니다. 하지만 영성적 삶은 이런 것들과는 거리가 한참 멀어 보입니다. 오히려 영성적 삶이란 자기 한계를 인식하고 그 한계를 받아들임으로, 타인에게 너그럽고 세상을 향해서도 사랑의 시선을 던질 수 있는 삶입니다.

셋째, 영성은 성령의 리듬을 따라가는 삶의 춤입니다. 그것은 하느님의 숨, 영$_{pneuma}$ 안에 거하면서 그 숨의 흐름을 따라가는 일입니다. 흐르는 물처럼 혹은 바람처럼 말이지요. 영성은 쉬거나 한 지점에 멈추어 있을 수 없습니다. 영성은 그래서 움직이는 역동으로 이해해야 합니다. 수도원에서는, 멈추어 서 있다는 것은 이미 거꾸로 걸어가는 것이라고 말합니다. 우리의 영적 삶은 결코 멈출 수 없기 때문입니다.

그리스 철학자 헤라클레이토스는 "누구도 같은 강물에 두 번 발을 담글 수 없다"고 했습니다. 우리는 언제나 변하고 있으며 이전과 같은 사람일 수 없습니다. 영성적 삶은 살아서 움직이시는 성령을 따라 움직이는 삶입니다. 과거의 어느 순간에 고착되어 있거나, 아직 오지도 않은 시간이 오기를 그저 바라거나 그에 대해 고민하는 것이 아니라, 현재의 모든 순간에 집중하는 삶입니다. 삶의 영광스러운 순간만을 기억하고 자기의 위상을 고집하거나, 자신의 새로운 아름다움을 무시하고 과거의 흑역사에만 집중하는 것 모두 영성적 태도는 아닙니다.

삶이 성령과 함께 추는 춤이라면, 우리는 매 순간 그 춤사위를 읽어 내야 합니다. 성령의 리듬과 흐름에 자신을 조율하는 법을 익혀 가야 합니다. 우리는 살면서 그 춤의 리듬이 바뀌는 순간들을 경험합니다. 젊은 여성이 엄마가 되는 순간, 사춘기를 맞아 멀어지는 자녀를 보는 낯선 순간, 부모님이 돌아가시는 순간, 직장에서 퇴직하는 순간, 평생 함께할 것 같던 친구가 멀어져 가는 순간 등입니다. 이런 때 우리는 몸을 낮추고, 삶의 리듬을 이해하고, 숙고하고 또 다른 이들과 나누면서, 새롭게 다가오는 춤을 공부해야 하는 겁니다.

자신은 이러이러한 사람이라는 한 가지 정체성을 부여잡고 살아가는 사람들이 있습니다. 그들은 부모의 소망을 그대로 복제한 것을 자기 것이라 여기거나, 되고 싶은 자기의 모습에 갇혀 있는 것처럼 보입니다. 라캉은 정체성identification에 관한 세미나에서, 우리가 생각하는 정체성은 다분히 상상 속의 것이고 누군가에게 들은 어떤 말마디인 경우가 많다고 합니다. 영적 삶으로서의 춤을 출 때, 우리는 어떤 정체성에 갇히지 않고 자유로운 인간이 되어 갑니다. 끝없이 배우고 웃고 울면서 성령의 춤사위를 배워 갑니다.

영성은 하느님의 창조물로서 내면에 깃든 거룩한 성정을 발견하고 회복하며, 자기의 생을 이해하고 깊이를 더해 가는 전 과정입니다. 그리고 그 과정에서 우리는 고유한 아름다움을 발견하게 됩니다. 칸트는 아름다움이란 실용적인 이유를 초월하는 것이라고 했습니다. 그리고 존 듀이 John Dewey는 일상에서 의미가 된 것들이 체화되어 드러나는 고유한 특성이라고 정의했습니다.* 나는 그런 점에서 영성은 삶의 예술이라고도 말합니다. 영성은 자신이 가진 어떤 조건(외모, 재산, 명성 등)이나 환경에 제한되지 않고 그 너머의 것, 영원, 혹은 하느님의 사랑 안으로 들어가는 모든 여정입니다. 그렇게 추구하는 영성적인 삶은 결국 아름다움이 됩니다.

• 존 듀이, 《경험으로서의 예술》(책세상).

여성 영성이란 무엇인가

영성이 경험에 대한 성찰에서 시작된다면, 여성 영성의 출발점 또한 여성으로서의 경험이 될 것입니다. 지극히 작고 사적인 체험을 돌아보면서 그것의 토대는 무엇이고 어떤 시간적·공간적 상황에 놓여 있었는지를 살펴보는 것은 중요한 작업입니다.

특히 여성들의 삶을 생각할 때, 자기를 초월하여 신적인 마음으로 나아가기 전에 있는 그대로 자신을 포용하는 태도가 먼저 필요함을 봅니다. 자기 안에 결핍이 있는데 그것을 바라보지 않은 채 자기 비움이나 겸손 같은 초월적 덕목을 추구한다면, 그것은 거짓된 추구가 되기 쉽습니다. 우리는 채워지지 않은 상태로 비워 낼 수는 없습니다. 더구나 가부장제 안에서 여성의 삶은 타자화하여, 많은 여성들이 자기 느낌과 생각에 집중하기보다 자신이 어떻게 보이고 어떻게 받아들여지는지에 더 몰입합니다. 그러다 보면 자신이 누구이고 무엇을 원하는지를 잘 모릅니다.

여성 영성에서 무엇보다 관심을 두는 일은 고유한 목소리를 찾고 더 자유로운 인간이 되는 것입니다. 이 같은 목표로 인해, 여성 영성은 몇 가지 특별한 성격을 지닙니다.

첫째, 여성 영성은 인격주의personalism를 기초로 합니다. 인격주의란 한 개인의 고유성을 보편성 위에 놓는 것을 말합니다. 즉, 보편성보다는 개인이 처한 고유한 환경, 개인의 관점을 더 중시합니다. 작은 느낌, 작은 이야기에 집중하는 것을 이기적이거나 개인주의적인 태도라고 인식하기 쉽지만, 결코 그렇지 않습니다. 예를 들어, 우리가 사회 정의를 위해 행동한다고 할 때, 그것은 당연히 개별적인 한 인간의 자연스러운 결정이고 결단이어야 합니다. 우리는 자신보다 큰 범주에 놓인 문제를 두고 고민할 때 개인의 고유한 우선순위에 따라, 마음이 열리는 만큼 최선을 다하고, 자연스럽게 접근해야 합니다.

둘째, 여성 영성은 전복적입니다. 보편 담론 혹은 거대 담론에는 남성 중심 사회에서 자리를 갖지 못한 사람들의 경험이 거의 소외되어 있습니다. 여성 영성은 거대 담론의 어두움과 폭력성을 비판하는 동시에, 개인의 작은 이야기에 관심을 갖고자 합니다. 여성의 이야기가 거대 담론에 흡수되어 버릴 때 생기는 현상 중 하나는, 여성이 당한 고통이 개인의 수치심 정도로 여겨진다는 것입니다. 예를 들어, 집안의 남자 형제들을 교육시키기 위해 공장에서 돈을 버느라 자신은 교육을 받지 못했다면, 그것은 사회문화적 환경의 문제이지 개인적인 무능 때문이 아닙니다. 그럼에도 여성들은 그에 대해 개인적으로 수치심을 느끼고, 심지어 그것을 가슴에 묻어 두고 자신을 가혹하게 대하기도 합니다.

실제로, 숨겨진 것을 드러내고 기존 체제를 전복하는 이러한 성격 때문에, 여성주의적 성찰을 하는 많은 여성들이 교회 공동체로부터 거절을 경험하거나 추방당했으며, 법과 사회적 절차를 두고 갈등을 겪어 왔습니다. 자신의 경험을 충실하게 돌아볼 때 성찰의 영역은 이처럼 사회 구조의 문제, 인간의 문제로 확대됩니다. 그러나 이 전복성은 일상생활의 작은 부분에서부터 일어납니다. 일상에서 '왜?' 하고 의심할 때, 현실이 왜 자신에게 행복을 주지 않는지 정직하게 질문할 때, 구조를 해체하는 전복성이 내면에서 시작되는 것입니다.

여성 영성의 세 번째 특징은 연대성입니다. 자신의 아픔과 문제를 정직하게 성찰하고 그것을 나누면서, 우리는 다른 여성들을 만나게 됩니다. 그들의 경험이 자신의 경험과 다르더라도 우리는 그 고통에 공감하게 되는데, 그것은 우리의 문제가 결국 여성의 존재를 경시하는 사회 구조에서 온 것이기 때문입니다. 그렇게 서로의 아픔을 판단 없이 경청하고 보듬을 때, 우리는 새로운 힘을 얻게 됩니다. 중요한 것은 서둘러 행동하는 것이 아니라, 각자의 자리에서 한 걸음 앞으로 나아갈 힘과 용기를 얻는 일입니다.

결혼, 독신, 공동체 생활 등 각자 다른 형태의 삶을 살아가는 여성들의 고유한 고민과 도전을 듣는 작업은 삶을 더욱 풍성하게 합니다. 특히 여러 세대 여성들의 모임은 생의 다른 시점에 서 있는 다른 여성의 여정을 이해하고 서로에게서 삶의 의미를 배우게 합니다. 경쟁할 필요도 없이, 정해진 목표도 없이, 마치 샘터에서 만난 나그네들처럼 서로를 보며 자신의 여정을 확인하는 것입니다. 그런 면에서 여성 영성은 사회 변혁을 추구하는 활동가들의 모임과도 다릅니다. 물론 함께 책을 읽거나 영성 공부 모임을 만들어 갈 수도 있습니다. 하지만 여성 영성이 말하는 모임은 나누고 돌아보고 경청하는 방식으로 연대를 추구하는, 느슨한 형태의 열린 공동체입니다.

여성 영성과 페미니즘

여성 영성을 공부할 때 반드시 함께 다루어야 할 주제는 페미니즘입니다. 영성 연구의 시작과 발전 과정 자체가 페미니즘과 맥을 같이한다고 볼 수 있기 때문입니다. 기독교 영성학의 기초를 놓은 대표적인 학자인 미국 버클리 연합신학대학원Graduate Theological Union의 샌드라 슈나이더스Sandra Schneiders, 바바라 그린 Barbara Green, 메리 앤 도노반Mary Ann Donovan 등은 경험을 중시하는 여성학자들이며, 따라서 영성학은 기독교 페미니즘과 분리해서 생각할 수 없습니다. 어떤 면에서 현대 영성학은 새로운 해석을 추구하고 모든 이데올로기를 의심한다는 점에서 여성주의적 접근을 합니다.

니체를 필두로 하는 현대 철학이 기존 사고 체계에 대한 의심에서 출발했듯, 하버드의 여성주의 성서학자 엘리자베스 쉬슬러 피오렌자Elisabeth Schüssler Fiorenza는 '의심의 해석학hermeneutics of suspicion'을 이야기합니다.* 이것은 성서를 읽을 때 우선 의심으로 시작한다는 여성주의 성서 공부 방법론입니다. 그는 교회 안에서 여성이 동등한 제자직을 갖지 못한 중요한 이유 중 하나가 성서 해석 때문이라고 설명합니다. 공부를 시작하고 첫 가을에 이 개념을 접하고 엉엉 울었던 기억이 납니다. 의심해서는 안 될 것 같았던 교회의 모든 것이 갑자기 눈앞에 새로운 모습으로 떠올랐고, 교회 안에서 고통받던 많은 자매들의 이야기가 주마등처럼 스쳤기 때문이었습니다.

교회 안에서 여성은 항상 사제나 목회자를 돕는 존재이며 좋은 신도란 무조건 교회의 권위를 옹호하는 존재라는 이해는, 결국 여성에게 희생과 순종을 강요하는 분위기를 형성했습니다.

- 《그女를 기억하며》(감은사),《동등자 제자직》(분도출판사),《성서-소피아의 힘》(다산글방)도 참고하라.

하지만 제2차 바티칸 공의회는 교회란 조직도 구조도 아닌 하느님의 백성이라고 천명했고, 이후 20세기 기독교는 그 개념을 받아들였습니다(그럼에도 불구하고 여전히 교회 안에서 여성의 목소리는 미미합니다). 또한 '오직 성경Sola Scriptura'을 강조하는 개혁주의 전통에서도 성서의 역사적 배경 연구와 새로운 해석이 필요하다는 움직임이 일어났습니다. 이런 전반적인 분위기 속에서 여성주의 영성이 시작되었다고 볼 수 있습니다.

구체적인 페미니즘 운동의 역사 속에서 여성 영성이 발전되어 온 과정을 살펴보는 일도 중요합니다. 최초의 서구 페미니즘은 정치적 분위기에서 시작된 운동입니다. 제1물결 페미니즘은 투표권을 얻으려는 여성들의 운동인데, 당시 미국에서 흑인 참정권 운동이 한창이었고 여성주의 운동도 이와 맥을 함께하게 됩니다. 소저너 트루스Sojourner Truth 같은 흑인 운동가는 흑인의 참정권을 위해 싸우는 동시에 남녀의 동등한 권리를 주장한 사람으로 유명합니다. 또한 미국 감리교인이었던 엘리자베스 캐디 스탠턴Elizabeth Cady Stanton은, 여성들끼리 모여 성서를 읽고 토론하는 소그룹 모임으로 시작해《여성 성경The Woman's Bible》이라는 책을 만들었습니다. 이 책은 여성의 경험을 바탕으로 성서를 해석한 최초의 성서 연구서라고 할 수 있습니다.

제2물결 페미니즘에서는 1970년대부터 결혼 생활, 자녀 양육,

성 해방의 주제를 다루면서, 가정 폭력이나 이혼 같은 구체적 주제가 대두했습니다. 교회 안에서도 성서를 여성의 입장으로 읽고 해석하는 방법론과 여성주의 신학이 중심 주제로 떠올랐습니다. 이때 여성주의 영성학이 본격적으로 시작되어, 교회 역사에서 축소되고 왜곡된, 혹은 사라져 버린 여성의 삶과 이야기를 복원하는 작업이 이루어졌습니다.

그리고 1990년대에 제3물결이 시작됩니다. 이는 서구 백인 여성의 경험을 이야기하는 서구의 여성주의는 다른 여성들의 경험을 대변할 수 없으며 오히려 억압한다는 관점에서, 유색인, 이민자, 퀴어 여성, 그리고 서구의 문화적·경제적 침탈을 경험한 여성의 관점에서 여성 해방을 주창하는 운동입니다. 이중으로 억압된 아시아 여성의 몸과 성, 이미지가 연구되고,* 한편으로 동양의 종교와 문화에 대한 새로운 이해와 같은 새로운 연구 과제가 등장했습니다. 지금 뜨거운 주제는 글로벌 시대 여성들의 연대, 문화 사이의 연결 공간borderlands, 네트워크 등입니다.** 이런

---

* Kwok Pui-lan, *Postcolonial Imagination and Feminist Theology* (Louisville, KT: John Knox Press, 2005).
** Chandra Mohanti, *Feminism without Borders: Decolonizing Theory Practicing Solidarity* (Durham, NC: Duke University Press, 2003); Gloria Anzaldua, *Borderlands/La Frontera: New Mestza*, 5th edition (San Francisco: Aunt Lute, 2002); Jung Eun Sophia Park, *Border-Crossing Spirituality* (Eugene, OR: Wipf and Stock, 2016)를 참고하라.

점에서, 새롭게 주어지는 여성 영성의 과제 또한 서구가 써 주는 담론을 거부하고 새로운 영성 담론을 찾아가는 것이라 할 수 있습니다.

영성 공부를 어떻게 할 것인가

영성 공부의 대상은 자신의 경험입니다. 사건, 관계, 환경적 조건 등 삶이라는 장에서 경험한 모든 것이 그 대상이 될 수 있습니다. 이 경험은, 책으로 읽은 것이나 다른 사람의 경험에 대해 들은 것을 모두 포함합니다. 샌드라 슈나이더스는, 영성이란 신앙 안에서의 경험을 해석하고 의미를 획득함으로써 각자의 삶이 자기를 초월해 신을 향해 높아지는 과정이라고 정의했습니다.* 그렇다면 생의 경험을 어떻게 해석할 수 있을까요?

먼저, 공부의 주된 방법은 매개가 되는 텍스트에 대한 **해석학적 접근**입니다. 폴 리쾨르Paul Ricœur는 텍스트를 해석하는 방식을 설명하면서, 텍스트가 **설명**explanation하는 것을 **이해**understanding하

---

* Sandra Schneiders, *The Revelatory Text: Interpreting the New Testament as Scared Scripture* (New York: Paulist, 1998).

는 변증법적 과정에서 의미가 발생한다고 강조했습니다.* 텍스트에는 성서와 같은 권위 있는 문서뿐 아니라 개인적인 일기, 춤, 노래, 그림, 조각 같은 예술품도 모두 포함됩니다. 이런 텍스트를 읽을 때 중요한 것은 그것을 이해한 후 삶에 어떻게 적용 혹은 전용appropriation할 것인지 생각하는 것입니다. 그리고 이러한 적용은 삶에 변화를 일으킵니다.

   자기의 생을 이해하며 깊이를 더하고, 계속해서 확장해 나가기 위해서는 경험이라는 텍스트와 다른 텍스트 사이에서 대화를 시도하는 작업이 중요합니다. 독자 중심 비평에서는 텍스트와 씨름하라고 이야기합니다. 자신의 경험에 비추어 볼 때 이 텍스트에 동의하는지, 또 동의할 수 없다면 왜 그런지를 연구하는 것입니다. 성서는 가부장적 시선으로 쓰였고, 이해되고 해석되어 왔습니다. 가부장제 안에서 절대적 권위를 차지한 이 텍스트를 통해 경험을 비판적이고 영성적으로 해석하기 위해서는, 성서의 내용을 충분히 숙지한 후 그 의미를 삶에서 활용하면서 자기 경험을 이해하는 과정이 필요합니다(성서 해석의 문제는 3장에서 다시 다룹니다).

---

* David Jasper, *A Short Introduction to Hermeneutics* (Louisville, KT: John Knox Press, 2004).

둘째, 인문학의 여러 분야를 통섭하고 아우르는 **학제간 연구**를 통해 공부할 수 있습니다. 영성이 삶을 이해하고 해석하는 작업이라고 한다면, 철학, 인류학, 심리학, 정신분석학, 문학, 자연과학 같은 다양한 학문을 공부할 때 이해의 폭이 훨씬 넓어집니다. 특히 문화와 사회학은 우리 삶이 놓인 시간과 공간 안에서 생의 의미를 찾는 데 중요한 도움을 줍니다.

예를 들어, 자신의 기도 체험을 이해하고 싶을 때 어떻게 할 수 있을까요? 나의 한 지인은 빙하가 녹고 있는 북극 체험을 하고 왔는데, 한밤중에 홀로 깨어 기도하다 갑자기 '하느님이 외로우시다'라는 생각이 들었고, 이 순간이 강한 기도 체험으로 남아 지금도 계속 떠오른다고 합니다. 이런 경우, 우선 그는 외로움에 대한 철학자들의 이론을 공부해 볼 수 있을 것입니다. 또 하느님의 고독이 실상 자기 고독이 전이된 것인지를 두고 심리학적인 접근을 해 볼 수 있습니다. 또한 빙하가 녹는 현실에 대한 생태학적 이해도 필요할 것입니다. 물론, 하느님을 마주하는 더 깊고 지속적인 기도를 통해 이 체험을 더 분명하게 바라볼 수도 있겠습니다.

나는 여성 영성을 이해하기 위한 기본적 연구 분야로 성서학과 인류학을 선택했고, 인류학에서는 특별히 샤머니즘(무속)을 공부했습니다. 한국인의 심성에 깊이 자리 잡은 무속의 실제적인 영적 의미를 알아보고 싶었기 때문입니다. 굿과 같은 예전에 대한 공부는 결국 경계 공간 liminal space에 대한 공부입니다. 이는 종교적 차원과 세속적 차원이 만나고, 주어진 기본 구조와 즉흥적 활용이 함께 이루어지고, 과거와 현재가 만나면서 새로운 의미를 찾는 공간입니다. 캐서린 벨 Catherine Bell에 따르면, 예전은 사회적 요소가 표현되는 동시에 사회의 억압이 드러나는 이중적 공간입니다.* 사회적으로 억압된 여성이 자신의 욕구를 확인할 수 있고, 이혼이나 유산, 사별 같은 인생의 중요한 순간을 들여다보고 이해하는 장이 되기도 합니다. 그래서 이러한 예전의 공간을 만들어 가는 것도 여성 영성의 중요한 부분입니다.

셋째, 영성 공부는 **실천적**입니다. 신학의 한 분과로 발전한 영성학은 조직신학과 정반대 자리에 위치하여, 신학적 정의나 개념에 몰두하기보다 문화 속에서 이루어지는 인간 삶에 관심을 갖습니다. 그래서 영성학은 프락시스 praxis, 즉 이론을 실습하고 실습을 통해 이론을 변경하는 학문입니다. 예를 들어, 기도를 실습하고 그 역동 안에서 일어나는 일을 기술하고, 또 기술된 내용을 비판하면서 새로운 이론이 나오는 것입니다.

이런 프락시스의 특성을 보여 주는 영역이 바로 영성 지도입

---

* Catherine Bell, *Ritual Theory, Ritual Practice* (New York: Oxford University Press, 2009). 이 저자의 다른 번역된 책으로는 《의례의 이해》(한신대학교출판부)를 참고하라.

니다. 영성 지도는 하느님을 찾아 사막으로 간 수도자들이 경험 많은 수도자를 찾아가 기도나 삶 전반에 대한 지침을 받던 전통에서 비롯되었습니다. 영성 생활의 어려움뿐 아니라 사막에서 사람들을 환대하는 방식, 노동하는 법 등 많은 것들을 경험자에게 물어야 했습니다. 이런 전통이 수도원으로 들어가면서 장상(지도자)에게 내면을 드러내고 고백하는 방식으로 지속되었습니다. 그러다 현대에 접어들면서, 수도자뿐 아니라 모든 사람이 자기 내면의 문제를 경청해 줄 사람을 찾게 되었습니다. 영성학은 이 같은 영성 지도의 역사와 동시대의 패턴을 연구하고 새로운 방향을 모색합니다. 그리고 사람들이 현실에서 영성 지도를 실습하지 않는다면 더 이상 연구되지 않을 것입니다.

영성의 주제별 연구 방식 또한 이런 실천적 성격을 잘 보여 줍니다. 영성을 공부하는 사람들이 모여 대화를 나눌 때 가장 흔히 하는 질문은 '당신은 어떤 주제에 관심이 있느냐'입니다. 어떤 학생들은 광범위하게 사막 영성, 가난의 영성, 기도 같은 주제에 관심을 갖는가 하면, 좀 더 구체적으로 권태, 소외, 욕망에 대해 관심이 있는 학생들도 있습니다. 이것들은 생의 한 지점에서 실존적으로 선택한, 자기가 반영되는 주제들입니다. 그 주제를 놓고 다양한 논의들을 연구하며 자신의 체험과 비교할 때 생명력 있는 의미를 찾을 수 있고, 그것으로 생을 해석하고 삶을 변화시켜 나가게 됩니다.

마지막으로, 영성은 **인간애**에서 비롯됩니다. 샌드라 슈나이더스는 영성의 시작을 신의 문제가 아닌 인간의 경험에 두었습니다. 영성적 인간은 기도만 하는 인간이 아니라, 인간을 살리고 인간의 고유한 아름다움을 찾아내는 시선을 지닌 사람입니다. 그러니까 기도의 시작은, 인간을 이해하고 자신의 내면을 알아 가는 것에 있습니다.

인간 중심의 영성은 자기를 알아 감에 따라 타인을 향해 확장되어 갑니다. 그래서 사회 정의에 관한 관심과 활동으로 연결되는 것입니다. 사도 바울로는 천사의 말을 하는 사람도 사랑이 없으면 소용이 없고 심오한 진리를 깨달은 자도 울리는 징과 같다고 했는데(고린토1서 13:1), 인간을 향하는 동정심과 애정이 없는 기도나 영적 생활은 자기 도취적 기만에 불과하기 때문입니다. 그래서 사회 정의와 공동선에 대한 갈망은 한 영혼의 영성을 가늠하는 척도입니다.

미야자와 겐지의 〈비에도 지지 않고〉라는 시는 인간 중심적인 영성을 잘 보여 줍니다. 이 시는 욕심 없이 도움이 필요한 곳에 손을 내미는 거짓 없는 진정성과 단순함을 그리고 있습니다. 사회 정의를 거창하게 이야기하지 않고 조금은 촌스럽고 영성하지만, 내게는 이런 정의가 너무나 아름답습니다. 지나치게 매끄러운 수사는 오히려 의심스럽기 때문입니다. "잘 보고 듣고 알고 그래서 잊지 않는" 일, 그저 "아픈 아이 있으면 돌보아 주고" "소송이 있으면 별거 아니니까 그만두라 말하고" "죽어가는 사람 있으면 두려워하지 말라"고 위로해 주는 일, 그런 것들이 인간적인 방법으로 모색하는 사회 정의가 아닐까 생각합니다.• 물론 활발한 사회 운동과 저항도 중요하며, 그래서 자신에게 주어진 시간과 해야 할 활동을 식별하는 것 또한 영성 생활의 중요한 축이 됩니다.

이런 과정은 한마디로 '관상 속 활동' 혹은 '활동 속 관상'이라 할 수 있습니다. 예수회 신부 월터 버가트 Walter Burghart는 관상 속에서의 활동을 설명하면서, 진정한 관상이란 "실재를 향한 길고 애정 어린 시선 a long loving look at the real"이라고 말합니다. 대상이 가진 아름다움을 하느님이 바라보시듯 사랑스럽게 바라보는 시선, 자신의 상상이나 관념이나 언어를 배제하고 있는 그대로의 것을 직관하는 잘리지 않은 시선입니다. 그렇게 사물을, 그리고 우리가 만나는 사람을 바라볼 때 우리는 행동하게 됩니다. 글로벌 시대에는 전 세계의 사람과 연대하면서 조금 더 나은 세상을 위해 작은 노력들을 함께 할 수 있을 것입니다. 특히 '나와 너는 결코

• 《비에도 지지 않고》(그림책공작소).

따로 떨어진 존재가 아니며, 네가 있음으로 내가 있다'라는 우분투ubuntu 정신은 글로벌 영성의 중요한 주제입니다.

영성 공부를 위한 주요 개념

• 성장 단계

하느님 안에서 각자의 영성은 고유한 정도와 크기로 성장해 갑니다. 그런데 이 개념이 많은 오해를 불러일으켜서, '나의 수준이 너의 수준보다 높다'거나 '내 기도가 너보다 깊다'거나 하는 식으로 비교하곤 합니다. 하지만 영적 성장의 과정은 하느님을 사랑하는 인간으로 살아가며 각자의 영적인 지도를 그릴 수 있도록 도와줄 뿐입니다.

교회 영성사를 살펴보면, 이 성장 단계는 결국 '정화-조명-일치'라는 세 단계로 표현됨을 알 수 있습니다. 이를 가장 아름답고 시적으로 표현한 사람은 아빌라의 데레사입니다.* 그는 내면의 방이라는 비유를 통해 영혼의 발달 단계를 묘사합니다. 대문을 열고 집으로 들어가면 첫 번째 방이 나오는데, 이것이 정화의 단

---

* 《영혼의 성》(바오로딸).

계입니다. 이 첫째 단계는 자신의 영적인 모습이 적나라하게 보이는 곳이어서, 자신이 얼마나 세속적이고 교만하고 탐욕적인지를 볼 수 있습니다. 여기서 우리는 자신을 성찰하면서 자신의 그런 성향이 어디에서 오는지를 관찰하게 됩니다. 이때 가장 도움이 되는 기도가 의식 성찰입니다. 이것은 하루 중에 시간을 정해놓고 그날 어떤 일이 일어났고 마음과 생각의 흐름이 어떠했는지를 관찰하는 기도입니다. 한국에서 영성 공부를 하는 자매들에게 내가 가장 강조하는 이 기도는, 자신이 누구인지를 이해하는 데 큰 도움을 줍니다.

둘째 단계는 조명의 단계입니다. 성령의 빛을 받아 영적인 삶으로 더 나아가고, 영적인 지식이 더욱 쌓여 가는 시기입니다. 성서를 열심히 읽고 공부하며, 규칙에 충실하고 도덕적인 삶을 살아감으로써, 규칙과 말씀의 의미를 깊이 체화해 나갑니다.

셋째 단계는 일치의 단계입니다. 이때 영혼은 하느님과 일치를 이루고 하느님의 영 안에서 쉴 수 있습니다. 기도나 신비주의적 삶 안에서 일치를 이루는 순간이 있지만, 계속 머물지는 못합니다. 다만 우리는 그런 일치의 순간에 자신이 느낀 상태를 기억하고, 그 상태로 계속해서 돌아갈 뿐입니다. 기억할 점은, 이 단계가 선물로 주어지는 것이라는 사실입니다.

전통적으로 우리는 이것을 사다리의 개념으로 이해해 왔습니다. 하느님께 다가가는 길을 야곱의 사다리 같은 것으로 이해하고, 교만, 시기, 욕심, 게으름 같은 악습으로 인해 지옥에 떨어지니 조심하라는 조금 살벌한 경고도 덧붙여졌습니다. 하지만 세 단계가 시간적으로 일직선상에 있지는 않습니다. 일상에서 영적 성장은 각 단계를 반복하거나 때로는 중복되기도 하면서 조금씩 변화해 갑니다.

이 과정은 자크 라캉의 세 가지 원(보로미안 매듭), 즉 서로 연결된 상상계, 상징계, 실재계로 설명할 수도 있습니다.* 스스로 하느님을 따라가겠다는 의지와 상상으로 채워진 단계에서 시작해, 훈련과 수련을 거치고, 결국 하느님께 소유되는 단계로 걸어가는 것입니다.

처음 원은 상상계 the imaginary 입니다. 하느님을 다 가지고 싶고, 그렇게 할 수 있다고 생각하는 상태입니다. 이 상태에 머무는 사람은 자신이 성령과 함께 있어서 어떤 일도 할 수 있다고 생각합니다. 매우 감정적이고 자기 도취적인 신앙생활을 하지만 자신의 실제 상태를 잘 모르는 단계라고 할 수 있습니다.

그다음 원은 상징계 the symbolic 입니다. 여기서 우리는 하느님을

---

* Jacques Lacan, *Sinthome: The Seminar of Jacques Lacan, Book XXIII*, ed. Jacques-Alain Miller (Cambridge, UK: Polity, 2016), pp. 3-16.

가지기 위해 모든 것을 합니다. 도덕적이고 기독교적인 삶의 태도를 고수하고, 기도를 열심히 하고, 성서를 읽습니다. 이 단계에 집착하는 많은 사람들은 성서를 문자 그대로, 혹은 교회에서 가르치는 식으로 이해하며 더 이상 마음을 열지 않습니다. 구원의 확신을 가진다고 하면서도 구원이 무엇인지를 설명할 수 없는 사람들, 교회에서 들은 상투어만 연신 반복하는 사람들이 여기에 속합니다. 물론 규칙을 지킴으로써 거룩한 성도의 삶으로 들어가는 것은 좋습니다. 하지만 말이나 글 너머에 계시는 하느님, 보이지 않고 알 수 없는 하느님의 신비의 영역을 감지하지 못한다면, 그 영혼은 아직 성장해야 합니다.

다음 단계는 실재계 the real 입니다. 성서를 다 읽고 묵상한 후, 결국 하느님은 알 수 없는 분이라는 결론에 이르게 됩니다. 욥기에는 상징계에 충실하던 욥이라는 사람이 나옵니다. 그런 그의 삶에 도전이 시작되고, 결국 욥은 하느님은 자기가 알 수 없는 분이라고 고백하며 말로만 듣던 하느님을 이제야 뵈었다고 말합니다. 이 순간이 실재계입니다. 무이신 하느님 앞에 인간의 삶은 한 줌 먼지와 같음을 깊이 통감하는 순간입니다. '나'가 온전히 없어질 때, 우리는 하느님의 자비 안에 담기고, 어쩌면 하느님이 된다고 할 수도 있습니다. 아빌라의 데레사는 그것을 빗방울이 바다에 떨어지는 것, 다시 말해 빗방울은 없어지고 바닷물이 되는 것에 비유했습니다.

힌두교에서는 아트만(소우주)이 스스로 진리의 한 부분임을 깨닫고 자기의 실재를 발견할 때 브라만(대우주)이 된다고 이야기합니다. 잘 알려진 소금인형 이야기는 이 가르침을 우화로 표현한 것입니다. 어느 날 소금은 바다에 관한 이야기를 듣고 바다를 찾아 긴 여행을 떠납니다. 하얀 파도와 아름다운 푸른 빛을 본 소금은 바다를 향해 뛰어들었습니다. 그리고 자신의 전 존재가 녹아내리는 순간 자신이 바다였음을 깨닫게 됩니다. 불교 또한 이런 영적 성장 과정에 대한 가르침을 〈십우도十牛圖〉라는 그림으로 전해 줍니다. 처음 소 발자국을 발견하고 소를 찾아 나서는 데서 시작되는 이 여정은, 결국 자신도 없고 소도 없는 경지, 그저 달이 밝은 텅 빈 공空의 경지를 아는 것으로 끝납니다.

이런 성장 모델은 시간과 공간 안에서 계속 움직여 가기 때문에, 반드시 시간순으로 놓이지는 않습니다. 또한 늘 영혼 안에 공존합니다. 아주 초보 단계에서도 하느님의 빛으로 진리를 느끼기도 하고, 상징계 한가운데서 무심한 듯 고요하신 하느님을 만나기도 합니다. 하느님은 늘 우리의 영혼을 부르고, 부추기고, 또 유혹하십니다. 삶의 유한성을 인식하고, 그 안에서 주어진 삶이라는 꽃을 피워 보라고 말입니다.

• **타자/타자성**

타자는 영성을 탐구하기 위한 주된 개념입니다. 우선 영성이 참된 자기와 참된 하느님을 찾아가는 과정을 다룬다는 이유 때문입니다. 토머스 머튼Thomas Merton은 평생 진정한 자아에 대해 고민하고 기도했습니다. 그는 명성도 재능도 진정한 자아가 아니라 여겼고, 오직 기도 속에서, 그리고 사회 참여와 다양한 사람들과의 소통을 통해 자존심이나 명예 같은 껍데기를 벗어 버린 진정한 자아를 찾고자 했습니다. 진정한 자아를 찾지 않고 자유로운 인간이 될 수는 없습니다.•

자크 라캉의 이론에 따르면 우리를 둘러싼 환경, 문화, 언어가 타자로서 우리와 관계 맺음으로써 '에고ego'가 만들어지는데, 이때의 타자를 '대문자 타자' 혹은 '대타자the Other'라고 합니다. 또한 우리와 관계 맺지만 우리가 결코 알 수는 없는 하느님이 대타자일 수도 있습니다. 진정한 자유를 추구한다면 이 대타자가 우리를 규정하는 방식을 이해하는 것이 중요합니다.

한편, 다른 사람과의 관계라는 맥락에서도 타자성은 중요합니다. 우리는 관계 안에 자리매김되는 존재이기 때문입니다. 현대인들은 삶에서 소외나 고독 같은 문제를 실존적으로 경험합니

• 토머스 머튼, 《새 명상의 씨》(가톨릭 출판사).

다. 특히, 글로벌한 세상에서 많은 사람들이 타자의 자리에 놓입니다. 카뮈의 《이방인》을 생각해 보아도 좋고, 많은 탈식민주의 담론에서도 이 주제가 강조됩니다. 이민자, 망명자, 동성애자 같은 사회적 약자, 가부장제 안에서 장자가 아닌 아들을 포함해 힘을 갖지 못하는 여성들은, 타자의 개념으로 자신의 경험을 해석해 볼 수 있습니다.

예를 들어, 나는 미국에 공부하러 가기 전까지 스스로 아시아 여성이라는 생각을 해 본 적이 없습니다. 그러나 미국 사회에 적응하면서 내가 아시아 여성이라는 타자에 속한다는 사실을 알게 되고, 그 개념에 강요되는 이미지(소극적이고 얌전하며 남성에게 순종적이라는)와 끊임없이 마주해야 했습니다. 이처럼 유색인종이 서구 사회에서 경험하는 차별은 인간의 경험을 공부하는 데 하나의 시점을 제공할 수 있습니다. 이렇게 둘 혹은 둘 이상의 문화에서 자기 자리를 찾으려는 인간의 내적 갈등과 경험은 21세기 영성의 주제가 됩니다.

인류학자들은 타자로서 낯선 곳의 문화를 관찰하는데, 이때 그들 자신이 속한 문화적 자리는 결코 배제될 수 없습니다. 예를 들어, 우리나라의 무속을 연구하는 로렐 캔달Laurel Kendall 같은 인류학자는 여성이 주체가 되는 예전이라는 점에서 무속을 이상적인 종교로 기술합니다. 반면 일제 강점기의 일본 학자들은 이를 무지한 종교라고 모욕했습니다. 한국의 민중신학은 무속을 민족 정체성과 관련되는 중요한 종교로 강조했습니다. 이와 같이 우리에게는 다면적 시선이 필요합니다. 문화의 자리가 다른 사람들이 서로 격의 없이 대화를 나누면서 서로에게 배우는 것이 중요합니다. 그런 면에서, 영성적 인간에게 무엇보다 필요한 덕목은 열린 마음으로 타자를 배우려는 문화적 겸손입니다.*

타자성은 사회문화적 차이를 바라보는 관점을 제공하고, 문화의 힘이 작동하는 체계 속에서 인간의 경험이 어떻게 기술되고 반복되는지를 분석하는 데 도움이 됩니다. 그리고 우리는 이런 관점을 획득하면서 자신의 체험을 가장 자기답게 해석할 수 있고, 더 깊은 영성을 추구해 나갈 수 있습니다.

• 이야기

보편적 담론, 즉 거대 담론은 주로 서구 남성 지식인의 자리에

---

* 사회문화적 타자성은 후기 식민주의 담론에서 널리 다루어진다. 이 주제에 대해서는 호미 바바의 《문화의 위치》(소명출판)를 참고하라. 서로 다른 관점을 함께 놓고 보는 방법론(justaposition)을 사용하는 인류학적 이론을 보려면, Geoge E. Marcus and Michael Fischer, *Anthropology as Cultural Critique: An Experimental Moment in the Human Sciences*(Chicago: the University of Chicago Press, 1999); *Writing Culture: The Poetics and Politics of Ethnography* ed. James Clifford and Gerge Marcus(Berkeley: University of California Press, 1986)를 참고하라.

서 얻은 경험에 대한 것입니다. 이에 반해 개별 인간으로서의 경험을 알아내고 기록함으로써 그 경험을 이해하는 인식론, 특히 여성주의가 표방하는 방식은 이야기입니다. 이는 추상적 개념을 다루는 형이상학적 사유와 달리, 체험을 구체화하는 작업을 의미합니다. 여기에는 체험을 자유롭게 그림으로 그리거나 글로 쓰거나 타인에게 이야기를 들려주는 것과 같은 다양한 작업이 포함됩니다.

사람들에게 많은 울림을 주는 문학 작품의 상당수가, 사실상 자기 경험을 글로 기록한 자전적 이야기입니다. 요즘 가장 인기 있는 장르 중 하나인 회고록memoir은 어떤 특정 시기에 겪은 특정한 경험을 적은 글입니다. 예를 들어, 뉴욕의 극단적으로 보수적인 유대인 공동체를 떠난 젊은 여성의 고뇌와 용기를 다루는 〈그리고 베를린에서Unorthodox〉는 데보라 펠드먼Deborah Feldman의 회고록을 영화화한 작품입니다. 이 이야기가 많은 이들에게 감동을 주는 이유는 이 특정한 상황의 이야기가 인간의 보편적 체험을 전해 주기 때문일 것입니다.

영어에서 이야기story는 역사hi-story와 구분되어 사적인 이야기로 분류되는데, 프랑스어에서는 그런 구분이 없습니다. 역사이든 개인의 이야기든, 모두 이야기histoire입니다. 역사적 사건은 이미 사적 담론에 모두 녹아 있다는 점에서, 나는 개인적으로 프랑스어 'histoire'를 더 좋아합니다. 거대 담론을 거부하는 것은, 단순히 작은 이야기를 한다기보다 자기 이야기 속에서 진실을 찾아가는 것에 집중한다는 뜻입니다. 또한 history가 그의his 이야기라면, 여성의her 이야기를 herstory로 표현하기도 하는데, 이는 여성 경험과 이야기에 담긴 고유성을 강조합니다.

한편 스토리텔링storytelling은 개인의 체험을 인지하고 해석하는 가장 잘 알려진 방법입니다. 자신이 경험한 내용을 어떻게 이해해야 할지 알기 힘들 때, 우리는 이야기를 나누어야 합니다. 여성들과 '지혜의 원' 모임을 할 때 자주 경험하는 일 중 하나는, 많은 자매들이 이야기를 하는 도중에 자신이 겪은 일이 무척 슬프거나 가슴 아픈 일이었음을 처음 깨닫는 것입니다. 경험을 나누기 전까지는 감정을 눌러 놓고 아무렇지 않은 일로 여기다가, 이야기를 할 때 숨겨진 감정이 고스란히 올라오면서 자신이 어떤 마음인지를 알게 되는 것입니다.

삶 속에서 스토리텔링을 할 수 있는 방식은 다양합니다. 함께 책을 읽고 자신에게 와 닿는 부분을 숙고한 후 나눌 수도 있고, 어떤 주제를 정해서 돌아가며 자신의 경험을 나눌 수도 있습니다. 이때 이야기하기가 치유의 행위가 될 수 있는 것은, 누구도 우월한 위치에서 답을 주려 하지 않고, 편안한 공간에서 이야기하는 가운데 스스로 경험을 이해하고 의미를 찾아가는 작업이라는 데 있습니다.

• **기도**

가끔 영성 공부가 심리분석, 여성주의 신학, 혹은 철학인가 하는 질문을 받습니다. 영성이 이런 인문학적 접근을 통한 성장과 결정적으로 다른 것은 기도의 중요성에 있습니다. 기도하는 사람은 결국 하느님의 눈으로 세상을 보기로 한 사람입니다. 그는 자기를 반성하고 자기 한계를 바라보며 기도 안에서 성장합니다. 기도함으로써 자신이 원하는 것을 이루는 것이 아니라 하느님이 이끄시는 곳으로 기꺼이 나아가는 것입니다. 영성의 관심은 기도란 무엇이고, 어떻게 기도해야 하는가, 또 기도를 통해 인간이 어떻게 변화되는가에 있습니다. 특히 여성 영성에서는, 기도를 통해 어떻게 진정성 있는 자기를 만나고 스스로 성장해 가는가에 주목합니다. 그래서 기도 생활은 우리의 신앙 체험에서 가장 기본이 되는 부분입니다.

무엇보다 기도는 하느님과의 대화이고 그분과의 만남입니다. 아빌라의 데레사는, 하느님은 우리가 그분을 떠올리며 고개를 갸우뚱할 때조차 우리를 기억하시며 그분을 기억하는 모든 순간이 기도라고 말했습니다. 그러니까 하느님을 생각하는 마음이 모두 기도라고 할 수 있습니다. 길을 걷다가 사랑하는 친구의 안녕을 기원할 때, 천국에 계신 부모님을 생각하며 하느님께 그분들의 영혼을 의탁할 때, 지금은 멀어진 누군가의 안녕을 기원할 때, 그런 마음들이 다 기도가 됩니다.

기도하는 방식은 여러 가지로 나눌 수 있습니다. 첫째, 개인적으로 하는 기도와 공동체가 함께 드리는 기도가 있습니다. 우리는 혼자서 하느님께 기도를 드릴 수도 있고, 공동체가 예배하는 가운데 함께 공동 기도를 드릴 수도 있습니다. 수도원에는 개인 기도 시간과 공동 기도 시간이 모두 있는데, 공동 기도 시간에는 시편으로 된 성무일도를 노래로 바치기도 하고 함께 읽기도 합니다.

둘째, 소리 내어 하는 기도와 내면으로 들어가는 기도가 있습니다. 소리 내어 하는 기도는 공동으로 함께 기도문을 외우거나 각자 큰 소리를 내어 밖으로 기도하는 것입니다. 노래나 시, 성서를 소리 내어 읽는 염경 기도 역시 이 기도에 속합니다. 잘 알려진 그레고리안 성가는 수도원에서 정해진 시간에 노래로 성무일도를 바치는 것입니다. 성무일도는 세상의 모든 수도자들이 정해진 시간에 똑같은 시편을 바친다는 점에서, 그 시간에 기도하는 인간들의 연대를 체험할 수 있는 기도입니다.

한편, 내면의 기도는 침묵 속에서 하느님을 영혼의 내부로 초대하고, 그 안에서 하느님의 현존에 머무는 기도입니다. 의식 성찰, 묵상 기도, 이냐시오 기도, 관상 기도 등이 여기 속합니다. 영성에서는 내면의 기도를 강조하는 측면이 있습니다. 모든 기도를 발화의 형식으로만 한다면, 프로이트 식으로 표현해서 영적 구강기라고 할 수 있을 것입니다. 호흡으로 신의 현존을 감지하고 침묵 속에서 내면의 신적인 공간을 확장하면서, 내밀한 성찰 작업을 촘촘히 함으로써 기도는 더욱 깊어집니다.

마지막으로, 형태가 있는 '카타파틱kataphatic' 기도와 형태가 없는 '아포파틱apophatic' 기도로 구분할 수 있습니다. 카타파틱 기도는 영혼의 감성 즉 오감을 이용하여 기도하는데, 특히 상상력이 사용됩니다. 이냐시오 영신 수련의 기도가 카타파틱의 대표적 예입니다. 이 기도에서 특히 예수님의 생애를 묵상하는 부분은, 마치 영화를 보듯 성서 장면을 그려 보고 그 안에서 말씀을 만나는 과정을 포함합니다. 눈물과 통회, 고백과 결심 등을 수반하는 이 기도는 하느님께 나아가고픈 열심을 불러일으키지만, 지나치게 상상적이고 자기중심적일 수 있습니다. 이에 반해, 아포파틱 기도는 하느님이 알 수 없는 분이고 상상하거나 감각적으로 만날 수 있는 분이 아님을 전제로 합니다. 그래서 이미지나 생각을 떠나 감각을 비우고, 하느님 현존 안에서 침묵하고 쉬는 기도를 하게 됩니다. 기본적으로 수동적인, 감각의 현란함을 피하는 기도라 할 수 있습니다.

나의 영성 생활을 돌아볼 때 가장 도움이 되었던 기도를 뽑으라면, 의식 성찰을 들겠습니다. 나는 마음의 움직임과 행동의 동기를 관찰하면서, 내가 어떤 사람이고 또 어떤 역동을 따라 살아가는지를 잘 알게 되었습니다. 가장 많이 반복되는 감정의 패턴은 무엇이고, 그런 감정들은 어디서 오며, 그런 감정을 만날 때 어떻게 반응하게 되는지를 그저 판단 없이 바라봅니다. 예를 들어, 항상 잘 해내야 하고 누군가를 이기지 못하면 안절부절못하고 우울해지는 경험을 자주 한다면, 그런 성향이 어디서 오는지 살펴보는 것이 중요합니다. 어린 시절 많은 형제 사이에서 부모님의 인정을 받고 싶었던 욕구에서 비롯된 것인지, 아니면 늘 자신에게 만족하지 못했던 상황의 반복인지를 살펴보고, 그런 감정이나 생각이 일어날 때 내가 하는 반응을 영화를 보듯 바라봅니다. 그리고 강렬한 감정을 조금씩 느슨하게 하며 반응을 조금씩 바꾸고, 사랑을 선택하는 방향으로 나아가 봅니다. 하지만 이 기도의 핵심은 결국 자신의 행동, 감정, 반복되는 패턴을 살펴보는 데 있습니다.

많은 사람들이 기도의 방식을 두고 고민합니다. 예수의 제자들도 어떻게 기도하면 되는지 질문했습니다. 그런데 예수님의 대답은, 시간이나 장소와 관련된 방법론이 아니라 기도 자체였습니다. 바로, '주의 기도'를 가르쳐 주셨습니다. 중요한 것은, 어떤 기도가 되었든 항구하게 함으로써 신과의 관계를 지속하는 일입니다.

2
목소리 찾기: 여성의 성장 단계

 우리는 자라면서 사회가 요구하는 여성이 되려고, 혹은 사랑스러운 사람이 되려고 열심히 노력하다가, 자기가 누구이고 무엇을 원하고 어떤 인생을 살아가야 하는지를 잊어버렸습니다. 그래서 잘 맞추어진 가면을 쓰고 살아가게 됩니다. 물론 누구나 살면서 가면을 씁니다. 하지만 그렇게 주어진 역할을 자신과 동일시하며 살다 보면, 자신의 목소리를 잃어버리게 됩니다.
 여기서 목소리란 내면의 고유한 욕구, 그 사람만이 가지는 고유한 에너지를 상징합니다. 안데르센의 동화 《인어 공주》의 에어리얼은 사랑하는 왕자를 만나기 위해 인간이 됩니다. 대신 물에서 살아야 하는 존재로서의 고유한 자신을 버려야 했습니다. 대가는 혹독했습니다. 에어리얼은 결국 목소리를 잃고 말았습니다. 이 이야기는, 자신의 고유한 정체성을 잃는다는 것은 목소리를 잃는 것과 같음을 보여 줍니다. 굳이 마녀의 장난이 아니더라도, 자기가 아닌 모습, 타자의 모습, 누군가가 요구한 모습으로 살아가는 것은 자신의 목소리를 잃는다는 뜻입니다. 혹자는 이 동화가 동성애자였던 안데르센이 이성애자인 친구를 사랑하는 서글픔을 그린 이야기라고 하는데, 내게는 이 이야기가 어떤 순간에도 목소리를 잃는 삶을 선택하지 말라는 메시지로 다가옵니다.

여성 영성이 가장 중요하게 여기는 것은 자기의 목소리를 찾아내는 작업입니다. 그리고 여성으로서 성장해 간다는 것은 곧 자신의 목소리를 찾고 목소리를 내는 과정이라 할 수 있습니다. 우리 모두에게는 자신만의 목소리, 즉 고유한 내면과 삶의 결을 지닌 여성으로 성장해 가야 할 과제가 주어진 셈입니다. 이 장에서는 여성이 어떤 과정을 통해 성장을 이루어 나가는지 살펴보겠습니다.

성장 모델

많은 심리학자들이 인간의 성장 과정을 연구해 왔습니다. 그

중 에릭 에릭슨Erik Erikson은 심리사회적 성장 모델을 연령대별로 정리했습니다. 그의 모델은 신뢰, 자율성, 주도성, 근면성, 자아 정체감, 친밀감, 생산성, 자아 통합을 성취해 가는 총 여덟 개의 단계로 이루어집니다. 이 모델은 성장을 규격화하고 독립된 개체로서의 발달을 전제로 한다는 점에서 한계가 있습니다. 실제 우리 삶을 보면 여러 단계가 공존하고 있고, 사회마다 규정하는 성장 방식이 다를 수도 있습니다. 그뿐 아니라, 이 모델은 인간이 끝없는 성장과 발전을 이루어 간다는 환상을 부추기는 것 같습니다. 모든 사람이 끝까지 성장해 간다는 보장은 전혀 없습니다. 특히 트라우마 같은 경험이 있는 이들에게, 일정한 나이가 되었기에 정상적으로 어떤 수준에 이르리라는 기대를 할 수는 없습니다.

하버드 대학교의 로버트 키건Robert Kegan은 내적 성장과 변화에 관심을 기울인 학자입니다. 그는 모든 사람이 각 단계를 자동으로 통과하지는 않는다는 전제를 갖고 내면적 발달에 더 관심을 가졌습니다. 키건에 따르면 내면의 성장을 위한 두 가지 중요한 열쇠가 있는데, 하나는 변화transformation이고, 다른 하나는 자기중심성에서 타자 중심성으로 이동하는 능력입니다.

첫 번째 열쇠인 변화는 영성학에서 특히 자주 다루는 문제입니다. 키건은 변화하는 삶이란 자신과 세상과 타자를 인식하는 방법과 틀을 바꾸고 자신의 영역을 확대해 가는 삶이라고 정의

했습니다. 가장 성숙한 인간은 계속 변화해 가는 인간, 열린 마음과 유연성을 가진 사람인데 실제 성인의 1퍼센트만이 이런 단계에 이른다고 합니다. 그는 인간의 성숙을 5단계로 보았습니다. 이는 차례로 충동적 단계impulsive mind, 자기중심적 단계imperial mind, 사회화 단계socialized mind, 자기 저술의 단계self-authoring mind, 자기 변화의 단계self-transforming mind입니다. 대부분의 성인은 3단계, 즉 사회화 단계에 머무릅니다. 이 단계는 사회의 규칙을 잘 지키면서 타인과 어울려 살 수 있는 단계입니다. 그러므로 우리가 다루는 영적 성장은 최소한 3단계를 지나, 타인을 알고 자기를 이해하는 단계에서 비로소 시작된다고 볼 수 있습니다. 나이가 많다고 저절로 이 단계로 나아가는 것이 아니며, 많은 사람이 그저 사회적인 단계에 머무른 채 살아간다고 볼 수도 있습니다.*

키건이 제시한 성장의 두 번째 열쇠는 자기중심성에서 벗어나는 것입니다. 성숙한 삶은 자기 안에 갇혀 사물과 세상을 판단하는 태도를 버리고, 상대의 상태와 마음도 함께 인식하고 상호 작용하는 삶입니다. 그런데 자기중심적 사고가 나타나는 방식에서 여성과 남성이 좀 다를 수 있습니다. 자기중심적 사고를 하는 남

---

* Robert Kegan, *The Evolving Self: Problem and Process in Human Development* (Boston, MA: Harvard University Press, 1982).

성들은 보통 자기 기준에 따라 타인에게 요구하고 모든 것을 바꾸려고 합니다. 여성의 경우 자기에게 부과되는 억압을 자연스럽게 받아들이고, 새로운 것을 배우려 하지 않거나 변화를 두려워하는 태도로 나타날 수 있습니다. 그래서 얼핏 보면, 마치 자기를 다 비운 성숙한 여성으로 보일 수도 있습니다. 노년기가 시작되는데도 여전히 남편을 기쁘게 하고 권위에 순종하는 데 골몰할 수 있습니다. 그런 사람의 세계는 매우 편협해서, 다른 사람들이 경험하는 다양한 세계를 보지 못하고 자신을 성숙하고 영성이 깊은 사람으로 착각하기도 합니다. 인간이 최고로 성장한 상태를 어른이라고 한다면, 어른이란 최소한 자기에 대한 지식을 가지고 타인과 관계 맺을 수 있고, 자신에게 영향을 미치는 사회적 요소를 이해할 수 있는 사람입니다.

성장 모델은 인간이 성장하는 데 어떤 패턴이 있음을 전제로 합니다. 우리는 영원한 성장을 꿈꾸지만, 어쩌면 이것은 그야말로 우리의 꿈일지도 모릅니다. 어떤 충격이나 정신적 외상으로 마음이 닫혀 버릴 때, 성장의 발은 어느 순간이든 묶여 버릴 수 있습니다. 우리는 어떤 모델이나 이론을 공부할 때, 무조건 수용하기보다 자신의 경험에 비추어 비판할 수 있어야 합니다. 이론은 한 사회의 정치와 문화와 역사를 반영하며, 또 현재 주류 이론의 대부분이 백인 남성 중심의 모델이라는 점도 기억해야 합니다.

여성으로 성장하기

그렇다면 여성은 인생에서 어떤 과정을 거치면서 성장해 가는 걸까요? 어떤 상태에 이른 여성이 성숙한 여성이고, 그렇게 되기 위해서는 최소한 무엇이 필요할까요?

첫째, 자기만의 방이 있어야 합니다. 그것은 집이 넓어서 방을 따로 가질 수 있느냐의 문제가 아니라, 스스로를 돌아보고 사색할 수 있는 내면의 공간이 있느냐의 문제입니다. 우리는 동네 카페에서 혼자 차를 마시면서도, 내 생의 지도가 어떻게 그려지고 있는지, 나의 욕구는 어디서 왔는지 그리고 그것은 과연 건강한 것인지를 식별하고 또 선택할 수 있습니다. 버지니아 울프 Virginia Woolf는 《자기만의 방 A Room of One's Own》에서, 여성은 방이 있어야 한다고 강조했습니다. 상상의 공간이어도 좋고, 매일 천천히 산책하는 거리여도 좋습니다. 그런 내면의 세계가 없는 여성은, 아무리 신앙이 좋고 학력이 높더라도 영성의 측면에서는 성장하기가 힘듭니다.

둘째, 자신의 욕구 desire를 편안하게 이해하고, 또 표현하기 위해 노력해야 합니다. 사회 구조와 종교적 신념에 자기를 맞추면서 내면의 욕구를 계속 억누르다 보면, 어느 순간부터 삶의 기쁨과 열정을 잃어버리게 됩니다. 요즘같이 소셜 미디어가 지배하는 세상에서는, 가지고 싶고 먹고 싶은 것을 결정하는 일조차 눈에 보이는 것에 지배됩니다. 유행을 따르고 물질을 소유하면 욕구를 채운 것 같지만, 곧 새로운 허기를 느끼기 마련입니다. 끝없이 쇼핑에 몰입하는 행위는 중독과 비슷합니다. 그래서 나중에는 자신이 무엇을 가지고 있고 지금 무엇을 소비하는지 알지 못한 채 계속 무언가를 사들이게 됩니다. 이런 현상을 데이비드 코트라이트David T. Courtwright는 '변연계 자본주의Limbic Capitalism' 현상이라고 불렀는데, 인격이 소비로 축소되는 현대인의 삶을 지적한 표현입니다.*

그러므로 자신이 가장 기쁜 순간이 언제이고, 무엇을 하고 싶고, 마음 깊은 곳에 자리 잡은 진정한 욕구가 무엇인지를 찾아가는 것은 정말 중요한 영적 과제일 수밖에 없습니다. 그러고 나서 그 욕구가 자신을 어디로 데려가는지, 그 여정이 과연 자신이 견뎌 내야 할 만큼 중요하고 불가피한 것인지 잘 식별해 보아야 합니다. 자신의 욕구를 이해하는 것은, 남의 옷을 입은 것 같은 삶의 표피를 뚫고 진정한 자기 삶을 찾아가는 과정의 시작입니다.

욕구에는 당연히 성적 욕구도 포함됩니다. 영성적 삶을 이야기할 때 여전히 성적인 부분을 제외하는 경우가 많습니다. 하지

---

* 《중독의 시대》(커넥팅).

만 우리는 삶의 어떤 부분도 억압하거나 무시하지 않는 용기와 열린 마음이 필요합니다. 여성에게 성욕이 있는가 하는 것은 한때 여성주의 담론에서 심각한 주제였습니다. 현대 여성들에게 이런 질문을 던지면 대부분 당연히 그렇다고 하겠지만, 기독교적 사고에 젖은 여성들에게는 여전히 부담스러운 주제일 수 있습니다.

여성은 자신의 성적 욕구를 당당히 이야기할 수 있을까요? 여성의 욕망을 창세기의 한 장면과 연결하여 다루곤 합니다. 하와는 뱀의 유혹에 가장 먼저 넘어간 사람입니다. 이에 대한 부정적 해석은, 여성은 충동적이고 유혹에 약한 열등한 존재라는 인식을 강화했습니다. 여기서 잊지 말아야 할 것은, 하와가 단순히 죄를 지은 것이 아니라 '지식의 나무' 열매를 따 먹었다는 점입니다. 인류의 기원을 설명하는 창세기는 중근동 설화와 매우 유사해서 다른 수메르 설화에도 이런 이야기가 등장합니다. 그러니까 이것은 마치 인류가 불을 사용하게 된 기원처럼, 의식 혹은 사고가 어디서 왔는가에 대한 설명입니다.* 그럼에도 여성이 성적 유혹에 더 취약하다거나 여성은 남성을 유혹하는 존재라는 가부

---

* Susan Niditch, "Genesis", in *Women's Bible Commentary*, eds. Carol Newsome and Sharon Ringe (Louisville, KT: Westminster John Knox Press, 1992), pp. 13-29.

장적 담론 속에서, 여성은 성적으로 억압과 착취를 당하고 침묵을 강요받아 왔습니다. 그러므로 여성이 자신이 느끼는 욕구를 말할 때, 기존의 사고와 밖에서 부과된 이미지를 해체할 수 있는 지성과 용기가 필요합니다.

여성의 성숙을 위한 세 번째 요건은, 공감과 연대입니다. 이제는 고전이 된 《침묵에서 말하기로 In a Different Voice》에서 캐럴 길리건Carol Gilligan은 개인적인 독립성을 가진 여성보다는 다른 여성들과 폭넓은 관계를 맺는 여성들이 훨씬 성숙하고 문제 해결 능력이 뛰어나다고 말합니다. 또래 친구가 많은 경우는 물론이고, 자기보다 성숙한 선배나 친척과의 교류가 많은 소녀들은 예상 밖의 문제가 생겼을 때 해결 능력이 더 뛰어난 것으로 나타났습니다.

그뿐이 아닙니다. 우리는 어른이 되어서도 관계망을 가진 사람들이 잘 성장한다는 것을 알 수 있습니다. 사이버 공간에서 만나는 관계일 수도 있고, 동네 독서 모임일 수도 있습니다. 어떤 것에 대해 함께 고민하고 나누면서 여성들은 더 성숙하게 됩니다. 오십대 이후 남성들은 여성보다 훨씬 큰 고독과 소외감을 호소합니다. 그 이유 중 하나가, 여성들이 정서적 유대를 바탕으로 평생 만들어 가는 관계망을 갖지 못했기 때문일 것입니다. 다른 여성들과 힘든 일을 나누고 함께 웃으며 시간을 보내는 능력, 즉 관계 맺는 능력은 여성이 성숙하기 위한 가장 중요한 요소 중 하나입니다.

그래서 여성주의 영성에서는 여성의 공동체와 모임이 중요한 가치를 가집니다. '지혜의 원'은 여성들이 모여 각자의 경험을 나누고 경청함으로써 지혜와 깊이를 더해 가는 공간입니다. 이 공간에서 중요한 것은, 옳고 그름을 가르거나 가르치고 교정하는 일이 아니라, 다른 여성의 경험 속으로 들어가 함께 울고 웃는 것입니다.

물론 모임을 하다 보면 어려움을 겪는 때도 있습니다. 충분히 인정받는 경험을 해 보지 못한 여성들은, 다른 사람이 칭찬받는 모습만 봐도 자신이 벌을 받는 듯한 느낌이 든다고 합니다. 하지만 그런 느낌을 솔직하게 나누면서, 질투나 시기가 평범한 감정 중 하나임을 깨닫는 것도 중요한 경험이 될 수 있습니다. 또한 모순적이게도, 우리 각자가 주어진 길을 가고 있다는 인식이 분명할 때, 우리는 진정으로 다른 여성의 경험에 공감할 수 있고 더 나아가 연대할 수 있습니다. 각자의 인생 여정이 다른데, 쓸데없는 비교로 시기하면서 에너지를 빼앗길 필요는 없습니다. 한편으로, 자신은 특별한 사람이기에 모임에서 불이익을 당할 수 없다고 생각하는 사람들도 있습니다. 보통 여성들이 당하는 그런 일은 자신의 문제가 아니라고 여기는 이들도 있습니다. 하지만 누군가가 아픔을 겪는 것은 결코 개인적 문제가 아님을 우리는 기억해야 합니다.

사회 또는 교회가 만든 여성상에 맞지 않는 여성들은 쉽게 소외를 경험합니다. 예를 들어, 사람들은 미혼모를 대할 때, 혼자 육아하는 어려움을 헤아리기 전에 먼저 도덕적 잣대로 판단하려 합니다. 트랜스젠더 여성들도 자신의 삶을 이해해 주는 공간을 만나기가 쉽지 않습니다. 몇 해 전, 용산에서 열린 성소수자 미사에 참석한 적이 있었습니다. 한 여학생이 자신이 겪은 소외와 예배드리고 싶은 마음이 좌절된 경험을 나누면서 흐느껴 울었습니다. 그의 이야기를 들으면서, 편협함은 한 곳에 치워 두고 단순한 마음으로 누군가의 경험을 경청할 수 있다면, 우리 모두가 훨씬 건강하게 성장해 갈 수 있지 않을까 하는 생각이 들었습니다.

소녀에서 여신으로

이제 건강하고 성숙한 여성으로 성장하는 과정을 달에 비유한 성장 모델을 소개하고자 합니다. 여성으로서 삶을 온전히 살아내어 자기 한계를 초월한 상태를 표현하기 위해 여성주의 학자들이 사용하는 단어는 '여신'입니다. 물론 이것은 창조주인 초월자를 의미하지 않습니다. 기독교에서는 하나이신 창조주 하느님을 남성성을 대변하는 아버지라는 호칭으로 부르기에, 기독교 신앙을 가진 여성들은 이 단어가 편하지 않을 수도 있겠습니다. 하지만 여기서 말하는 여신은 그렇게 유일하고 절대적인, 완전한 초월적 존재가 아닙니다.

여기서 여신은 오히려 그리스 신화나 여러 민족의 전설 혹은 민담이 말하는 신들과 비슷합니다. 이런 이야기들을 들여다보면, 신들은 감정을 느끼고 결함도 있어서 다분히 인간적입니다. 그리스 신화에는 신과 인간 사이에 태어난 신들도 있고, 헤라클레스처럼 여러 시험을 통과하여 인간으로서 신의 지위를 얻은 영웅도 있습니다. 그들이 인간과 다른 지위에 있는 이유는 죽지 않고 영원히 사는 존재, 즉 시간의 제한을 받지 않는 존재라는 데 있습니다. 그렇다면 여성 영성에서 말하는 여신은 누구일까요? 바로, 한계를 끌어안고 자신의 욕망과 희망과 어려움을 살아낸 인간을 말합니다. 다시 말해, 인간의 원형을 정직하게 보여 주는 동시에 인간의 조건을 온전히 살아낸 좋은 모델로 이해할 수 있겠습니다. 이런 여신의 면모는 제주 신화에서 잘 드러납니다. 자청비나 가믄장아기는 자신이 상대를 선택하고, 선택한 사랑을 끝까지 향유합니다. 또 하늘까지 올라가 신이 되고, 세상을 이롭게 하고자 다시 세상으로 내려오기도 합니다.*

여성주의 인류학자 발레리 프랭클Valerie Estelle Frankel은《소녀에서 여신으로 *From Girl To Goddess*》라는 책에서, 여성의 성장 및 발달을 달에 비유해서 설명합니다. 그에 의하면, 많은 문화에서 공통적으로 나타나는 여성 신화는 어떤 주기로 표현되며, 이 주기는 달의 움직임과 관련됩니다. 소녀, 처녀의 시기는 초승달로 상징됩니다. 어머니의 삶이나 독신의 삶 혹은 공동체의 삶을 살며 다양한 모습으로 헌신하는 시기는 보름달에 해당합니다. 그리고 '마고'로 대표되는 노년기는 그믐달 시기에 속합니다. 각 시기마다 주어지는 도전이 있고, 그것을 잘 통과할 때 또 다른 삶의 영역이 펼쳐집니다.

• 초승달 시기

초승달은 초저녁 서쪽 하늘에 뜨는 달입니다. 둥근 부분이 태양을 향해 있다가 금방 지는 달입니다. 달은 손톱만 한 조그만 초승달로 시작해서 모양이 점점 커집니다. 여성의 생은 그렇게 소녀의 희망과 꿈을 먹으며 자라 갑니다. 소녀들은 초경을 시작하면서 여성으로서 여정을 시작합니다. 이때는 모든 것을 흡수하는 시기입니다. 자기를 누구에게도 내주지 않고 오로지 자기만의 삶을 준비하는 시기입니다. 멋져 보이는 누군가에게 끌리고,

---

- 김정숙,《자청비·가믄장아기·백주또》(각).

성적 정체성을 희미하게 알아 가고, 인생을 어떻게 살고 싶은지를 곰곰 생각해 봅니다. 이 시기의 특징은 자유입니다. 현대 사회에서 소녀들은 여성의 삶을 미리 강요받기도 하고, 사회가 원하는 여성상을 학습합니다. 하지만 이 시기는 어떠한 강요도 받지 않는 자유 속에서 자기의 삶을 꿈꾸는 시간이 되어야 합니다.

이 시기의 중요한 영적 과제는 부모로부터 심리적으로 독립하는 일입니다. 특히 소녀는 아버지와의 관계를 새롭게 인식하고, 그 영향에서 벗어나는 과정을 거쳐야 합니다. 아버지와 지나치게 가까웠거나, 반대로 강한 반감을 느껴온 경우에도, 관계의 본질을 사회문화적 맥락과 가족의 상황 속에서 성숙하게 바라보는 작업이 필요합니다.

아버지와 매우 친밀했던 여성은, 성인이 되어 다른 남성과의 관계에서 정서적 거리를 조절하는 데 어려움을 겪을 수 있습니다. 반대로 권위적이고 통제적인 아버지와의 부정적 경험은, 직장 상사나 권위를 지닌 남성들과의 관계에 불편함을 초래할 수 있습니다. 이러한 경험을 인식하고 다루는 일은 성숙한 자아를 형성하는 데 중요한 과정입니다.

어머니와의 관계도 마찬가지입니다. 무조건 딸과 어머니는 좋은 관계라고 생각하는 경향이 있지만, 어머니와의 부정적인 관계로 인해 평생 힘들어하는 여성도 많습니다. 어머니의 정서적 지지가 필요할 때 부재를 경험하는 여성들도 있고, 지나친 통제나 간섭으로 삶의 주체성을 획득하지 못해 독립적으로 살지 못하는 여성들도 있습니다. 요즘 자녀들의 삶을 지나치게 통제하고 간섭하는 어머니들을 흔히 봅니다. 자신의 종교와 인생관을 자녀에게 강요하고, 자신의 부정적인 신체 이미지나 사고방식을 딸에게 전이시키는 경우도 많습니다. 결혼하고 새로운 가정을 이루고 나서도 자신의 삶이 어머니의 의사 결정과 통제 아래 놓인다면, 그 여성은 아직 초승달 단계를 벗어나지 못했다고 할 수 있습니다. 시간이 흐르면서 딸과 어머니는 친구 같은 관계로 변화해 가야 하며, 어머니가 노년기에 들어가면 딸이 관계를 주도할 수 있어야 합니다.

그리고 이 시기에 우리는 영적인 모험을 시작합니다. 대개 가정의 울타리를 벗어나 일 또는 공부를 위해 집을 떠나는 방식으로 새로운 환경에 놓이게 됩니다. 민담이나 동화에서 소녀들은 주로 숲으로 갑니다. 숲이란 창조적으로 새로운 삶의 가능성을 발견하고, 그러한 삶을 살아가는 데 필요한 지혜와 힘을 얻는 장소를 상징합니다.* 이런 장소를 '제3의 공간'이라 할 수 있는데,

---

* 숲의 의미에 대해서는 Martin Shaw, *Snowy Tower: Parzival and the Wet, Black Branch of Language* (Ashland, OR: White Could Press, 2014)를 참고하라.

이것은 여성들이 영적 여정을 헤쳐 가면서 언제라도 지치고 힘들 때 돌아갈 수 있는 내면의 공간을 의미합니다. 소녀에서 여성이 되어가는 중간 과정뿐 아니라 인생의 매 순간 찾아갈 수 있어야 하는 곳입니다.

소녀가 부모나 형제를 떠나 새로운 타자를 만나는 모험을 하지 않고 건강하고 자신감 넘치는 여성으로 성장하기는 어렵습니다. 그런 점에서, 가족 바깥에서 꿈과 비전을 제시해 주는 안전하고 지혜로운 타자의 존재는 매우 중요합니다. 학교 선생님, 멘토, 코치, 종교 지도자 등이 이런 타자가 될 수 있습니다. 이런 사람들이나 또래 친구들과 대화하면서, 여성은 가족 관계 안에서 규정된 자아를 벗어나 새로운 자아의 가능성, 사회적 자아를 발견하게 됩니다.

물론 집이라는 울타리를 떠나는 일에는 위험이 따르고, 흔히 선택이라는 중요한 관문을 맞닥뜨려야 합니다. 그래서 소녀들은 숲속에서 평생의 사랑(동화에서는 주로 왕자를 만나는 설정입니다)을 만나기도 하고, 새로운 삶의 방향을 찾기도 합니다. 왕자를 만난다거나 왕자와 결혼한다는 것은, 자기 안에 타자 즉 남성성을 받아들인다는 의미입니다. 이는 사회에서 역할을 수행하거나 직업을 택하거나 종교적으로 헌신을 결심하는 등, 어떤 조직의 질서를 받아들이는 일이 될 것입니다.

주의할 것은, 충분히 준비가 되었을 때 다음 시기로 나아가야 한다는 점입니다. 그저 일정한 나이가 되었기 때문에, 다른 사람들이 다 하니까, 혹은 현재의 삶이 싫어서 도망치듯이 다음 단계로 넘어가서는 안 됩니다. 제3의 장소에 놓이는 경험 없이 소녀 시절과 유사한 가정으로 곧장 이동하는 것은, 내적으로 소녀기에 머무는 결과를 초래할 수 있습니다. 즉, 결혼을 하고서도, 그리고 부모가 되어도 삶에 대한 결정을 부모에게 맡기고 살아가기 쉽습니다.

이제 우리 사회는 비혼주의에 대해 많이 열린 태도를 갖게 된 것 같습니다. 비혼을 택하든 수도 공동체의 일원으로 사는 삶을 택하든, 그것은 그저 결혼을 못 했거나 어쩌다 보니 독신이어서가 아니라, 자신의 개성과 지향점에 맞는 삶의 형태를 적극적으로 끌어안는 결정이어야 합니다. 그럴 때 독신 생활은 삶의 통과의례가 될 수 있습니다.

결혼 생활에 비해 독신은 훨씬 자유롭고 독립적이어서 어디로 떠나거나 새로운 일을 시작하기가 수월합니다. 하지만 이것은 고독할 수 있는 삶의 형태이기도 합니다. 미래를 생각할 때, 가정을 꾸리고 뿌리를 내리는 것보다 자유와 변화를 즐기는 것이 훨씬 더 자연스럽고 편안하게 다가온다면, 그에게는 독신의 삶이 적합할지도 모릅니다. 또 결혼해서 가정 공동체를 꾸리지는 않더라도 비슷한 뜻을 가진 사람들과 삶을 함께할 수 있는 생활 공동체가 맞을지, 거기서 자신의 고유한 삶을 펼쳐 갈 수 있을지 진지하게 고민해 보는 것도 좋습니다. 어느 쪽을 선택하든, 그 삶은 나를 나답게 활짝 피워 내는 삶이어야 합니다.

• 보름달 시기

휘영청 밝은 보름달을 보며 밤 산책을 하면 마음이 참 따스해집니다. 이렇듯 보름달 시기는 가장 아름답고 찬란한 시기로, 강한 생명력으로 주위에 생명을 넉넉히 전하는 시기입니다. 이는 여성의 영적 여정 중 가장 극적이고 힘들고 긴 시기, 바로 어머니의 단계입니다. 여기서 어머니는 자녀를 돌보는 여성일 뿐 아니라, 자기 삶에 헌신한 자가 삶을 나누어 주는 방식이라는 의미도 갖습니다. 이 시기의 여성은 사랑의 힘으로 자신을 내어주고, 시련을 극복하며, 자신 안에 있는 여성성의 힘을 체험합니다. 그러나 이 과정에는 어둠, 밤, 그리고 죽음이 함께 존재합니다. 이 어두움 혹은 그림자를 통해 여성은 참된 자아를 찾아갑니다. 여러 신화들이 죽음의 나라를 통과하는 이야기를 들려주는데, 이는 생이 결국 거쳐야 하는 절망과 고뇌의 시간이 얼마나 중요한지를 암시합니다.

고대 수메르의 여신 이슈타르는 새로운 생명으로 거듭나기 위해 죽음의 나라를 통과합니다. 이 과정에서 그는 자신의 젊음과 목걸이, 가발, 반지, 가슴 위에 얹는 달걀 모양 장식(풍요와 다산의 상징) 등을 하나하나 포기합니다. 이 이야기는 여성이 보름달 시기를 살아가는 동안 사회적 배경, 교육 등 자라면서 지니게 된 장식을 하나하나 내려놓으면서 있는 그대로의 자기를 대면하는 과정을 보여 줍니다.

죽음의 나라를 거쳐 다시 생명의 나라로 돌아가는 길에 이슈타르와 동행하는 것은 어둠의 영입니다.* 사랑스러운 소녀가 꿈 많은 처녀가 되고, 다시 어머니로 대표되는 존재로 성장해 갈 때, 그 여정을 지켜주는 것은 바로 영혼의 밤입니다. 기독교 신비 문학은 이 어둠이 진정한 자아로 나아가는 필연적 과정이라고 설명합니다. 16세기 스페인의 신비가 십자가의 성 요한이 쓴 《영혼의 어두운 밤》에는 온전히 알 수 없는 실재이신 하느님 앞에서 영혼이 진정한 자아를 만나는 과정이 시적으로 쓰여 있습니다. 영적으로는 메말라 가고, 달콤했던 하느님과의 관계가 더 이상 뜨겁거나 낭만적이지 않습니다. 기도를 해도 신은 침묵하고, 그분이 계신지 의심마저 들면서 영혼은 바짝바짝 말라 갑니다. 그

---

* Valerie Frankel, *From Girl to Goddess: The Heroine's Journey through Myth and Legend* (Jefferson, NC: McFarland & Company, 2010), pp. 117-126.

과정을 통해 영혼은 자신의 가난을 고백하면서 자아를 하느님 앞에 내려놓습니다. 삶의 신비, 혹은 어둠의 신비 속에서 자신의 존재가 무에 가까움을 깨닫고, 우주이신 하느님의 사랑 앞에 자신을 던지는 일치의 단계로 걸어갑니다. 이것은 결국 죽음을 통해 영원한 생명으로 나아가는 신앙의 신비를 설명하는 것입니다.

실제로 많은 여성이 보름달 시기를 살면서 블랙홀에 빠진 듯한 느낌을 체험합니다. 젊은 어머니들은 육아라는 현실에서 자신의 존재를 잃어버릴 것 같은 두려움을 느낍니다. 신데렐라가 왕자님을 만나 영원히 행복하게 살았다는 이야기는, 실제로는 그때부터 신데렐라에게 보름달 시기가 시작된다고 이해하는 편이 더 정확할 것입니다. 내가 사랑해서 함께 결혼 생활을 시작한 남자는, 결국 일상에서 애인이 아닌 남편의 역할을 수행해야 합니다. 또 시가 식구들과의 관계도 새롭게 시작됩니다. 수도 생활을 택한 사람들은 절대적 타자인 하느님과 사랑에 빠져 기대와 설렘으로 시작하지만, 이 삶은 자신도 몰랐던 자기 그림자를 대면해야 하는 투쟁의 연속입니다. 뿐만 아니라 함께 살아가는 다른 수도자의 모습을 있는 그대로 받아들이는 고된 훈련도 해야 합니다. 넓은 의미에서, 보름달 시기를 산다는 것은 누군가를 돌보고 타자를 받아들이며 자기 한계를 초월하는 삶을 추구하는 것입니다.

많은 여성들이 이 단계를 가장 힘들어합니다. 치열하고 고된 이 시기에 여성은 분노를 자주 느끼게 되는데, 이것은 두려움을 극복하게 함으로써 여성을 지켜 주는 중요한 감정입니다. 사회나 교회에서 분노는 죄라고 말하는데, 여기에는 약간 왜곡이 있습니다. 분노 같은 부정적 정서는 죄로 기우는 경향이 있을 뿐 죄 자체는 아닙니다. 특히 여성에게 분노는 자기의 고유한 영역을 지켜내면서 자신을 유지하는 근원적인 힘이 됩니다. 분노를 건설적으로 유지하고 잘 사용하는 일이 이 시기의 영적 과제가 될 수 있습니다.

또한 이 시기에 여성들이 느끼는 고립감을 극복하기 위해, 다른 여성의 삶과 닿아 있으면서 서로 삶을 나누고 돌아볼 수 있는 공동체가 있으면 좋습니다. 만나서 기만 빨리고 돌아오는 그런 자리가 아니라, 서로의 아픔을 보듬고 서로의 내면에 자리한 소망과 아름다움을 보아 줄 수 있는 그런 자리가 참 필요합니다.

• **그믐달 시기**

갱년기가 시작될 즈음, 여성들은 온몸으로 생의 의미를 직면하게 됩니다. 생명을 낳아 기를 수 있는 능력이나 신체적 아름다움을 자신과 동일시한 여성에게는 이 시기가 일종의 죽음입니다. '나'는 더 이상 내가 알던 나 자신이 아닙니다. 하루에도 몇 번씩 열이 오르고 내리며, 감정도 고르지 못합니다. 열심히 하던 살림도 심드렁해지고, 체력도 떨어집니다. 왜 매일 이렇게 다람쥐 쳇바퀴 돌듯 살아야 하는가 의심해 보기도 합니다. 그래서 더 몸을 치장하며 젊어 보이려 애쓰는 여성도 있고, 여전히 남편이나 자녀들과의 관계 안에서만 자기의 자리를 이해하려 분투하는 여성들도 있습니다.

그러나 폐경을 거치고 그믐달 시기를 사는 이 여성들에게는 성별(젠더)에 제한되는 성향을 극복하는 것이 중요한 과업입니다. 그러니까 남자와 여자로 구분되는 세상에서 벗어나 하나의 인간으로 다시 세상에 나서는 것입니다. 요즘 생태 영성에서 말하는 홀라키holarchy,* 즉 서로 형제자매로 연결되는 관계망으로 돌아가는 탈권위적 세계를 사는 시기입니다. 우리는 남성이 권위를 가지는 가부장제patriarchy의 반대 개념으로서 가모장제matriarchy를 떠올리는 경향이 있지만, 이런 이분법적 사고는 결국 약자를 무시하고 억압하는 방식을 그대로 답습할 뿐입니다. 그래서 최근 현대 영성에서 가부장제를 거부하는 방식으로 많이

---

* '홀론(holon)'에서 온 용어. 아서 쾨슬러(Arthur Koestler)가 처음 사용한 '홀론'은 전체를 뜻하는 'whole'과 부분을 뜻하는 'on'이 합쳐진 단어로, 부분으로서 전체의 구성에 관여하는 동시에 각각이 하나의 전체적·자율적 통합을 가진 단위를 말한다. 생태 영성에서 사용되는 홀라키는 모든 존재가 함께 발전하는 체제라는 의미다.

언급되는 것이 홀라키입니다. 배우자가 세상을 떠났든 함께 살고 있든 가족 간 역동에도 변화가 생길 것이고, 그 형태가 어떠해야 한다고 굳이 규정할 필요는 없겠습니다. 다만 이 시기에 가장 필요한 덕목은 균형과 평화입니다.

하지만 이 시기에 몸은 점점 늙고, 많은 것을 잃어 갈 수밖에 없습니다. 새벽 동쪽 하늘에 뜨는 서늘한 달은, 이제 주위 사람들이 병을 얻거나 본인도 신체적으로 약해지거나 병드는 시기에 접어들었음을 나타냅니다. 상실의 미학을 배우지 못하면 가장 외롭고 슬픈 시기인 것입니다. 모든 것을 내어주고 하늘을 향해 서 있는 나무처럼 허허로운 아름다움을 배워야 할 때입니다.

또한 이 시기에는 죽음을 묵상해야 합니다. 언제 삶의 순환을 마치는 순간이 올지 모르지만, 다가올 그때를 맞이할 준비를 해야 합니다. 사람들은 생을 놀라워하지 않다가 죽음을 놀라워합니다. 하지만 이 시기의 여성은 생을 놀라워하고 죽음을 놀라워하지 말아야 합니다. 그리고 다음 세대와 그다음 세대의 언어를 배우고, 그들과 소통하며 자신이 삶을 통해 얻은 지혜를 나눌 수 있어야 합니다. 여기서 중요한 것이 홀라키의 태도일 것입니다. 자기 것을 강요하지 않으면서 자연스럽게 자신을 내어주는 자유와 열린 마음과 헌신이 이 시기의 영적 주제가 됩니다.

그런 여성들에게는 세상의 모든 생명이 자신의 자녀가 됩니다. 부산에서 여성들과 성서 읽기 모임을 할 때 어떤 나이 든 자매가 해 준 나눔이 생각납니다. 머리가 하얗게 세었지만 참 아름다운 할머니였는데, 그는 길을 가다가 만나는 아이들이나 젊은 엄마들에게 주님의 복을 받으라고 인사한다고 했습니다. 그냥 안녕하냐는 인사로 끝내지 않고 주님의 복을 많이 받으라고 인사하는 그 자매의 마음은 바로 여신의 마음일 것입니다.

그런 마음으로 보면, 세상과 세상의 불의에 대해 어떤 행동을 할 수밖에 없습니다. 우리 수녀회의 할머니 수녀님들은 사회를 바꾸는 데 관심이 많습니다. 체력이 되는 한 밖에 나가 웃으면서 시위를 합니다. 불안감이나 분노 따위는 없습니다. 그리고 돌아와서는 정치인들에게 쉴 새 없이 자기 의견을 적어 보냅니다. 천천히 산책하면서, 사람들이 부탁한 기도를 드려 주면서, 수녀님들은 하루하루 잃어가는 시력과 청력을, 친구들이 차례로 세상을 떠나가는 현실을 담담하게 받아들입니다.

이때 가장 돋보이는 것은 유머 감각입니다. 유머러스한 사람이 되기 위해서는 자기 삶을 있는 그대로 받아들이는 동시에 거리를 둘 수 있는 성숙함이 필요합니다. 건강한 유머는 자기 삶에 대해 웃을 수 있을 때 생깁니다. 자신에게 돌아오는 비난이나 부정적인 피드백을 받아들이지 못한다면, 인간의 나약함과 부족함을 더 많이 묵상해야 합니다. 젊은 시절이 뾰족하게 각자 다른 개성이 돋보이는 시기라면, 노년은 자신과 타인에게 너그럽고 사람 사는 게 다 비슷하다고 웃을 수 있는 시기입니다.

세상은 노인의 아름다움이나 멋스러움을 잘 이야기하지 않기 때문에, 노년기를 해석하기가 쉽지 않습니다. 시력은 약해지고, 피부는 주름지고, 체력은 현저하게 떨어지고, 사회적 지위를 내려놓은 이 시간의 의미를 찾아내는 작업은 결코 쉽지 않습니다. 그래서 노년을 받아들이지 못하고 수치스럽게 여기는 경향까지 있지만, 시간 앞에서 겸손하게 내가 누린 것과 다음 세대가 누려야 할 것들을 헤아리는 내적인 여유가 필요합니다. 경제적으로도 대부분 여유가 없어서 낡은 껍데기만 남은 듯한 기분이 들 수도 있습니다. 물질적 소비가 아니라, 빈 것, 바랜 것, 다시 연약해진 것의 아름다움을 찾아가야 하는 시기입니다.

노년기에는 더욱 내면을 탐구해야 합니다. 자기 삶의 자취를 마치 누군가의 이야기를 듣듯이 찬찬히 살피면서 새롭게, 그리고 새삼스럽게 돌아보는 훈련을 해야 합니다. 담담하게 '그땐 그랬지' 하면서 돌아보는 것입니다. 사실 이 훈련은 인생의 모든 길목에서 행해져야 합니다. 실패했든 성공했든, 우리는 그 모든 경험이 지나간 자리에서 생을 배웁니다.

불행하기만 한 인생도, 성공적이기만 한 인생도 없음을 천천히 음미하면서, 우리는 자기 삶 속에 깃든 신의 연민과 자비를 만납니다. 이 시기에 인생이, 혹은 인격이 완성되리라 기대하는 것은 어리석은 일입니다. 오히려 어리석음을 충분히 끌어안고, 어떤 일이 마음대로 되지 않는 것을 담담하게 받아들이는 태도가 그믐달 시기를 사는 지혜일 것입니다. 그런 탄력성은 어린이의 마음을 영원히 지니는 것과 관계가 있습니다. 헨리 나우웬Henri Nouwen은 노년에도 중년에도 마음속에 어린이의 웃음과 시선을 품는 일이 가장 중요하다고 강조했습니다.*

'있는 그대로의 나'로서 신을 마주하는 영혼으로 산다는 것은, 죽음의 나라로 간 여신이 모든 장식을 떼어내는 것처럼 매 순간 마음을 낮추고 깨어서 살아가는 일이 아닐까 합니다. 여성으로서 영성적 삶을 산다는 것은 고유한 생의 아름다움을 찾고 그 아름다움을 피워 내는 일입니다. 달처럼 은은하게 서로를 비추며, 학창 시절 친구들과 함께 깔깔거리며 하굣길을 걷듯 생의 길을 간다고 생각하면 마음이 든든해집니다.

---

* 헨리 나우웬, 월터 개프니, 《나이 든다는 것》(포이에마).

2부

실천

3
삶을 해석하기

수년 전 그랜드 캐니언의 깊은 협곡을 내려가면서 인류가 살아온 시간을 생각한 적이 있습니다. 땅의 여러 층은 다른 시간대의 역사들을 다른 색과 질감으로 구분하고 있었습니다. 우리 개인의 삶 역시 마찬가지인 것 같습니다. 시간을 살아온 우리 자신 안에는 각각 다른 색과 질감으로 쌓인 경험들이 있습니다. 하나하나를 두고 좋은 경험 혹은 나쁜 경험이었다고 섣불리 이름 짓기보다는, 그것들을 꺼내 놓고 현재 삶의 자리에서 이해해 보려 해야 합니다.

이때 필요한 것은 자신의 체험과 대화할 '텍스트'입니다. 여기서 텍스트란, 경험을 음미하고 그렇게 함으로써 삶을 관통하는 하느님의 손길과 그 안에서 발견한 고유한 삶의 결을 만지도록 돕는 매개체를 말합니다. 그리고 앞으로 보겠지만, 모든 것이 우리 삶의 해석을 매개하는 텍스트가 될 수 있습니다.

　기본적으로 해석이란 텍스트와의 관계에서 발생하는 의미를 찾는 작업입니다. 해석학을 집대성한 한스 게오르크 가다머Hans-Georg Gadamer는 지평의 융합을 이야기합니다. 그에 따르면 텍스트와 관련된 세 개의 세상이 마주 닿는 곳에서 의미가 발생합니다. 텍스트가 쓰인 세상인 '텍스트 배후의 세계the world behind text', 텍스트 속 인물들이 살아가는 세상인 '텍스트 안의 세계the world in the text', 독자가 살아가는 세상인 '텍스트 앞의 세계the world in front of the text'가 만나는 것입니다.* 그러므로 해석하는 작업, 즉 의미를 찾는 작업은 한시적인 것이 아닙니다. 왜냐하면 그 텍스트를 읽는 독자의 지평이 계속 확장되기 때문입니다. 가다머는 어떤 텍스트의 의미가 하나로 제한되는 것은 진정한 독서가 아니라고 강조합니다.

　영성 생활도 텍스트 읽기와 비슷합니다. 자신이 경험한 어떤 중요한 사건의 의미가 그저 생의 어느 시점에서 해석한 내용에 고정될 때, 성장은 멈추고 독선이 시작됩니다. 우리가 "라떼

---

* 《진리와 방법 1: 철학적 해석학의 기본 특징들》(문학동네).

는…"으로 시작되는 누군가의 말을 듣기 힘들어하는 이유는, 옛 날에 한 해석을 표준으로 박제하고 그것을 강요하기 때문입니다. 영성은 시간과 공간 안에 놓인 삶 속에서 하느님의 손길을 찾는 끝없는 작업입니다. 아주 오래전에 했던 신앙 경험을 골동품처럼 자랑하는 사람들이 있습니다. 하지만 과거의 극적인 신앙 체험보다 더 중요한 것은, 체험 이후 생의 궤적에 어떤 의미가 아로새겨졌고 그 의미들이 현재의 자신을 어떻게 살게 하는가 하는 것입니다. 영성적인 사람은 늘 유연하고 새롭게 삶의 경험을 해석하는 사람입니다.

그럼 이 장에서는 우리 삶을 매개하는 주요한 텍스트들을 통해 삶을 해석하는 방식에 대해 생각해 보겠습니다.

성서

기독교 영성에서 해석학의 중요한 텍스트는 성서입니다. 성서 해석학은 성서라는 텍스트가 가진 역사적·문화적 맥락(텍스트 배후의 세계)을 이해하고, 인간 삶을 다룬 글 모음인 성서의 구조와 인물, 성격(텍스트 안의 세계) 등을 살펴보고, 그 텍스트가 현재 나의 정황(텍스트 앞의 세계)과 어떻게 조우하는지를 보는 작업입니다.* 샌드라 슈나이더스의 가장 중요한 관점은, 성서가 계시의 텍스트이기보다 계시적인 텍스트라는 것입니다. 그는 자신의 책 제목 《계시적 텍스트 *The Revelatory Text*》를 통해 그 점을 강조하고 있습니다. 즉, 성서는 의미가 닫혀 버린 문자 모음이 아니라, 그 문자들을 통해 하느님과 신비와 사랑을 체험하게 하는 책입니다. 슈나이더스는 사석에서 제게 책의 프랑스어판 제목이 정말 마음에 든다고 했는데, 그 제목은 '*Le Texte de la Rencontre*' 즉 '만남의 텍스트'입니다. 성서라는 텍스트는 구약에 나오는 만남의 장막 같은 공간입니다. 그 안에서 우리는 하느님을 만나고, 삶은 변해 갑니다.

슈나이더스는 삶의 경험을 함께 놓고 성서를 읽을 때 근본적으로 의미가 발생한다고 설명합니다. 그러므로 성서가 삶을 변화시키는 책이 되기 위해서는 자기 이해가 선행되어야 합니다. 같은 텍스트를 읽더라도 자신이 처한 자리와 정황과 시간에 따라 의미가 달라지기 때문입니다. 그런데 많은 성서학자들, 특히 페미니스트 성서학자들은 독자의 자리를 고정적인 것으로 치부해 왔습니다. 말하자면 '미국 중산층 기독교 여성' 같은 고정된 자기 정체성을 가지고 성서 읽기를 시도한 것입니다. 정체성이

- Sandra Schneiders, *The Revelatory Text*.

하나로 고정되면 삶의 진실은 왜곡되기 쉽습니다. 왜냐하면 우리의 정체성은 제도와 문화가 만든 일종의 허구이기 때문입니다. 라캉에 따르면, 인간은 부재(결함, 미완)를 안고 살아가는 존재이고, 그로 인한 불안을 견디기 위해 하나의 정체성을 취한다고 합니다.* 가령, '착한' '참을성이 많은' '예쁜' 등의 수식어로 자신을 규정하는 것은 자기를 하나의 개념으로 축소하는 일입니다.

  자기 존재를 한두 가지 요소로 규정하기에는, 우리의 내면은 너무나 복잡하고 다양합니다. 그래서 우리는 성서를 대할 때, 자기를 가만히 들여다보고 어떤 '나'가 지금 이 텍스트를 통해 삶을 성찰하고 하느님을 만나고자 하는지 생각해 보아야 합니다. 그런 점에서, 내면을 들여다보는 의식 성찰 같은 기도의 중요성은 아무리 강조해도 지나치지 않습니다.

  그러므로 성서 읽기를 위한 첫 번째 작업은 **위치 선정**입니다. 예를 들어 나는 수도자로서, 21세기를 살아가는 수녀로서, 글로벌 시대에 여성 간의 유대를 꿈꾸는 여성으로서 성서를 읽을 수 있습니다. 또는 한국 여성으로서, 성서와 영성을 공부하고 가르치는 전문가로서 성서를 읽을 수도 있습니다. 이처럼 자신을 하나

• http://www.lacaninireland.com/web/wp-content/uploads/2010/06/Seminar-IX-Amended-Iby-MCL-7,NOV_.20111.pdf.

의 이미지나 호칭에 가두는 습관에서 벗어나는 작업이 성서 해석의 가장 중요한 시작점입니다. 어떤 성서 텍스트에서 이십대 여성이 얻는 의미와 노년을 맞이하는 여성이 얻는 의미는 다릅니다. 성서가 변해서가 아니라, 사는 자리가 다르기 때문입니다.

성서 자체도 다양한 관점과 신학이 총체적으로 들어 있는 책입니다. 이런 차이를 염두에 두고 주의 깊게 성서를 읽는 것은 매우 중요한 태도입니다. 특히 모세오경을 읽다 보면 반복되는 이야기도 있고 같은 이야기의 변형된 형태도 나타납니다. 예를 들어, 창세기에는 인간을 창조하는 이야기가 두 번 나옵니다. 창세기가 여러 전승이 합쳐져 형성되었다는 가설에 따라 소개하면, 1장의 사제계 문헌이 말하는 창조는 말씀으로 이루어집니다. 그리고 곧이어 2장에 등장하는 야훼계 문헌에는 하느님이 흙으로 손수 빚는 이야기가 나옵니다. 두 문헌이 서로 다른 관점을 가지고 각자의 고유한 의미를 전달하고 있는 것입니다. 성서의 최종 편집자들이 서로 다른 두 이야기를 모두 수록했다는 점은, 우리 역시 다양한 시선을 가지고 성서를 읽어 가기를 권하는 것은 아닐까 생각하게 합니다.

이천 년에 걸쳐 읽히고 인용되어 온 성서의 역사는 해석의 역사이고, 인류의 역사를 반영한다고 해도 과언이 아닙니다. 여기서 우리는 우선 이 책이 다분히 남성 중심적인 시각에서 기록되었음을 인정해야 합니다. 구약성서는 유대인의 시선으로 쓰였고, 신약성서는 초대 교회의 역사와 배경을 담고 있습니다. 그리고 이후 오랜 시간 동안 남성의 시각이 성서 읽기 방식을 지배해 왔습니다. 20세기에 이르러서야 근대 성서학이 발전했고, 여성주의적 성서 읽기가 시도된 것은 20세기 후반입니다. 여성 중심의 성서학을 집대성한 엘리자베스 피오렌자가 사용한 방법은 의심의 해석학입니다.* 여성의 사고와 경험을 왜곡, 축소, 삭제했을 여지가 다분한 성서를 읽을 때 가장 중요한 것은, 글자 그대로 믿지 않고 의심의 눈으로 다시 성서를 살펴보는 일입니다.

그러므로 여성의 매장된 권위와 영향력을 찾아내고, 남성 중심의 시각으로 왜곡된 여성의 삶을 바로잡고 새로운 의미를 찾는 일은 여성 성서 연구의 핵심이라고 할 수 있습니다. 예를 들면, 교회사를 통해 가장 왜곡된 인물은 마리아 막달레나라고 할 수 있습니다. 성서에서 마리아 막달레나는 사도들의 사도이며 부활의 증인입니다. 그는 예수를 끝까지 사랑하며 따른 제자인데, 창녀로 치부되어 왔습니다. 막달레나를 그린 중세 시대 그림들을 보면, 거의 벌거벗은 상태로 긴 머리를 내려뜨리고 참회하는 그림들이 많습니다. 그의 진정한 모습은 온데간데없이, 그저

• 《그女를 기억하며》.

남성의 시각에서 성적으로 대상화되었음을 알 수 있습니다.

우리는 성서 곳곳에 잠깐씩 등장하는 여성 제자들의 이름도 소홀히 여길 수 없습니다. 특히 바울로의 서간을 읽다 보면 지역 교회 여성 지도자들의 이름이 등장합니다. 특히 로마서 16장에서는 부제였던 페베, 바울로의 동역자 브리스카, 마리아 등 공동체 리더들의 이름을 죽 나열하고 있습니다.*

또한 성서에는 이방인을 낮추어 보는 이야기들이 많이 나옵니다. 신약성서를 보면, 예수님 시대에 유대인과 이방인 간에 서로 사귀는 일이 없었음을 알 수 있습니다. 그래서 성서를 읽다 보면 유대인 및 기독교인 중심의 시선을 깊이 느끼게 됩니다. 그리고 이런 기독교 중심의 시선이 자연스럽게 역사 속에서 유럽과 미국 중심의 시선으로 대체되는 현상을 봅니다. 그래서 신대륙에 도착한 유럽 이민자들은, 가나안을 쳐부수고 약속의 땅으로 들어간 이스라엘과 스스로를 동일시하면서 원주민들의 삶과 문화를 파괴하고 새로운 나라를 세웠습니다. 그리고 세계 곳곳을 정

---

* 바울로 서간 여기저기에 여성 지도자들이 언급되지만, 남성주의적 성서 해석 전통에서 여성의 리더십은 축소되고 왜곡되었다. 여성의 리더십은 봉사로 여겨지고, 여성의 (her) 업적은 남성의(his) 업적으로 오해되었다. 그리고 굳이 여성이라는 성을 밝히는 경우는 대부분 부정적인 경우라는 것을 여성 성서학자들은 꼼꼼히 발견하고 주장해 왔다.

복하고 식민화할 때도 성서를 인용하며 자기 행위를 정당화했습니다. 그런 맥락에서, 생명을 주는 책인 성서가 어떻게 오용되어 왔는지를 공부하는 것도 성서 공부의 한 축이 됩니다.

다양한 텍스트들

• **문학**

우리는 다른 사람의 경험이 반영된 글을 통해 자기 삶의 경험을 해석하고 자신의 자리를 찾아갈 수 있습니다. 생각지도 못한 이름 모를 작가의 글 속에서 삶의 의미와 마주칠 때도 있고, 어떤 글은 읽고 또 읽어도 양파처럼 새로운 의미가 생겨나기도 합니다. 튀르키예에서 보자를 팔며, 밤의 고요 속에 드리운 긴 그림자를 바라보는 어느 가난한 남자의 삶 속에서 내 삶의 자취를 찾기도 합니다.* 19세기에 여성으로서 자의식을 가지고 힘들게 살아간 버지니아 울프의 글 속에서 여성으로서 나를 찾아가는 여정을 발견하기도 합니다.

• 오르한 파묵, 《내 마음의 낯섦》(민음사). 보자(boza)는 발효된 곡물로 만든 걸쭉하고 약간 신맛이 나는 튀르키예의 전통적인 겨울철 음료다.

또 남성적 관점으로 쓰인 글을 읽으면서 저항감을 느낄 수도 있고, 그 작품 속에서 침묵하는 여성들의 마음을 헤아릴 수도 있습니다. 남성 중심의 글을 읽을 때는 숨어 있는 사람의 존재를 찾아보는 것도 좋습니다. 《제인 에어》에서 미친 사람으로 나오는 여성은 사실 백인이 아니며, 백인 사회에 편입되지 못한 크리올 즉 카리브해 원주민과 백인 사이에 태어난 혼혈인입니다. 비존재로 여겨지는 그 여성의 입장에서 이 이야기를 이해할 때, 《제인 에어》는 단순히 낭만적인 로맨스 소설만은 아닙니다. 그러므로 여성적 시선으로 읽는 것은, 생략되고 왜곡되고 축소된 여성의 존재와 목소리를 회복하는 일입니다. 여기서 필요한 것이 행간을 읽는 작업입니다. 볼프강 이저 Wolfgang Iser 는 상상력을 통해 행간을 읽어 내야 한다고 주장하는데, 이는 언어라는 상징계 속으로 들어오지 못한 존재들과 그들의 목소리를 회복하는 작업입니다.

여성주의에서 가장 중요하게 여기는 문학 텍스트는 회고록입니다. 왜냐하면 이런 장르의 글은 독자에게 어떤 의미를 강요하지 않기 때문입니다. 자기 삶의 특정한 시간에 일어난 특정 사건을 있는 그대로 기록한 글은, 한 인간이 정직하게 사고하는 좋은 모범을 보여 줍니다. 최근 아주 인상적으로 다가왔던 작품은 차학경의 《딕테 Dictee》입니다. 이는 시와 산문, 자신의 어머니와 유관순 열사 등의 사진, 그리고 한글을 포함한 다양한 언어를 사용해 식민지 시기를 살았던 한국 여성의 슬픔을 기록한 회고록입니다. 읽다 보면, 어머니와 리지외의 데레사와 수많은 여성들이 공유하는 삶과 신앙, 이민자로서 느끼는 언어적 고통이 절절히 느껴집니다. 나는 한 조각 한 조각이 영혼의 고백처럼 느껴지는 이 회고록을 읽으면서, 이민자의 고통을 빽빽하게 써 내려간 어떤 글을 읽을 때보다 삶의 진실을 더 깊이 대면할 수 있었습니다.

느슨한 공간이 있는 글은 그 속에서 독자들이 고유한 사유를 할 수 있습니다. 그리고 편안하게 자기 삶을 빗대어 바라볼 수 있게 됩니다. 그런 점에서 나는 시를 좋아합니다. 시는 세상의 진부한 진술 그 너머의 진술, 듬성듬성하지만 새로운 언어를 통해, 아직 표현되지 않은 혹은 표현할 수 없는 생의 진실을 더 강하게 이야기합니다. 시의 행간은 문법을 거슬러 우리를 잠깐 쉬게 합니다. 시는 닫힌 의미가 아니라 의미가 흐르는 글이라, 여러 가지 다른 의미가 발생할 수 있습니다. 성서에서도 시편, 아가서, 요나서 같은 장르는 삶이 이러해야 한다는 명령이 아니라, 저자가 느낀 삶의 순간들이 어떠한지를 기술하고 있습니다. 텍스트가 가지는 다면적 의미에 집중하면서 이런 글을 읽을 때, 삶은 다양한 빛깔과 결을 갖추어 갑니다.

자크 라캉은 우리 전 존재가 언어에 속한다고 말합니다. 언어에 속하는 존재란 결국 문법에 지배되는 존재입니다. 그래서 우리는 말하는 것이 아니라 말에 지배됩니다(We are spoken). '그냥 다 그렇게 사는 거야', '여자로 사는데 뭐 그렇게 대단한 일이 있을까', '나는 이제 엄마야' 등등의 생각은 이미 사회의 언어적 구조에 사로잡혔음을 알리는 표시입니다. 그런 틀에서 벗어나 새로운 텍스트를 만나려면 개방성과 더불어 내면의 겸손함이 필요합니다. 인간은 편안한 것, 익숙한 것을 좋아하기 마련입니다. 하지만 인생이라는 여행, 특히 내면으로 향하는 여행은 한 순간도 같을 수 없습니다.

• **예술 작품**

글로 쓰인 문학 작품 외에도 몸 동작, 음악, 미술 역시 텍스트가 됩니다. 가령 렘브란트의 자화상이나 웨인 티보 Wayne Thiebaud 의 자화상에는 노년을 맞는 한 인간의 겸허한 모습이 잘 담겨 있습니다. 주름진 얼굴을 바라보면서 그렸을 자화상을 감상하다 보면, 자신의 노년을 관조한 화가의 시선을 느낄 수 있고, 나는 나의 노년을 얼마나 정직하게 관조할 수 있는지 생각해 보게 됩니다.

음악도 그렇습니다. 어떤 선율은 생의 순간 속으로 우리를 초대합니다. 나는 쓸쓸한 저녁 시간 산책길에서 종종 슈베르트의

〈보리수〉나 그리그의 〈솔베이지의 노래〉를 감상합니다. 어둑해지는 길을 걸으며 내가 걸어온 길과 가야 할 길을 생각하다 보면, 교회에 가고 싶어집니다. 그저 참회하는 인간이 되고 싶은 열망에 사로잡힙니다.

또 사랑하는 사람의 몸짓과 표정을 가만히 들여다본다거나, 길거리 카페에 앉아 지나가는 사람의 걸음걸이와 표정을 바라보기도 합니다. 그렇게 하다가 문득 어떤 사람의 삶이 훅 느껴질 때도 있습니다. 손을 관찰하는 것도 좋아하는데, 손은 한 사람의 삶과 성실성을 정직하게 보여 주는 텍스트처럼 느껴집니다. 성당에서 성체를 받는 신자들의 손을 보면, 그들 삶의 현실 같은 것이 느껴지면서 울컥할 때가 있습니다. 거칠고 주름진 손, 노동하는 손 위에 하얀 성체가 놓일 때, 왜 하느님이 우리를 위해 빵이 되셨는지 조금은 이해할 수 있을 때가 있습니다. 경건한 마음으로 만나는 모든 것은 우리에게 텍스트가 됩니다. 하느님의 현존을 우리에게 알리는 거룩한 일, 즉 성사가 됩니다.

- **자연**

자연은 늘 변하면서도 변함없이 우리에게 이야기를 건네는 텍스트입니다. 살고 있는 동네의 자연조차 익숙하지 않은 우리에게, 길거리의 비둘기, 고양이, 참새 들을 알아 가는 일은 하나의 영적 과제입니다. 그것은 아파트 놀이터의 미끄럼틀은 어떤 색이고, 어떤 시간에 한산해지는지 알아 가는 일입니다. 동네 아스팔트 길은 어떤 모양이고, 가게의 간판은 무슨 색깔인지, 길모퉁이에서 옥수수 파는 할머니는 어디 사는 분인지를 알아 가는 일입니다. 이런 사소한 놀이 같은 작업은 자신이 살고 있는 세상의 아름다움을 새롭게 만나는 연습입니다. 거리에 가로수가 푸르러져 가는 것을 알고 또 그 잎이 때가 되어 떨어지는 것을 알게 될 때, 생은 우리에게 말을 걸어 옵니다.

모든 것이 돈으로 환산되는 이 세상에서, 자연은 그런 교환가치를 모른 채 정직하게 햇빛을 받고 별을 이고 의젓하게 살아갑니다. 인스타그램이나 유튜브의 인플루언서들이 보여 주는 세상을 떠나, 나의 고유한 시선으로 사소한 풍경에 눈뜨는 일은 소중합니다. 그것은 자본과 물질이 지배하는 감각의 질서에서 벗어나는 지난한 몸짓입니다. 뒷산에 올라가 들꽃이 피고 지는 모습을 보는 사람, 폭우에 몸을 누인 나무의 안녕을 묻는 사람, 눈이 오면 누구보다 행복하게 하얀빛을 즐길 줄 아는 사람…그런 사람에게서 우리는 살아 있는 영적 감각을 느낍니다.

적극적인 텍스트 작업: 글쓰기와 말하기

읽기가 기존의 텍스트를 매개로 삶의 경험을 해석하는 작업이라면, 좀 더 적극적인 텍스트 작업을 통해서도 자신을 더욱 잘 이해할 수 있습니다.

먼저 글쓰기를 봅시다. 어떤 글을 쓸지, 글솜씨가 훌륭한지는 중요하지 않습니다. 그저 마음에 고인 이야기를 어떤 방식으로든 풀어 가면 됩니다. 맞춤법이나 문법은 신경쓰지 말고, 자신의 경험을 이야기해 보는 것입니다. 삶의 고유한 리듬과 결을 찾아가는 여성들의 작업을 위해서는 듬성듬성한 글쓰기를 권합니다. 엘렌 식수Hélène Cixous는 여성의 글쓰기가 '시적인 글쓰기'가 되어야 한다고 주장합니다.• 엘렌 식수는 논리 중심의 글쓰기가 남성주의적 사고의 결과물로, 여성을 대상화하고 여성의 감정을 생략한다고 말합니다. 그래서 여성이 자신의 목소리를 찾기 위해서는 논리나 문법보다는 감정과 욕망과 몸에 충실한 글을 써야 한다고 강조합니다. 숨 쉴 공간조차 없이 너무 논리 정연한 글을 쓸 때, 글은 쓰는 이를 사정없이 몰아갑니다. 반면 여기저기 빈틈

• Ian Blyth, Susan Sellers, *Hélène Cixous: Live Theory* (London: Continuum, 2004), pp. 56-62. 《엘렌 식수》(책세상). 식수의 여성적 글쓰기의 예를 보려면, Hélène Cixous, *Stigmata* (New York: Routledge, 2005)를 보라.

이 많은 글을 쓰면, 그 안에서 미처 알지 못했던 자신을 찾게 됩니다. 또한 독자에게도 의문을 가질 수 있는 빈 공간을 제공합니다.

어떤 주제로든 쓸 수 있습니다. 예를 들어 자녀와의 관계, 또는 어머니와의 관계를 두고, 그 관계가 어떠해야 하는지를 떠나 현실이 어땠고 지금은 어떠한지를 적어 보는 것입니다. 신앙의 흔적을 찾아가는 글쓰기도 좋은 작업입니다. 언제 신앙을 갖기 시작했는지, 언제 남에게서 들은 하느님이 아닌, 내 삶에서 고유하게 관계하는 하느님을 만나기 시작했는지, 그리고 하느님 이미지가 어떻게 바뀌었는지를 적어 내려가는 것은 반드시 해야 하는 영적 작업입니다. 젊을 때의 신앙 경험만 반복해서 얘기하는 여성들이 있습니다. 그 경험이 자기를 어디로 이끌었고 그래서 지금 어디로 가고 있는지 성찰하지 않고, 늘 새롭게 다가오시는 하느님을 만나지 않은 채, 과거 어느 시점에만 매달려 있는 것은 영적 태만입니다. 또한 현재에 대한 성찰 없이 과거를 미화하고, 그 기억에서 만족을 구하는 것은 살아 계신 하느님을 자기 기억 속에 가두어 버리는 어리석은 태도입니다.

인생에서 상실을 경험할 때, 잃어버린 사람이나 관계에 대해 그저 떠오르는 기억을 적고 떠나보내는 일은, 슬픔으로 지친 삶에 새로운 리듬과 탄력을 줍니다. 우리는 종종 삶이 무한하고 주위의 소중한 벗들이 늘 곁에 있으리라는 착각에 빠집니다. 하지만 모든 존재는, 그리고 모든 관계는 유효기간이 있습니다. 오랜 친구가 떠난다 해도 슬퍼하거나 섭섭해할 일은 아닙니다. 그저 그 친구의 새로운 여정을 축복해야 합니다.

글쓰기와 더불어, 여성 영성에서 매우 중요한 방법론으로 스토리텔링을 들 수 있습니다. 사실, 우리는 이야기를 하면서 스스로에 대해 배웁니다. 다 지나간 일이고 별다른 숨은 의미가 남아 있지 않아 아무 생각 없이 이야기했는데, 갑자기 마음이 뜨거워지면서 눈물이 흐를 때가 있습니다. 성대를 통과해 흘러나오는 자기 목소리를 들을 때, 숨겨져 있었거나 억눌린 감정이 갑자기 느껴지기도 합니다. 그래서 여성들의 모임에서 이야기를 하는 것은 매우 중요합니다.

이때 중요한 것은 이야기되는 방식을 살펴보는 일입니다. 어떤 사람들은 마치 녹음기를 틀어 놓은 듯 매번 같은 이야기를 반복합니다. 어린 시절에 겪은 불행, 현재 겪고 있는 어려운 상황 등 주제가 언제나 똑같습니다. 이때 스스로 자신의 이야기를 주의 깊게 듣는 것이 중요합니다. 무슨 이야기를 주로 하는지, 왜 그것을 그렇게 반복하는지 귀 기울이고, 그 의미를 포착해 봅니다. 어떤 패턴에 갇혀 버린 것은 아닌지, 삶을 바라보는 작업을 포기한 채 그저 사회에서 요구하는 말을 반복하고 있지는 않은지 살펴보아야 합니다.

영성 지도를 하다 보면, 어떤 자매들은 자신의 감정을 있는 그 대로 들여다보기를 힘들어합니다. 그래서 얼른 '그때 주님께서 빛을 주셔서, 내가 특별한 은혜를 받았다' 하는 식으로, 얼핏 긍정적인 혹은 신앙적인 말로 포장합니다. 그럴 때 나는 다른 이야기로 넘어가지 않고, 그 여성에게 다시 전 단계로 돌아가 보자고 요청합니다. 그 불편함 속에 머물러 자신이 습관적으로 무시하는 감정이나 생각이 무엇인지를 알아내는 데 집중하다 보면, 습관처럼 반복하는 말에서 벗어날 수도 있기 때문입니다.

자기가 똑똑하고 일을 참 잘하는 사람이라는 한 가지 이야기를 계속 반복하는 여성이 있다고 합시다. 그는 그 말을 전제로 해서, 자기에게 일어나는 일을 그 관점에서 해석하며 배열해 갑니다. 그는 늘 '나는 똑똑하고 일을 잘해서 늘 바쁘다', '나는 똑똑하고 일을 잘해서 지치고 아무 일도 할 수 없다'는 식으로 말합니다. 그럴 경우, 한번 전제를 바꾸어서 생각해 보면 좋습니다. '나는 똑똑하고 유능한 사람이 아니어서 늘 바쁘다', '나는 똑똑하고 유능한 사람이 아니어서 지치고 아무 일도 할 수 없다'처럼 다른 전제를 사용해 보는 것입니다. 나아가 '나는 똑똑하고 유능한 사람이 되고 싶어서 늘 바쁘다', '나는 똑똑하고 유능한 사람이 되고 싶어서 지치고 아무 일도 할 수 없다'로 바꾸어 생각해 볼 수도 있습니다. 자신이 평소 어떤 전제를 가지고 있는지 생각해 낼 수 있다면, 그 전제가 어디서 왔고 어떤 욕구 때문에 그런 전제를 선택했는지 알 수 있습니다. 이런 작업은 영혼이 욕망하는 것을 알아 가는 데 도움을 줍니다.

  여성 모임을 하다 보면, 늘 같은 타령을 하는 자매들의 이야기를 들어 주기 힘들다는 말을 많이 듣습니다. 그런데 기억해야 하는 것은, 반복되는 이야기 속에서도 그 내용은 조금씩 변해 간다는 사실입니다. 사실, 이야기는 아주 조금씩 바뀌어 갑니다. 우리의 이야기에는 언제나 해석이 담기기 때문입니다. 어떤 새로운 의미가 생기면, 과거에 배열되었던 이야기에 변화가 일어납니다. 그래서 현 시점의 삶과 신앙의 관점에서 돌아볼 때, 잊었던 과거 사건이 중요하게 자리를 잡을 수 있습니다. 반대로, 매우 중요했던 사건들이 중요성을 상실하여, 삶을 돌아볼 때 그 사건이 더 이상 떠오르지 않기도 합니다. 그래서 삶의 이야기에서는 현재라는 시간과 공간이 매우 중요합니다. 현재라는 자리에서 과거의 경험이 새롭게 배열되기 때문입니다.

4
여성과 공동체: 지혜의 원

여성으로 살아가며 내가 늘 관심을 두는 것은 공동체입니다. 속한 공동체에 따라 삶에서 마주하는 과제도, 그 깊이와 결도 달라지기 때문입니다. 과거에도 현재에도 사람들은 언제나 공동체를 꿈꾸어 왔습니다. 그래서 시편 저자는 이렇게 노래했습니다.

> 이다지도 좋을까, 이렇게 즐거울까! 형제들 모두 모여 한데 사는 일!
> (시편 133:1)

아무리 삶의 형태가 개인주의적으로 바뀌어 간다 해도, 인간은 공동체를 통해 성장합니다. 그리스도인의 삶에서 공동체를 제외하고 그 본질을 이야기할 수 없다는 것은 모두가 아는 사실입니다. 또한 현대인의 삶을 잠식한 소외와 고독의 문제를 다룰 때도 공동체의 중요성을 부인할 수 없습니다. 그래서 최근에는 복음적 가치를 공동체 안에서 실현하고자 하는 '새로운 수도원 운동 new monasticism movement'이 활발하게 펼쳐지고 있습니다.* 기독교 영성을 말하면서, 공동체의 역동을 이해하지 못하고 더불어 살아가는 삶의 긴장과 기쁨을 경험하지 않았다면, 그 영성은 관념에 불과할 뿐입니다.

공동체와 성장

예수의 부활하신 영을 받은 신자들이 변화를 체험하면서 가장 먼저 한 일은 공동체를 이룬 것입니다. 그것은 함께 모여 빵을 나누고, 전례를 거행하고, 함께 기도하는 공동체였습니다. 공동 소

---

* 이 새로운 공동체 운동에 대해서는 다음을 참고하라. Evan Howard, *Deep and Wide: Reflections on Socio-Political Engagement, Monasticism (s), and the Christian Life* (Eugene, OR: Cascade, 2024); Yana Ludwig, *Building Belonging: Your Guide to Starting a Residential Community* (Rutledge, MO: Foundation for Intentional Community, 2023).

유를 원칙으로 했던 이 공동체는 점점 커지고 발전해서 기독교의 교회 공동체를 이루게 됩니다(사도행전 2:42). 기독교 영성에서 공동체는 거의 본질에 가깝습니다.

많이 알려진 줄루어 '우분투'는 '나는 너로 인해 존재하고, 너는 나로 인해 존재한다'는 의미로, 아프리카 사람들의 공동체 정신을 보여 주는 말입니다. 아프리카 신학자들이 정리하고 있는 우분투 영성은, 경쟁이 아닌 공존을 강조하며 기독교 영성이 가지는 공동체성을 잘 담고 있습니다.

우분투와 관련해서 잘 알려진 이야기가 있습니다. 유럽의 한 기자가 아프리카의 어떤 부족 아이들에게, 달리기를 해서 이기는 사람에게 상으로 과자를 주겠다고 했습니다. 그러자 아이들은 경쟁해서 한 아이에게만 과자가 돌아간다는 경기 규칙을 이해하지 못해, 손을 잡고 함께 달렸다고 합니다. 나도 비슷한 경험을 한 적이 있습니다. 베트남 호치민의 가난한 골목에 사는 아이들을 방문했을 때, 그들을 다 먹이려면 얼마나 많은 돈이 필요할까 걱정을 했습니다. 그런데 동행한 젊은 수사님은 걱정 말라고만 했습니다. 그리고 과자 몇 봉지와 사이다 한 병을 사서 아이들에게 나누어 주었는데, 아이들은 아무런 갈등 없이 나누어 먹고 마셨을 뿐 아니라 누구도 부족해 보이지 않았습니다. 나에겐 그것이 오병이어의 체험 같은 것이었는데, 자기 것을 주장하지 않으면서 나눌 줄 아는 아이들은 공동체를 온몸으로 이해하는 듯했습니다. 결국 공동체 안에서 성장한다는 것은, 함께함으로 경험하는 삶의 풍성함abundance을 누리는 것을 의미합니다.

여성 영성은 이런 공동체성을 특별히 강조합니다. 여성 영성이 추구하는 '우리성we-ness'은 경험을 나누면서 함께 성장한다는 것을 전제로 합니다. 가부장적 사회에서 여성들의 경험이 가지는 보편성을 바탕으로, 각자의 자리에서 살아가는 다른 여성들의 이야기를 경청함으로써 삶이 풍성해지는 것입니다. 하지만 실제로는 많은 여성들이 공동체에서 단절과 소외를 겪고 두려움을 느끼기도 하기에, 무엇보다 공동체는 편안하고 안전하게 받아들여지는 공간이어야 합니다. 자기를 편안히 내어놓고 받아들여짐을 체험하는 동시에, 자기를 내어놓은 다른 사람을 있는 그대로 받아들이는 작업을 통해 영적 성장은 일어납니다.

나는 이런 여성 영성의 원리를 원으로 해석합니다. 원 위에 있는 다른 점들이 자연스럽게 서로를 배워 가는 것입니다. 살아가면서 우리는 생의 어떤 지점에 멈추어 그 의미를 찾아보고 싶을 때 함께 모이게 됩니다. 그 모임을 원이라고 본다면 거기에는 옳은 생각, 틀린 생각이 없습니다. 때로는 쓰리고, 때로는 아프며, 때로는 기쁘고 행복한 생의 다양한 경험을 나누는 이런 자리에서, 우리는 함부로 어떤 것이 더 나은 삶이라고 규정할 수 없습니다. 그저 서로 다른 삶을 살아온 각자의 수고를 지지하면서, 자기와 다른 삶의 자리에서 겪어 내는 경험을 듣고 배우면서 각자의 삶을 풍부하게 하면 됩니다.

자크 라캉은 인간의 정체성이 형성되는 과정을 설명하면서, 인간은 자기와 비슷한 누군가를 보면서 자신의 부족함과 결함을 인지하게 된다고 합니다. 그렇게 다른 사람과 자기를 비교하고 또 동일시하는 과정을 통해 에고ego를 형성하는 것입니다.* 아이들은 누군가가 머리핀을 하고 학교에 오면 곧바로 머리핀을 원하게 됩니다. 즉, 자신이 동일시하는 상대가 가졌지만 자신은 가지지 못한 어떤 것(머리핀, 착함, 똑똑함, 인기 등)이 자기에게 없음을 깨닫게 되고, 자기가 되고 싶은 그 사람의 어떤 부분을 모방하면서 그 사람과 자신을 동일시하는 것입니다.**

우리는 어떤 사람을 부러워하거나 질투하기도 합니다. 자기가 동일시하지만 자기보다 더 나아 보이는 그 사람을 험담하면서 그의 장점을 부인하거나, 실제로 공격하기도 합니다. 이런 극단적인

---

* Lacan, *Desire and Its Interpretation: The Seminar of Jacques Lacan, Book VI* (Cambridge, UK: Polity, 2019), p. 32.
** Lacan, *The Seminar of Jacques Lacan: Book IX-Identification* (London: Karnac Books, 2002), pp. 210-212. 특히 욕망의 그래프 하단은 인간이 어떻게 주체성(subjectivity)을 인지해 가는지를 잘 설명하고 있다.

상황에서 우리는 괴로움을 겪지만, 이렇게 다른 사람과의 관계를 통해서만 자신의 부족함을 알아 가고, 무엇보다 자신이 갈망하는 바를 알게 됩니다. 그래서 이런 과정을 회피하지 말고 잘 겪어 내면서 성찰해야 하는데, 그러기 위해서는 겸손이 필요합니다.

이처럼 인간은 그 존재 자체가 다른 사람과의 관계 안에서 이루어진다고 할 수 있습니다. '나'라는 개인은 존재하지 않습니다. 각자의 삶의 자리에서 어떤 사람들과 관계를 맺느냐에 따라 자신이 누구인지, 그 삶이 어떤 형태인지가 정해지는 것입니다. 공동체가 없다면, 우리는 자신이 멋지고 좋은 사람이라는 착각을 영원히 깨지 못할지도 모릅니다. 공동체가 너무 괴로운 사람들은 혼자 있으면서 '나는 멋지다'는 환상을 유지하고 싶겠지만, 우리는 공동체의 역동을 통해 성장합니다. 또한 우리는 공동체에서 타인의 경험을 공유함으로써 자기의 삶을 넘어 다른 사람의 삶도 배웁니다. 그런 사람들의 삶은 훨씬 풍부합니다.*

그런데 많은 경우, 사람들은 공동체로부터 상처를 받으면 그곳을 떠납니다. 사실, 발생한 문제는 자신만의 것도 상대방만의 것도 아닙니다. 이는 자신과 타인이 부딪히는 역동에서 오는 갈등입니다. 그래서 자신의 문제를 정확하게 헤아리고 고민하지

---

* 장 바니에, 《공동체와 성장》(성바오로출판사).

않으면, 다른 공동체에 가서 또 비슷한 문제에 맞닥뜨립니다. 그래서 그럴 때 우리는 멈추어서 자신의 행동 패턴을 연구해 볼 필요가 있습니다. '나는 주로 어떤 사람과 잘 지내지 못하는가', '나와 맞지 않는 사람을 어떻게 대하는가'를 잘 살펴보고, 그런 행동이 어떤 근원에서 나오는지를 살펴보아야 합니다.

그러므로 건강한 '우리'가 되기 위해 가장 필요한 일은 자기 성찰입니다. 자기 마음의 움직임, 심리적 역동, 감정 상태에 대해 잘 알고 있어야 합니다. 특히 여성들 중에는 어떤 문제가 자기 때문에 생긴 것이 아닌데도, 공연히 자기 문제로 받아들이고 죄책감을 느끼는 사람이 많습니다. 누가 행복하지 않으면 그것도 자기 탓인지 걱정하기도 합니다. 이럴 경우, 의식 성찰을 통해 마음의 흐름을 바라보고, 자신이 타인의 삶을 책임지는 사람이 아님을 깨달아야 합니다.

영성 지도를 하다 보면 매사에 자기를 중심으로 생각하는 사람들을 만납니다. 자신은 다른 사람에게 상처를 주지 않으려고 노력하는데, 사람들이 자기에게 상처를 준다고 힘들어합니다. 그는 거짓말을 하는 것이 아니라 정말 그렇게 느끼고 괴로워하는 것입니다. 공동체에서 자신은 최선을 다해 사람들을 섬기는데, 나중에 돌아오는 말들이 부정적일 때 너무 괴롭다고도 합니다. 그들은 기도하면서 자신에게 상처를 준 사람을 용서하려고 애쓴다고 말합니다. 십자가를 생각하면서, 자신의 고통을 봉헌한다고 표현하기도 합니다. 그런데 정작 자신의 어떤 점이 상대에게 불편감을 주는지는 알지 못한 채, 자신의 동기가 선하다는 점만을 강조하는 경우가 있습니다.

하지만 성숙한 영성이란 자기의 어떤 점이 상대를 불편하게 하는지를 알고, 대화를 통해 서로 이해하기 위해 노력하는 것입니다. 그러므로 이때 용서보다는 서로 이해하고 화해하려는 시도가 더 중요합니다. 아우구스티누스는 규칙서에서 구성원들 간의 교정을 강조하면서, 일차적으로 대화를 가장 중요한 일로 꼽습니다.* 공동체 안에서 누군가가 불편하다면, 대화를 나누어야 합니다. 충분한 대화 없이 그저 용서하는 것은 서로를 기만하는 일입니다.

한편, 공동체를 대하는 폐쇄적이고 고정적인 태도를 극복하는 것 역시 성장을 위한 중요한 과제입니다. 우리는 살면서 여러 종류의 공동체를 경험합니다. 그중에서 가족은 행동양식과 사고를 결정하는 매우 강력한 공동체입니다. 그런데 어른이 되어 독립해서도 여전히 자기 가족의 방식을 고집하는 경우가 있습니다. 하지만 공동체는 삶의 변화에 따라 마음속에서 차지하는 자리가

---

* 아돌라르 줌켈러, 《아우구스티누스 규칙서》(분도출판사).

달라지게 마련입니다. 사춘기에 접어들면 가족 공동체보다 친구 공동체가 더 중요한 의미를 갖게 됩니다. 삶의 단계에 따라 어떤 공동체가 내게 중요한지를 현명하게 인식하고 선택하는 일은 중요한 과제입니다.

많은 여성들이 여전히 가정이라는 울타리 안에서 사고의 폭이 심각하게 제한된 채 살아갑니다. 대화의 중심은 언제나 자녀 혹은 남편이고, 그들의 성공과 실패가 자기 삶의 핵심 주제입니다. 자녀가 좋은 직장을 가지면 자신이 성공한 것 같고, 자녀가 좋은 결혼을 하지 못하면 자신이 실패했다고 느낍니다. 또 어떤 여성들은 결혼 후에도 원가족의 관계에 과도하게 몰입해, 자신의 삶을 오롯이 살아가지 못하기도 합니다. 그러므로 우리는 각자의 삶의 자리에서, 자신이 가족과의 관계를 어떻게 설정하고 있는지 새롭게 돌아볼 수 있는 내면의 공간을 마련해야 합니다.

그리고 어떤 공동체가 한때 삶에서 굉장히 중요한 의미가 있었더라도, 현재 건강하지 않게 작동한다고 느낀다면 과감하게 떠날 수 있어야 합니다. 내가 말하는 원의 공동체란, 다음 그림과 같이 실선이 아닌 점선으로 그려진 원입니다. 그래서 누구든지 들어올 수 있고, 또 자연스럽게 나갈 수 있어야 합니다.

    기억해야 할 것은, 여기서 점과 점 사이 무한대의 공간이 변화의 가능성을 품고 있다는 전제입니다. 점선은 불안정해 보일 수 있지만, 사실은 그런 불안정성을 통해 공동체는 여러 형태로 변하며 확장해 갈 수 있습니다. '우리만의 공동체'를 지향하는 폐쇄적인 태도는 잠시 안정감을 줄 수 있겠지만, 금방 도태됩니다. 새로운 구성원이 들어오면서 또 다른 역동이 생겨나고, 그 역동이 만들어 내는 긴장이 구성원 전체를 성장하게 합니다.

공동체의 구조와 힘의 문제

    지금까지 우리가 알고 경험해 온 공동체는 대부분 피라미드 구조로 되어 있습니다. 피라미드 구조의 좋은 점은 일을 신속하게 처리할 수 있고, 위치에 따라 할 수 있는 일이 정해져 있어 책임의 한계가 분명하다는 점입니다. 하지만 정보와 지식이 수직적으로 전달되어, 아래 단계에 속한 사람은 다양한 정보를 얻을 수 없고, 위에서 정해 주는 대로 순종하며 이행해야 합니다. 그리고 위에 있는 소수가 풍부한 자료와 정보를 가지고 전체 방향을 계획하고 결정합니다.

이런 구조에서 개인의 창의성은 억압되기 쉽습니다. 구성원의 위치도 미리 정해져 있게 마련입니다. 위쪽 자리에는 주로 교육을 많이 받은 남성이 앉습니다. 비슷한 조건의 여성이 결정하는 위치에 앉을 가능성은 여전히 적습니다. 때로 좋은 아이디어가 있어도, 여성이라는 이유로 혹은 백인이 아니라는 이유로 의견이 그대로 사장되기도 합니다.

여성 운동을 통해 많은 여성의 지위가 향상되었다 해도, 다수의 여성들은 여전히 자신의 개성과 실력을 온전히 발휘하지 못합니다. 미국 내 임금 상황만 보아도 이는 극명히 드러납니다. 단순히 소수의 여성(대부분 백인 여성)이 높은 자리에 간다고 해서, 이 피라미드 구조를 유지한 채 성차별의 문제는 해결되지 않는다는 소리가 높습니다.* 소수의 여성이 특권을 누리는 해법으로

• 록산 게이, 《나쁜 페미니스트》(문학동네).

는 젠더 갈등이 해결되지 않습니다. 그래서 나오는 목소리는 연대가 중요하다는 것입니다. 누군가가 구조적 문제로 고통받을 때 얼마나 연대할 수 있느냐가 새롭게 등장하는 여성주의의 쟁점입니다.

그렇다면 다른 구조는 없을까요? 대안적 구조에 대한 여러 제안들이 나오는데, 그중 가장 보편적으로 받아들여지는 것이 '원'입니다. 원이란 중심으로부터 같은 거리에 있는 점들의 집합입니다. 이 구조에서는 누군가가 더 많은 정보를 가지지 않고, 동등한 입장에서 각자의 지혜와 지식을 나눕니다. 또한 어떤 결정을 타인에게 강요하거나 대신 결정해 주지 않습니다. 다만 함께 지혜를 나누고, 함께 흐름을 느끼고, 함께 공동체적 결정을 합니다. 개인적 결정을 내리는 데도 이 구조는 도움이 됩니다.

그런데 이 원은 구球라고 하는 것이 더 정확합니다. 마치 축구공처럼 여러 다른 모양의 면들이 모여 있는 것입니다. 축구공의 표면에는 삼각형도 있고, 원도 있고, 뾰족뾰족한 별 모양도 있습니다. 그런 면들이 잇대어져 하나의 구를 만듭니다. 그리고 이 구는 회전하며 움직입니다. 그러니 누군가가 빛을 가장 많이 받는 순간이 있고, 또 그늘에 놓이는 순간이 있습니다. 그렇지만 엄연히 함께 움직여 나갑니다. 이 구의 내부는 한 사람의 의견이나 지식으로 차 있는 것이 아니라, 텅 비어 성령의 기운이 감돌아야 합니다. 마치 안과 밖이 하나인 뫼비우스의 띠처럼, 우리 삶의 현실은 하느님의 성령과 맞닿아 있습니다.

요즘 많이 이야기하는 네트워크 이론은, 하나의 원에 속하는 사람과 다른 원에 속하는 사람 사이의 친분을 통해 정보와 지식이 전달되는 원리를 전제로 합니다. 가령, 좋은 책이 있을 때 A그룹이 함께 읽고 서로 생각을 나누었다고 합시다. 그 그룹에 속하는 한 사람이 B그룹에 속한 친구에게 그 책의 정보를 알려 주면, 이번엔 B그룹이 그 책을 읽게 됩니다. 그렇게 정보가 전해지는 시스템에서는, 어딘가에 속해 있다는 사실이 중요합니다. 또한 이 네크워크 속의 공동체들이 고립되지 않고 새로운 정보나 지식이 흘러 들어오게 하는 개방성이 가장 중요한 가치가 됩니다.

기술 분야에서 이야기하는 이런 네트워크의 목적은 이윤 창출이겠지만, 여러 개의 원이 연결된 여성들의 네트워크는 서로 돕는 공생 관계를 목적으로 합니다. 상명하달식 구조와 달리 이런 구조에서는 누구나 새로운 정보를 얻을 수 있고, 그것은 다시 네트워크를 통해 퍼져 나갑니다. 그래서 네트워크는 지식과 정보를 얻지 못해 의사 결정에 참여하지 못하는 경우를 줄인다는 점에서 좀 더 평등하고 열린 구조입니다. 중요한 것은, 이 구조에 속한 사람들이 주위를 둘러보고 어떤 네트워크에도 속하지 않은 여성들을 초대해 소외되는 사람이 없도록 하는 것입니다.

공동체 내에서 식별이 필요할 때, 수직적으로 조직화된 공동체에서는 소수의 특별한 사람에게 결정을 맡깁니다. 그 소수의 사람들만이 많은 정보를 점유하고, 대다수의 구성원은 수동적으로 소수의 결정을 따라가게 됩니다. 이런 구조에서 권력은 쉽게 남용되고, 구성원들은 점점 공동체에서 일어나는 일에 관심이 없어지며, 모임에 가면 기운이 빠지고 무기력함을 느낍니다. 그렇게 공동체는 점점 생명을 잃어 갑니다.

최근 가톨릭에서는 시노달 공동체 Synodal Community 논의가 대두되고 있습니다. '시노드 Synod'는 세계 주교들이 모여 교회의 당면 문제를 토의하는 모임을 말합니다. 프란치스코 교황은 이 시노드를 교회에 속한 모든 사람의 이야기를 듣고 나누면서 교회 공동체의 방향을 결정하는 새로운 방식으로 전환시켰습니다. 이는 지시하고 명령하는 구조에서 탈피하기 위한 새로운 방식, 서로 경청하고 서로의 창의성을 북돋우면서 더 나은 공동체를 만들어 가는 방식입니다. 시노드라는 단어의 의미는 '함께 가는 길'입니다. 누군가의 결정을 그대로 답습하지 않고, 사람들이 매일 경험하는 것을 토대로 사고하고 성찰하며 나누는 것, 다가오는 현실을 함께 바라봄으로써 일상에 이루어지는 하늘나라의 사건을 이해하는 것, 그것이 공동체의 본질입니다.

건강한 공동체를 유지하는 법

공동체가 아름다운 것은 사실이지만, 그 안에서 상처를 받은 사람들은 공동체를 두려워하고 차라리 소외된 상태로 살아가는 게 더 낫다고 말합니다. 말을 잘못해서 다른 사람을 아프게 한 적이 있거나, 믿고 털어놓은 말이 일파만파 퍼져 나가 수치심을 느낀 적이 있다면, 다시는 공동체에 속하고 싶지 않을 것입니다. 하지만 거듭 강조하자면, 공동체 없는 성장은 거의 불가능합니다. 그러므로 다음과 같은 몇 가지 원칙을 지키면서 건강한 공동체 세우기를 시도해 봅시다.

- 경계 정하기

공동체 모임은 규율하거나 삶의 내용을 코칭하는 자리가 아닙니다. 시간 배분, 순서 등을 미리 약속을 통해 정하는 것이 좋습니다. 자신은 경험이 많아서 해결책을 알고 있다는 식으로 진행을 방해하는 사람이 있으면, 진행을 맡은 사람이 공동체의 규칙을 환기시켜 주어야 합니다. 또한 이 모임을 통해 치유가 일어나거나 정신적 문제를 해결하는 데 도움이 될 수는 있겠지만, 주요 목적은 그룹 치료가 아님을 분명히 해야 합니다. 그리고 구성원들에게 어느 정도의 헌신을 요구할지에 대해서도 함께 식별하며 결정해야 합니다.

그렇게 경계 boundary를 정하기 위해서는, 모임을 시작하기 전에 공유하는 가치, 의사 결정 방식, 공동체 내에서 지켜야 할 사항 등을 두고 진지하게 이야기를 나누어야 합니다.* 내면의 삶을 나누는 모임인 경우, 모임에서 들은 이야기는 다른 사람에게 발설하지 않는다는 약속을 반드시 해야 합니다. 또 다른 사람의 말을 자르지 않고, 한 사람의 말이 끝나면 공백을 두어 말을 한 사람도 들은 사람도 그 의미를 새길 수 있게 하는 등, 그룹마다 상황에 따라 적절한 규칙을 정하는 것이 좋습니다. 모임을 진행해 나가면서 상황에 따라 기본 규칙을 더하거나 뺄 수 있을 것입니다.

예를 들어 어떤 그룹은, 누군가가 처음 말할 때는 질문으로 말을 자르지 못하도록 합니다. 일단 하고자 하는 이야기를 다 한 후에 함께 침묵한 후 질문을 할 수 있습니다. 질문할 때 염두에 두어야 하는 것은, 그것이 상대의 자기 이해를 돕는 한에서만 의미가 있다는 점입니다. 개인적인 흥미나 호기심으로 너무 구체적인 질문을 하는 경우가 있는데, 삼가야 할 일입니다. 또한 나누는 사람도 경계를 그을 수 있어야 합니다. 조금이라도 마음이 불편하거나 공개하고 싶지 않은 부분까지 물을 때는 "지금 이 부분에

---

* Yana Ludwig, *Building Belonging*, pp. 81-95.

대해 더 깊이 이야기하고 싶지는 않습니다"라고 말할 수 있어야 합니다. 질문한 사람이 무안할까 봐 불편한 마음을 누르면서 나눔을 하고 나면, 마음이 계속 불편할 수 있습니다.

누군가가 자꾸 내 상황에 대해 답을 주려 하는 것도 불편할 수 있습니다. 그럴 때는 어떤 해결책을 구하려는 것이 아니고, 나눔을 통해 마음의 움직임을 좀 명료하게 알고 싶다고 분명히 알리는 것이 좋습니다. 반대로, 남의 이야기를 들으면서 어떤 답을 주어야 한다는 강박이 있는 사람도 있습니다. 교회 공동체에서 늘 지도자의 위치에 있는 사람들이 더욱 그런 경향이 있습니다. 하지만 사람들은 인생의 질문과 고민 속에서 반드시 타인의 답을 원하지는 않으며, 자신의 해답이 상대방의 삶의 정황에서 도움이 되지 않는 경우가 더 많다는 사실을 기억해야 합니다. 그리고 답을 주려는 충동을 누름으로써 다른 삶의 모습에 대해 더 배울 수 있습니다. 나누는 사람이나 나눔을 듣는 사람은 그렇게 함께 성장해 갑니다.

- **지속성 유지하기**

공동체로 만날 때 가장 중요한 것은 지속성을 유지하는 일입니다. 공동체를 통해 성장하기 위해서는 일정 구성원이 정기적으로 만날 필요가 있습니다. 그래야만 안정감 속에서 성장을 위한 도전을 받아들일 힘이 생기기 때문입니다. 일 년에 한두 번이라고 해도 상관없습니다. 공동체에서 성장한다는 것은 함께 나무 한 그루를 심고 가꾸어 나가는 것과 같습니다. 이때 도움이 되는 것은 삶을 나눌 수 있는 일정한 틀을 마련하고 모임의 목표를 정하는 것입니다.

어떤 공동체든 목표가 있습니다. 어떠한 구체적인 목표를 가진 여성들이 지속적으로 만날 때 그들의 삶은 풍성해질 것입니다. 싱글 여성 모임, 나이듦을 배우는 여성들의 모임, 아이 키우는 어머니들의 모임 등은 삶의 어떤 단계를 잘 지나가고 특정 방식의 삶을 이해하는 지평을 넓히도록 도와줄 것입니다. 어떤 주제를 가지고 공부하는 모임은 새로운 사람들을 만나 관심 있는 지식을 함께 쌓아 가는 즐거움을 줍니다. 또한 꿈을 찾고 있다면, 같은 고민을 가진 이들과 모임을 만들 수도 있습니다.

그러나 어떤 경우에도 분명한 것은, 지속하는 공동체를 통해 우리는 인간관계의 역동을 배우고 자신에 대한 이해가 깊어진다는 것입니다. 다만 새로운 구성원에게 열려 있고 누구나 편안하게 적응할 수 있게 하는 환대의 정신도 필요합니다. 예를 들어 사십대 여성의 모임을 꾸린다고 할 때, 모두 결혼한 사람일 필요는 없습니다. 비혼 여성의 이야기를 듣고 그들의 일상을 배우는 일도 매우 중요합니다. 또 배우자를 잃거나 헤어진 후 혼자 자녀를 키우는 여성의 삶을 경청하며 그 의미를 배울 수도 있습니다.

덧붙일 것은, 일시적인 만남에서도 마음의 치유가 일어날 수 있고, 그런 일회성의 효과도 작지 않을 수 있다는 것입니다. 생의 한 지점에서 지치고 힘들 때 뜻밖의 누군가를 만나 누구와도 나눌 수 없는 힘든 경험을 나누면서 구원적 경험이 일어날 수 있습니다.

그러기 위해서는 모임을 준비하는 사람이 모이는 사람들의 상황을 대충이라도 알고, 기도하면서 정성껏 초대해야 합니다. 사전에 주제를 미리 공유해서 참석하는 사람들이 이 모임의 성격을 알 수 있게 해야 합니다. 모임에서는 진행 방식과 과정을 분명하게 알리고 편안하게 참여할 수 있도록 배려해야 합니다. 특히 누구도 소외되거나 나눔에서 제외되는 일이 없어야 합니다. 그러기 위해서는 항상 시간을 잘 체크해야 하는데, 필요한 경우 타임키퍼를 지정해서 진행자가 시간의 흐름을 잘 알아야 합니다. 시간이 너무 부족하면, 모두에게 양해를 구하고 좀 짧게 나누도록 해야 합니다. 짧게 나누는 것이 한두 사람의 긴 나눔으로 인해 다른 이들이 나누지 못하는 것보다 낫습니다.

이런 모임에서 기억해야 할 것은, 자기 내면의 지혜와 아픔을 나눔으로써 치유되기도 하지만, 다른 사람의 이야기를 경청함으로써 삶이 풍부해질 수 있다는 원리입니다. 누구의 삶도 나눌 것이 없을 만큼 메마르지 않고, 누구의 삶도 다른 사람보다 더 크고 풍부하지 않습니다. 하느님이 인간에게 부어 주신 사랑은 동일하게 풍부하고 넉넉하기 때문입니다.

• 성숙한 소통

어떤 모임에 갔다가 왠지 기분이 초라해지거나 의기소침해서 돌아와 본 경험이 있는 여성들은 그다음부터 모임을 꺼리게 됩니다. 내면의 이야기는 하지 않고 온통 피상적인 이야기뿐일 때, 피로감이 크다고도 합니다. 이런 상황의 핵심 원인은, 관계가 이루어지지 않았기 때문입니다.

나는 생텍쥐페리의 《어린 왕자》에서 여우가 사랑을 설명하는 대목을 좋아합니다. 슬픈 왕자가 여우와 놀려 하지만 여우는 놀 수 없다고 합니다. 왜냐하면 함께 놀 수 있으려면 길들여져야 하기 때문입니다. 그리고 길들여진다는 것은 관계를 맺는다는 뜻이라고 여우는 설명합니다. 그러니 어떤 모임에서 기가 빨리고 여전히 피곤하기만 하다면, 그 공동체에서는 아직 길들이기가 시작되지 않았다는 의미입니다.

이런 과정은 경청에서 시작됩니다. 이야기를 있는 그대로 들어 주는 공간은 무엇보다 환대의 공간이 됩니다. 자기 판단을 잠시 미루어 놓고, 타인의 입장에서 온전히 들어 주는 것입니다. 좋은 소통을 위해서는 특히 세련된 공감이 있어야 합니다. 세련된 공감을 할 때, 말하는 사람은 자기 생각과 감정이 잘 받아들여진다는 느낌을 받게 됩니다. '나는 당신과 같은 생각이다'라는 식으로 지나치게 몰아가면, 오히려 말하는 사람은 자기 생각을 나누기가 힘들어집니다. 하고 싶은 말을 성숙하게 제어하면서 온전히 화자의 입장에서 이야기를 듣고 받아들여 주는 공감은, 다른 사람을 위해 빈 공간을 내어주는 것과 같습니다. 물론 말하는 사람도 자신이 다른 사람을 너무 지치게 하지는 않는지 살펴볼 필요가 있습니다. 제한된 시간에 모든 사람이 자기 내면을 나눌 수 있도록, 타인에 대한 배려도 필요합니다.

또한 진정한 소통이 이루어지려면 정보를 동일하게 가지는 것이 중요합니다. 어떤 사람이 미리 더 많은 것을 알고 있으면, 그 사람은 더 많은 권력을 갖게 됩니다. 사전에 알아야 할 것들이 있다면, 모든 구성원이 동일하게 알아야 합니다. 또 어떤 종류의 나눔을 하게 될지를 모두가 알아야 하며, 비밀 유지 등 구성원이 동의한 원칙들을 그때그때 환기시키는 것이 좋습니다. 어떤 공동체가 지속적인 모임을 가질 때, 모임의 내용을 잘 정리해서 참석하지 못한 사람들도 그 내용을 잘 이해할 수 있도록 신경 써야 합니다.

여성들이 소통과 관련해 가장 두려워하는 것은 자신이 받을 비난이나 비판입니다. 많은 여성들은 말이 왜곡되어서 잘못 전달되거나, 말이 돌게 되는 일을 두려워합니다. 하지만 만일 그렇게 되었다면, 잘못은 말을 전달한 사람에게 있습니다. 즉, 의도적인 나눔을 위한 공동체, 사려 깊은 나눔의 공간에서 한 말을 밖에 전한 사람이 미숙한 것입니다. 그리고 만일 자신이 어떤 비난을 받았을 때, 그 내용에서 어느 정도 받아들일 부분이나 자기 쪽에서 개선할 부분은 없겠는지 생각해 보는 것도 중요합니다. 많은 경우, 말은 진실을 다 담을 수 없습니다. 자신이 한 숱한 말실수를 생각하면서 타인의 선의를 믿어 주는 것은 결국 함께 성장하는 또 하나의 길입니다. 만일 타인의 비난에서 스스로 보지 못한 자기 모습을 알게 된다면, 불쾌하기는 하겠지만 사실상 자신에 대한 소중한 영적 지식이 될 것입니다.

- **평가하기**

어떤 공동체든 평가에는 거부감을 느끼고 불편해하는 경향이 있습니다. 그러나 평가는 누가 무엇을 잘못했다고 지적하거나 불평하는 것이 아닙니다. 공동체 안에서 발생하는 역동은 개인적 차원만이 아니며, 언제나 구조적인 문제와 관련이 있습니다. 때로는 조그만 변화가 전체의 역동에 변화를 줍니다. 예를 들어, 처음 나누는 사람을 매번 달리 하거나 나누는 방식을 바꾸어 봄으로써 혹시 공동체 안에서 소외되고 마음이 불편한 사람이 없는지 계속 함께 확인해야 합니다.

공동체에서 불편한 점을 말하는 통로가 없으면, 구성원들은 뒤에서 불평하게 됩니다. 그렇게 되면 생각보다 상호 신뢰가 급격히 떨어집니다. 그래서 정기적으로 공동체에 대해 함께 평가해 볼 필요가 있고 그렇게 피드백을 주고받는 공동체는 긴장도가 훨씬 낮습니다. 평가할 때는 객관적으로 공동체의 역동을 성찰합니다. 공동체가 설정한 목표를 놓고, 현재 공동체가 그 목표에 부합하고 있는지, 각 구성원이 성장을 체험하는지, 리더십의 형태는 어떠한지를 보는 것입니다.

위계적 구조가 아닌 원 안에서의 리더는 진행자에 가까우며, 사실상 모두가 책임을 공유해야 합니다. 그러므로 리더는 자기에게 주어진 권한을 적절히 사용하고 있는지 잘 살펴야 합니다. 권한을 사람들 위에서 행사하면 남용이 되고, 뒤에서 사용하면 은근한 통제가 됩니다. 가장 이상적인 것은 권한을 공동체 안에서, 구성원들 사이에서 사용하는 것입니다. 분명한 점은, 지도자에게 주어지는 권한이란 공동체가 잘 돌아가도록 하기 위한 것이라는 사실입니다.

* * *

공동체에서 이해받지 못하거나 받아들여지지 않을 때 우리는 상처를 받습니다. 반면 함께 무엇인가를 배우고 서로 경청하는 공동체에서 우리는 기쁨을 누립니다. 이런 아픔과 기쁨의 가능성을 모두 담고 있는 공동체는 여전히 우리를 초대하고 있습니다. 그 안에서 하느님을 더 깊이 만날 수 있고, 거울이 되어 주는 이들을 통해 자신을 더 정직하게 대면할 수 있기 때문입니다. 결국 자기 신뢰를 배우면서 타인에 대한 신뢰를 배워 나가는 영적 수련장은 공동체일 수밖에 없습니다. 그래서 함께 걸어갈 길동무를 찾는 일은 우리에게 주어진 긴급한 영적 과제입니다.

5

경청과 말하기

여성들이 함께 삶을 나누는 공간이 중요하다면, 그 공간을 아름다움으로 채우는 것은 경청입니다. 경청은 환대의 기초입니다. 환대란 자기 공간을 손님에게 내어주는 행위입니다.* 그러므로 누군가의 말을 경청한다는 것은, 듣는 체하거나 어떤 형식을 따르는 일이 아니라 자기를 내어주는 행위입니다. 자기의 판단과 생각을 뒤로하고, 타인의 삶을 온전히 들어 주는 일은 결국 아가페입니다. 그래서 여성 영성을 배우는 일에서 가장 중요한 단어

• Jean Stairs, *Listen for the Soul: Pastoral care and Spiriutal Direction* (Mineapolis, MN: Fortress, 2000), pp. 15-69.

를 하나 고르라고 하면, 나는 주저 없이 경청을 선택할 것입니다. 특히 영성 지도에서 경청은 가장 중요한 원리이자 원칙입니다.•

한편으로, 자신의 이야기를 한다는 것도 결코 쉬운 일이 아닙니다. 우리는 생각보다 의미 없는 말을 많이 하면서 살아갑니다. 때로 말은 자기를 감추는 방패가 되기도 하고, 타인을 공격하는 무기가 되기도 합니다. 그래서 자기 안에 있는 진짜 이야기를 한다는 것은 상대에 대한 신뢰를 보여 주는 행위라고 할 수 있습니다. 치부나 불행했던 과거를 이야기한다는 것은 신뢰 없이는 불가능하기 때문입니다. 방어기제를 풀고 이야기를 통해 삶의 진실을 마주할 때, 그 순간 거룩함이 깃듭니다.

사려 깊은 경청

경청은 상대방에 대한 존중을 담고 있습니다. 공경하는 마음으로 듣는 것입니다. 한자로 '청聽' 자를 자세히 들여다보면, 귀 '이耳'와 마음 '심心' 자가 주요 구성 요소임을 알 수 있습니다. 마

• 영성 지도에 관심이 있거나 영성 지도를 하고 있다면, 이 장을 특히 세심하게 읽어 보기를 권한다.

음을 다해 귀를 기울인다는 뜻일 것입니다. 이처럼 듣는 일은 다른 사람의 마음을 듣는 것입니다. 그러니 결국 듣는 일은 사람을 최고로 사랑하는 일일 것입니다. 영성 지도를 하다가 "잘 들어주셔서 감사하다"는 인사를 들을 때가 있습니다. 어떤 면에서 이것은 영성 지도자가 들을 수 있는 최대의 찬사입니다.

그렇다면 우리는 어떻게 해야 잘 들을 수 있을까요? 우선, 자신이 가진 틀을 벗어나서 들어야 합니다. 언젠가 나에게 영성 지도를 받던 자매가 '자아를 확장하는 것'에 대한 우려를 이야기했습니다. 나에게 자아를 확장한다는 것은 자기 틀을 깨뜨려 마음을 열고 타인을 만나는 것을 의미하기에, 그것을 왜 우려하는지 잘 이해되지 않았습니다. 하지만 이야기를 들어 보니 그 자매에게 그것은 자기를 뽐내거나 자랑하는 일로 다가와서, 타인의 마음을 괴롭히지 않을까 하는 우려가 들 수 있는 표현이었습니다. 그때 나는 내가 매우 자주 사용하는 이 용어를 내 방식으로 이해하고 싶어 하는 자신을 발견했습니다. 그리고 각자 다른 의미로 사용하는 단어를 무심결에 자기 방식으로 이해할 때, 경청은 환청 같은 것일 수 있겠다는 생각이 들었습니다. 같은 단어를 사용하더라도, 상대방이 뜻하는 의미를 알기 위해서는 자신의 틀을 벗어나 상대방의 맥락 속으로 들어가야 합니다.

또한 이야기를 들으면서 열심히 경청하고 있음을 알려 주는 것이 좋습니다. 누군가가 자기 이야기를 들어 준 경험이 부족한 여성들은 상대가 즐거워할 만한 이야기를 하는 데 익숙하고, 아무 반응이 없으면 말문이 막힙니다. 특히 교회 안에서 여성은 늘 정숙하고 조용해야 한다는 메시지를 받아 왔고, 교회 권위자들의 침묵이나 냉담은 입을 다물라는 신호인 경우가 많았습니다. 만약 상대가 아무런 반응이 없다면, 말하는 사람은 상대가 듣기 싫은데 억지로 들어 주고 있다고 생각할지도 모릅니다. 남성들은 자신의 이야기가 끊기는 것을 싫어하는 경우가 더러 있어서, 별다른 반응 없이 듣기만 해 주면 더 편안해하기도 합니다. 하지만 여성에게는 좀 더 적극적인 호응이 필요합니다. 예를 들어 고개를 끄떡이거나, "아, 그랬군요" 같은 반응을 해 주는 것이 좋습니다. 눈을 마주치면서 듣는 태도 역시 중요합니다.

주의할 점은, 우리는 결코 타인에 대해 백 퍼센트 공감할 수는 없다는 점입니다. 감수성이 예민해서 타인의 이야기를 들을 때 마음이 아프고 눈물이 흐른다고 해서, 타인의 감정을 그대로 느끼는 것은 아닙니다. 그것은 상대방의 이야기를 듣고 느낀 자신의 감정일 뿐 상대방의 감정과 동일한 것이 아닙니다.

그래서 내가 보기에는 여성들의 경우 지나친 공감이 문제가 될 때가 많습니다. 가끔, "나는 내가 만나는 사람의 감정을 그대로 알 수 있어요. 그 사람의 슬픈 마음이 바로 느껴져요"라고 말하는 사람들을 봅니다. 여기서 위험한 것은 자신이 타인의 감정을 안다는 확신입니다. 스스로 자기 존재와 감정을 다 알 수 있을지도 의문인데, 다른 사람의 감정을 안다는 생각은 착각일 수 있습니다. 나아가 이런 자세는 자신이 느끼는 감정에 대한 무의식적 강요가 될 수 있습니다. 상대에 대한 자기 생각과 감정을 내려놓고, 있는 그대로 상대의 이야기에 공명하며 들어 줄 때 비로소 경청은 시작된다고 볼 수 있습니다.

누군가가 내면의 이야기를 하면 우리의 내면 또한 열리게 됩니다. 그래서 상대방의 이야기를 들으면서 그와 관련 있는 자기 내면의 이야기가 불쑥불쑥 올라오기도 합니다. 어린 시절에 겪었던 수치스러운 이야기일 수도 있고 너무 재미있어서 꼭 함께 나누고 싶은 이야기일 수도 있습니다. 하지만 그것을 바로 표현하는 것은 상대방의 이야기를 듣는 일에 방해가 될 수 있음을 알아야 합니다. 설사 그의 상황에 도움이 될 수 있는 사례라 하더라도, 상대가 이야기를 다 끝내고 내가 말할 공간이 있을 때, 그것이 여전히 상대에게 좋을지 생각해 본 후에 말하는 것이 좋습니다.

그렇게 다 들은 다음, 내가 그렇게 하고 싶었던 이야기가 무엇이었는지를 돌아보아야 합니다. 누군가의 이야기를 들으며 내면이 열릴 때 갑자기 이야기를 하고 싶어 하는 이 수다쟁이는 바로 자신의 '내면 아이'입니다. 대타자(사회구조, 환경, 문화)로부터 침묵을 요구받아 마음에 꾹꾹 눌러둔 자신의 경험을 말하고 싶은 어린 자아입니다. 이 내면 아이는 누구보다 자신에게 존중받고 또 사랑받아야 합니다. 하지만 상대방의 이야기를 들을 때는 그 조그만 수다쟁이가 방해하지 않도록, 그 아이의 이야기를 '괄호 치기' 해 둘 필요가 있습니다. 혹시 이야기를 들으면서 그 아이의 존재가 느껴진다면, 잘 다독이며 이렇게 이야기하면 됩니다. '그래, 이 이야기가 끝나면 너의 이야기를 잘 들어 줄게.'

누군가의 이야기를 들으면서 자신의 내면이 열린다는 것은, 이야기를 하는 상대방만큼이나 듣는 사람도 상처받기 쉬운 연약한vulnerable 상태가 된다는 의미입니다(그래서 내면 아이도 떠오르는 것입니다). 그래서 심한 폭력에 노출된 이야기나 자신의 아픈 과거와 비슷한 이야기를 듣게 되면 마음이 힘들어집니다. 그러면 우리는 강도를 분산시킬 이야기를 끄집어냅니다. 우스갯소리나 엉뚱한 이야기를 하면서 좀 숨을 돌리고 싶은 것입니다. 그런 경우, 이야기의 어느 지점에서 우스운 이야기가 떠올랐는지, 또 어느 순간에 자기 이야기를 하고 싶었는지 등을 되짚어 보는 것이 좋습니다. 그러면서 자신의 현주소, 즉 과거를 지금의 자기가 어떻게 바라보고 인식하고 있는지를 배울 수 있습니다.

경청은 타인을 있는 그대로 받아들이겠다는 영적 결심이고, 따라서 자기에 대한 지식과 끝없는 성찰이 필요합니다. 뽐내고 싶은 자아, 잘난 척하고 싶고 상대보다 우위에 서고 싶은 상처받은 자아가 앞서지 않도록 자기를 성찰해야 합니다. 이때 의식 성찰이 큰 도움이 됩니다.* 자기 마음의 흐름을 보지 못한다면, 사랑의 실천으로서 혹은 길동무가 되어 주는 일로서의 경청은 이루어질 수 없습니다.

이처럼 경청은 기술이 아니라 마음을 기울이는 영적 수련입니다. 그럼에도 다음과 같은 몇 가지 경청의 기술을 익힌다면, 더 나은 방식으로 상대의 말을 경청할 수 있습니다.

- **경청의 기술**

첫째, 흐름을 따라갑니다. 자신의 흐름이 아니라 상대의 흐름을 잘 붙잡고 holding 따라가는 것입니다. 마치 자신이 거울이 되었다고 생각하면서, 상대가 하는 이야기와 취하는 양식과 몸짓을 소중하게, 혹여 깨어질까 조심하듯 잘 붙잡아 주는 것입니다. 상대가 슬퍼서 어깨를 들썩일 때 그 어깨를 가만히 바라보고, 상대가 웃으면 그대로 따라 웃어 줍니다. 그러면서 자기 생각을 지우고 상대의 이야기를 따라갑니다. 쉬울 것 같지만, 사실은 무척 어려운 기술입니다. 어느 순간 자신이 주도하고 싶어지기 때문입

---

* 의식 성찰에 대해서는 1장의 '기도' 부분을 참고하라.

니다. 최소한 '그래서요, 그다음엔 어찌 되었나요?'라는 질문이 올라옵니다. 우리는 상대방의 이야기를 들으면서도 주도권을 놓치고 싶어 하지 않습니다. 그래서 상대방이 자기 지시대로 따르는 디렉티(directee, 지도를 받는 사람)가 되었으면 합니다.

자기의 틀을 깨고 상대방의 이야기 속으로 들어간다는 것은, 자신의 불안을 대면할 준비가 된다는 의미입니다. 상대방의 리듬을 따라가는 것은, 상대방이 웃을 때 함께 웃으면서 머물 수 있고, 상대방의 생각이 멈추었을 때 그 자리에 가만히 멈추어 주는 것입니다. 하지만 우리는 불안 때문에 가만히 멈추어 있지 못합니다. 상대방이 말을 잇지 못하고 침묵할 때 함께 침묵할 수 있으려면, 자신의 숨이 깊어져야 합니다. 말을 찾지 못하는 침묵의 순간을 함께하려면 내면의 기도를 드릴 줄 알아야 합니다.

존경하는 수녀님 한 분이 계셨는데, 어느 날 나를 찾아오셨습니다. 평소에 영화나 소설 이야기를 잘 하시는 분이었습니다. 그날 함께 산책하는데 아무 말이 없으셨습니다. 나 역시 아무 말도 하지 않았습니다. 우리는 매우 천천히 바닷가를 걸었습니다. 11월의 싸늘한 바람에 대해서도, 거리에서 만난 아이들의 천진한 웃음에 대해서도 이야기하지 않았습니다. 그리고 한참을 걸은 후 그분이 말했습니다. "소피아, 기억이 흐려져. 곧 내 삶을 이해하지 못하게 될 거야." 말씀하시는 눈에 눈물이 고여 있었습니다. 우리는 아무 말 하지 않았습니다. 그리고 그저 손을 꼭 잡고 걸음을 떼었습니다. 물론 내 안에서는 '괜찮을 거예요', '늙는다는 건 다 그래요' 등등 온갖 대사가 펼쳐졌지만, 아무 말도 하지 않았습니다. 수녀님에게 필요한 것이 그것이었고, 나는 최선을 다해 수녀님의 마음의 흐름을 부드럽게 붙잡아 주었습니다.

경청이 사랑과 환대가 되는 것은, 그것이 자기 마음의 흐름을 잠시 보류하고 상대의 마음을 소중하게 보듬고 붙잡아 주는 일이기 때문입니다. 한번 상상해 보십시오. 상대의 소중하고 연약한 내면의 이야기를 손바닥에 올려 받쳐 주고 있는 모습을 말입니다.

둘째, 호응합니다. 앞에서도 잠깐 언급했듯이 여성들의 말을 경청할 때 호응과 반응은 매우 중요합니다. 고개를 끄덕이거나 박수를 치거나 웃어 주는 등, 마음이 담긴 작은 호응은 상대의 내면이 활짝 열리게 해 줍니다. 움츠리고 상처받은 자아를 위해 특히 여성주의 심리치료에서 많이 쓰는 방식은 열정적인 호응입니다. 폭력에 노출되었던 여성의 아픔에 함께 분노하며 상대방을 지지하는 것입니다. 하지만 이 모든 반응은 상대방을 위한 것임을 분명히 해야 합니다. 상대의 말을 반영해 주는 호응을 넘어서 "당신의 행동은 옳다", "좀 더 하지 그랬냐"는 등 과한 말을 덧붙이는 것은 적절하지 않습니다. 공감을 못해 주면 부족하다는 느낌에 무리수를 던지는 경우도 있습니다. 자신이 호응하는 방식이 적절한지 과한지 이렇게 돌아볼 필요가 있습니다.

호응하는 방식은 문화적으로도 차이가 납니다. 나는 자신감이 없어서 그런지, 흑인 대학원생들이 있는 수업에서 위로를 많이 받습니다. 내가 무슨 말을 해도, 그들은 "네~", "듣고 있습니다"(I hear you)라고 외칩니다. 정말 나를 응원하고 싶을 때는 "아멘" 하면서 박수를 칩니다. 내 흑인 친구 요셉 신부는 언제나 나를 쳐다보고 눈을 빛내며, "아멘" 하고 맞장구를 치곤 했습니다. 반면 백인 친구들은 몸을 많이 움직이지 않으면서 고개를 끄덕입니다. 이는 조금 차갑게 느껴지기도 하는데, 생각해 보면 그들은 어떤 문제를 내가 충분히 이해하고 이런저런 부분들을 짚어 나가도록 하는 방식으로 나를 지지해 준 것 같습니다. 상대방이 위축되어 있을 때는 적극적인 호응을, 상대방이 여러 가능성을 탐색하도록 도와주고 싶을 때는 최소한의 호응을 생각해 보면 좋을 것 같습니다.

무엇보다, 경청할 때 스스로 물어야 할 것은 '내가 하느님 안에서 이 사람의 영혼을 사랑하는가'입니다. 그리고 그 사랑 안에서, 그를 위한 반영적 경청의 태도를 결정하기 위해 상대방이 어떤 식의 지지를 필요로 하는지를 알아차려야 합니다.

셋째, 경계를 짓습니다. 경계 없이 상대방의 이야기를 들어 준다는 것은, 결국 자신이 상대방이 되는 것과 같습니다. 그리고 그것이 사랑이라고 여기는 것입니다. 그러나 육체를 가진 인간은 타인이 될 수 없습니다. 몸을 갖는다는 것은 경계가 있다는 뜻입니다. 남자가 여자의 이야기를 들을 때 경계가 없으면, 쉽게 성적 폭력이 일어납니다. 그런데 여성이 여성의 이야기를 들으면서 경계가 무너지는 양상은 다소 모호합니다. 듣는 사람이 구체적인 해결책을 제시하거나 직접적 도움을 주는 행위 등은 경계가 없는 경우입니다. 사랑 혹은 돌봄의 이름으로 경계를 무너뜨릴 때, 결국 서로 소진됩니다.

이는 쉽게 폭력적인 관계로 이어집니다. 이야기를 듣는 측은 지배하게 abusive 되고, 이야기하는 쪽은 많은 것을 요구하게 demanding 됩니다. 그렇게 지쳐 가다가, 많은 경우 건강하지 않은 방식의 동반의존 codependency 관계가 됩니다. 조그만 일이 생겨도 상대방에게 가서 이야기하고, 물질적·정신적 위안을 구합니다. 이야기를 듣는 사람은 상대방의 인생에 지나치게 관여하고, 상대방이 자기를 필요로 하는 모습에서 자신의 존재 이유를 확인합니다. 그러면서 자신의 감정을 억누르며 우울감, 분노, 탈진을 경험하기도 합니다.

한편, 전이 transference 나 역전이 countertransference 의 발생에 대해서도 생각해 볼 필요가 있습니다. 전이란, 어떤 사람에게 느끼는 감정이 제3의 대상에게 옮겨 가는 현상을 말합니다.* 예를 들면, 이야기하는 사람이 듣는 사람을 권위를 가진 아버지나 어머니로 확장해서 이해하는 것입니다. 할머니에게 폭력을 경험한 어떤 여성은, 나이 든 여성에게 자기 이야기하는 것을 힘들어합니다. 왠지 주눅이 들고, 혼날 것 같은 느낌이 들어서 편하지 않다는 것입니다. 남성과 이야기할 때마다 자신도 모르게 상대방이 좋아할 만한 이야기를 하게 되는 여성, 여성과 이야기할 때 모든 일에 신경질적이던 어머니 앞에서 말할 때처럼 조심스러워지거나 짜증이 나는 남성 등의 경우에서 보듯이, 전이는 매우 일반적인 현상입니다.

반대로, 역전이는 듣는 사람이 말하는 사람에 대해 반응하는 심리적 현상입니다. 예를 들어, 어떤 내담자가 자신에게 상처를 준 과거의 어떤 사람을 떠오르게 한다면, 자신도 모르게 그를 거칠게 대하거나 은근히 화를 낼 수 있습니다. 그런 혼동이 생기는 이유는 우리가 이미지로 사람을 인식하기 때문입니다. 이런 현상을 막을 수는 없습니다. 대신 이런 역동을 이해하면서, 이야기하는 사람에게 도움이 되도록 활용할 수 있습니다.**

---

* Arthur Reber, *The Penguin Dictionary of Psychology*, 3rd editon (New York: Penguin Books, 2010), p. 761.
** 신구 가즈시케, 《라캉의 정신분석》(은행나무), pp. 9-32.

• **더 깊은 성찰을 돕는 방법**

이제 상대방의 더 깊은 성찰을 돕기 위한 몇 가지 방법을 살펴보겠습니다.

첫째, 요약하기입니다. 상대방이 내내 갈피를 잡지 못하고 산만하게 이런저런 이야기를 한다거나, 전혀 다른 이야기로 넘어가려고 할 때, 그동안의 이야기 내용을 요약해 주는 것이 좋습니다. 예를 들어 "지금까지 이런 점에 대해 이야기해 주셨어요"라든가 "이러이러한 일이 있으셨군요"라고 말하면서, 들은 이야기를 정리해 줍니다. 그러면 상대방은 자신이 그 이야기를 왜 하고 있는지 생각할 수 있고, 다음 이야기와의 관계를 생각하며 말할 수 있습니다.

둘째, 질문하기입니다. 질문은 분명한 기준을 가지고 해야 합니다. 즉, 궁금증 때문에 상세한 사항을 물어서는 안 됩니다. 어떤 사항에 대해 상세히 알 필요가 없는 경우가 더 많습니다. 다만 이야기하는 사람이 중요한 부분임에도 불구하고 생각하지 않고 넘어갔다면, 질문은 상대방에게 도움이 됩니다.

그리고 가장 좋은 질문이라는 것은 없습니다. 영성 지도 훈련 과정에서, 최선의 질문을 하려고 애쓰는 경우를 보는데, 그런 노력은 허영심과도 같습니다. 물론 말하는 사람의 내면을 비추어 자신도 모르던 부분을 대면하게 하는 질문도 있습니다. 하지만 그런 예리한 질문이 아니더라도, 일반적으로 질문은 마음을 비추어 보는 좋은 계기가 됩니다. 예를 들어 사람들은 '누군가가 나를 질투한다', '우습게 본다', '나를 비난한다' 등 한 가지 말을 계속 하는 경우가 많습니다. 그럴 때 당신의 이야기 패턴에서 어떤 것이 반복된다고 말해 주고, 왜 그런 것 같은지 한번 물어봐 주어도 좋을 것입니다.

셋째, 깊이 들어가기입니다. 이야기하는 사람도 듣는 사람도 깊이 들어가기를 두려워할지 모르겠습니다. 하지만 이야기가 계속 겉돌면서 반복되거나 계속 다른 이야기로 옮겨 갈 때, 잠깐 진행을 멈추고 하나의 이야기에 집중하도록 초대하는 것이 좋습니다. 그날 세 가지 이야기를 했다면 그중 하나에 집중하자고 하거나, 셋을 관통하는 공통점을 이야기해 주는 것도 좋습니다. 두려움이나 우월감 등 한 가지 감정에 집중해서 이야기하는 것도 좋은 방법입니다.

정직하게 자신을 대면하는 일은 많은 영적 훈련을 전제로 합니다. 그리고 당연히, 상대방이 원하는 정도만큼 들어갈 수 있습니다. 깊이 들어간다는 것은 듣는 이의 판단을 강요하는 일이 아니며, 어떤 방향으로 보도록 주도하는 것은 더욱 아닙니다. 그것은 대화하는 공간을 안전하게 유지하면서 깊이 감추어진 내면의 두려움, 불안, 상처를 보고 하느님의 은혜를 함께 체험하는 일입니다.

깊은 경청이 이루어지지 않을 때, 듣는 사람도 말하는 사람도 말이 빨라집니다. 서로 자기 이야기를 하고 싶어서 음성이 높아지기도 합니다. 그럴 때는 잠시 침묵하는 것이 좋습니다. 그리고 다시 사랑과 경청의 공간으로 돌아가야 합니다.

사려 깊게 이야기하기

인류는 이야기를 좋아합니다. '옛날에 어떤 아이가 살았는데'로 시작되는 이야기는 우리를 끌어당기는 힘이 있습니다. 우리는 어쩌면 이야기를 하면서 삶을 형성해 왔다고도 볼 수 있습니다. 이렇게 인간이 계속해서 이야기해 온 동화나 전설에는 삶의 진실과 지혜가 담겨 있습니다. 동시에, 우리는 자신만의 이야기를 간직하고 있습니다. 거기에는 내가 고유하게 걸어온 걸음, 삶의 자취가 담겨 있습니다. 얼마나 힘들었는지, 또 얼마나 감동적이었는지 풀어 내는 삶의 이야기들이 곧 우리 자신이 됩니다. 한 번뿐인 생을 살아온 이야기는 각자의 삶의 진실과 사회적 배경을 반영하며, 삶의 총체적 진실이 됩니다.

언젠가 한 자매가 자신의 이야기를 해 주었습니다. 오빠들을 대학에 보내기 위해 공장에 다닌 일, 철야 근무를 하느라 졸다가

미싱에 손을 다친 일 등을 말해 주었습니다. 한국 역사의 어느 시기를 살았던 젊은 여성들은 그런 식으로 사회의 동력이 되었습니다. 그리고 그런 날들 속에서 느꼈던 삶의 아름다움을 이야기했습니다. 밤늦도록 일하고 숙소로 돌아가던 길, 밤하늘에 뜬 달이 순하고 다정하게 보였다는 이야기는, 고달픈 삶을 살았던 한 소녀의 시적인 태도를 보여 줍니다. 어두운 이야기일 거라고 생각했던 내 예상과는 달리, 그 이야기는 삶을 개척하는 힘과 용기를 가진 한 소녀의 모험담이었습니다. 삶을 바라보는 명랑한 태도가 담긴 그 이야기는 즐겁고 흥미로웠습니다.

누군가에게 이야기를 하면, 이야기와 자신 사이에 거리를 확보할 수 있게 됩니다. 살면서 경험하는 크고 작은 사건들은 우리 삶을 쉽게 지배하며 더 나아가 세상을 바라보는 렌즈가 됩니다. 그렇게 우리는 자칫 인생을 매우 편협하거나 왜곡된 방식으로 이해하기 쉽고, 생을 대하는 태도에서 탄력성을 잃게 됩니다. 그럴 때 이야기를 하는 행위는, 자신을 짓누르는 짐 같은 경험으로부터 적당한 거리를 유지하게 해 줍니다. 그리고 짐에 끌려가는 대신 그 짐을 들고 갈 수 있게 해 줍니다.

또한 이야기를 하다 보면 생각이 명료해짐을 알 수 있습니다. 그저 가끔 생각만 하던 것을 이야기하다가 음성이 밝아지고 톤이 높아진다거나 기분이 좋아진다면, 그것에 어떤 의미를 두고 있었음이 드러납니다. 예를 들어, 어떤 사람이 떡볶이 가게를 하면 어떨까 막연히 생각하고 있다고 합시다. 그 막연한 이야기를 친구에게 하면서, 점점 구체적이고 창의적인 생각들이 꼬리를 뭅니다. 운영 방식, 가게 분위기, 심지어 의자나 입구의 모습까지 생각하게 됩니다. 가게를 운영하는 모습을 상상하면 기분이 좋아지고 점점 생각이 구체적으로 다가옵니다. 이런 경우, 떡볶이 가게를 열고 싶다는 강한 욕구가 명료화된 것입니다. 이처럼 이야기하기는 자신을 알아 가는 방법이 될 수 있습니다.

파편화되어 있던 이야기를 더듬더듬 해 나가면서, 갑자기 어떤 이야기가 하고 싶어지거나, 어떤 감정, 혹은 앞으로의 방향이 한 줄의 문장으로 뚜렷해질 때가 있습니다. 그럴 때는 이야기 도중이라도 그 문장을 꼭 적어 두고 나중에 그 의미를 되새기면 좋을 것입니다.

• **지혜로운 스토리텔링의 기술**

우리는 보통 그룹 안에서 이야기를 하게 되는 경우가 많습니다. 이때 이야기를 너무 상세하게 한다거나, 혼자 많은 시간을 쓰는 것은 그룹의 역동을 지루하게 만듭니다. 그러므로 모임을 시작하기 전에 미리 준비를 해 두는 것이 좋습니다. 우선, 어떤 이야기를 할지 정합니다. 문득 떠오른 기억, 하루 중 일어났던 일,

무엇이든 좋습니다. 그리고 그 주제와 관련해 어디까지 이야기할지 범위를 정하고, 내용을 정돈하면 됩니다. 어떤 이야기든 인물, 사건, 배경으로 구성된다는 점을 기억하고, 그에 더해 느낌과 생각을 정리해 둡니다.

요즘 소셜 네트워크에 올라오는 이야기를 보면, 아무런 배경 설명 없이 사람들의 반응이나 그들이 쓴 글은 고려하지도 않은 채 자기 이야기만 두서없이 댓글로 다는 사람이 많습니다. 스토리텔링을 하는 상황에서도, 상대방이 들을 준비가 되어 있는지를 살펴보지 않고 일방적으로 이야기를 내어놓는 것은 무례한 행위가 될 수 있습니다. 그래서 좋은 스토리텔링을 위해서는 사전에 준비하고 안전한 환경을 마련해야 합니다.

또한, 안에서 소화되지 않은 어떤 내용물을 쏟아붓듯 이야기를 해 댈 때, 그 이야기를 듣는 사람은 무척 힘듭니다. 만일 자신이 이 사람 저 사람에게 계속 전화해 이야기를 쏟아내고 있다면, 자신의 삶을 소화하지 못하고 있음을 알아채고 내면의 성찰을 시작해야 할 것입니다. 학생 시절, 심신이 지친 친구가 나에게 일주일에 한 번씩 자기를 만나서 분석은 하지 말고 그냥 이야기를 들어 달라고 부탁한 적이 있습니다. 어떤 사람이라고 분석되는 것조차 두렵고, 어떤 피드백도 받을 만한 내적인 여유가 없다는 것입니다. 그만큼 내면에 정돈되지 않은 채 눌러 놓은 이야기가 많았다는 뜻인데, 본인이 그 사실을 알고 있었다는 점이 더 놀랍습니다. 하지만 무턱대고 하는 이야기를 몇 시간이고 들어 주는 것이 그리 쉬운 일은 아닙니다.

• 거울을 보는 마음으로

자신이 이야기를 잘 하고 있는지 알아보는 방법은, 이야기를 멈출 수 있는지를 확인하는 것입니다. 정상적인 속도로 이야기하고 있다면 언제나 멈출 수 있습니다. 그러나 멈추려 해도 그럴 수 없고 계속 이야기를 해야 한다면, 자신이 그 이야기를 통제할 수 없고 그만큼 해석할 수 있는 거리가 없다는 의미입니다.

그럴 때는 듣는 사람에게 어떻게 생각하는지 물어보는 것이 좋습니다. 여유 없이 너무 쫓기는 느낌이라거나 감정적인 강도가 너무 세다는 등, 상대가 해 주는 말을 들으면서 조금씩 거리를 만들 수 있습니다. 그리고 너무 강한 감정이 문제라면, 지금 무슨 감정을 느끼고 있는지, 그것이 어디서 오고 왜 지금 이렇게 큰 영향을 주는지를 나중에 숙고해 보아야 합니다.

스토리텔링은 독백이 아닙니다. 그것은 거울을 보는 행위입니다. 경청하는 사람이 마음을 다해 들어 준다는 것은 자기를 위해 거울이 되어 준다는 뜻입니다. 그러므로 상대를 바라보면서 그 사람이 보여 주는 표정을 잘 살펴보아야 합니다. 예를 들어, 자신이 경험한 일이 그저 재미있는 일이라 생각하며 경청자에게 이야기했습니다. 그런데 거울이 되어 주는 경청자의 슬픈 표정을 보고 잠시 멈추어 자신의 감정을 다시 살펴봅니다. 사실 그 이야기는 슬픈 이야기고 나의 감정도 슬픔이었지만 그것을 슬픈 이야기로 받아들이고 싶지 않았을 수 있습니다. 이렇게 듣는 사람의 표정을 살펴보면서 이야기할 때, 우리는 자신의 경험에 대해 더 많은 것을 이해할 수 있습니다.

과장과 허풍이 섞인 말투, 자식 자랑 혹은 자기 자랑을 반복하는 이야기는 듣는 사람을 지치게 합니다. 상대에게서 그런 표정을 느낀다면, 다시 돌아와 어떤 부분에서 경청자가 지쳤는지를 되짚어 보아야 합니다. 자기 자랑을 늘어놓는 사람을 좋아하는 사람은 없습니다. 이탈리아 속담에, "내 입에서 나오는 자랑은 싸구려"라는 말이 있습니다. 자기 자랑을 끝없이 해야 하는 이유를 냉정하게 짚어 보는 것도, 자신을 성찰하는 좋은 학습 과정입니다. 또한 '나는 뭐든지 잘하니까' '우리 집안은 특별하니까' '나는 좋은 대학을 나왔으니까' 등등 입버릇처럼 나오는 말투나 표현은, 순간의 기억을 가지고 만들어 낸 어떤 동상 같은 것입니다. 당연히 오늘을 사는 자신과는 거리가 있다는 사실을 기억했으면 좋겠습니다.

주변 사람들에게 특정한 이야기를 반복하는 사람은, 그것이 자신에게 너무 중요한 이야기라서 마치 고장 난 레코드처럼 계속 그 지점에 멈추게 되기 때문이기도 합니다. 듣는 사람들은 외울 정도로 익숙하지만, 말하는 사람에게는 늘 생생하고 새롭기만 합니다. 자신의 말을 듣는 사람들의 반응을 알아챌 수 있다면, 그 중요한 경험이 어떤 느낌을 주었고 자신이 어떻게 처리했는지, 그리고 지금 자신에게 무슨 의미인지를 정리해 볼 필요가 있습니다.

• 힘든 이야기를 하는 법

이야기하기에서 가장 놀라운 일은, 살면서 한 번도 해 본 적 없는 이야기를 처음으로 내뱉는 순간일 것입니다. 그 경험은 분명 당시에는 너무 압도적이어서 주관적인 영혼의 메커니즘 안에서는 해석할 수조차 없는 커다란 사건이었을 것입니다. 두려움과 수치심으로 꾹 눌러 둔 이야기를 처음으로 할 때, 우리는 그 주제에서 놓여나기 시작하는 놀라운 체험을 합니다. 그리고 막상 말로 꺼내 놓으면 생각보다 그다지 무겁지 않은 경우가 많습니다. 물론 이런 종류의 경험은 서로의 신뢰가 바탕이 된 안전한 공간에서만 가능합니다.

자신을 지배하는 어떤 이야기가 있는데 차마 입을 뗄 수 없다면, 다른 언어로 표현하는 것도 하나의 방법입니다. 힘들고 고통스러운 체험은 모국어라는 환경에서 더욱 압도적일 수 있습니다. 그래서 잘 쓰지 않는 외국어로 표현하면서 의외의 자유를 얻을 수 있습니다. 성적 수치심 때문에 '유방'이라는 단어가 상처로 다가올 때, breast라는 영어 단어를 사용하면 한결 부담이 줄어듭니다. 영어는 모국어처럼 세포 깊은 곳에 놓인 대타자는 아니기 때문입니다.

또한 사진이나 그림, 잡지와 같은 재료로 콜라주 작업을 해 볼 수 있습니다. 직접적으로 힘든 이야기를 할 수 없을 때, 어떤 이미지나 글자를 통해 에둘러 표현하면 훨씬 안정감을 느낍니다. 대학에서 내 수업을 듣는 아이자야라는 흑인 학생이 있었습니다. 오클랜드의 게토에 살던 그는 학교까지 스케이트보드를 타고 다녔는데, 수업 시간에 콜라주 작업을 통해 자신의 이야기를 매우 정직하게 소통했습니다. 그는 온통 까만색으로 칠한 바탕 위에 잠자리채로 잡은 나비 한 마리를 올려놓았습니다. 검은색은 자신이 처한 폭력적 상황에 대한 표현이었습니다. 그리고 나비가 무슨 뜻인지는 더 말하지 않아도 알 것 같아서, 나는 아이자야에게 포옹을 해도 되겠냐고 물었습니다. 그는 가만히 고개를 끄덕였고, 나는 그를 응원한다고 말했습니다. 하지만 그는 다음 학기에 학교로 돌아오지 않았습니다. 폭력에 노출된 한 젊은 영혼의 콜라주는 내 기억에 영원히 남아 있을 것 같습니다.

또 하나의 방법은 좋아하는 이야기의 주인공에게 이야기하거나 적어 보는 방법입니다. 카를 융Carl Jung은 영혼의 성장을 위해 상상력을 적극적으로 활용해야 한다고 강조했습니다. 우리는 상상을 통해 대면하기 힘든 기억이나 경험을 대면할 수 있기 때문입니다.• 누군가에게 폭력을 당했다면 좋아하는 주인공에게 자신의 상황을 이야기해 봅니다. 빨강머리 앤을 좋아한다면, 자신이 앤의 친구라고 가정하고 하굣길에 앤에게 그 일을 이야기한다고 상상해 보는 것입니다. 그렇게 하면 말이 훨씬 쉽게 나올 수 있습니다. 그리고 앤이라면 무어라고 이야기해 줄지 상상해 봅니다. 상상력은 때로 무한한 치유력을 발휘하며 새로운 가능성을 열어 주기 때문입니다.

* * *

누군가의 이야기를 경청하는 것은 그 사람의 거울이 되어 주는 일입니다. 그리고 누군가에게 내면의 일을 이야기한다는 것은 청자에게 의지하여 자신의 얼굴을 들여다보는 일입니다. 그러므로 겸손하고 정직하게 서로의 이야기를 듣고 이야기하는 것

• Robert Johnson, *Inner Work: Using Dreams and Active Imagination for Personal Growth* (New York: Harper and Row, 1986).

은 영혼의 약점과 상처받기 쉬운 연약함을 나누며 함께 성장해 가기로 약속한다는 의미입니다. 그리고 그 이야기 속에 머무르기보다, 실패와 수치의 순간에 깃든 신의 연민을 함께 만지고, 그 속에서 깊어지는 삶의 향기를 나누며, 현재라는 시간 안에서 생겨나는 의미를 새롭게 만나는 일입니다. 그러므로 스토리텔링은 아직 이름이 주어지지 않은 삶의 경험을 끄집어내어 형태를 찾고 이름을 붙이는 작업입니다.

어쩌면 영성 생활의 기초는 스스로 자기 이야기를 존중하며 듣는 데 있을지도 모릅니다. 반복되거나, 습관적으로 과장하거나, 자기를 구박하는 이야기도 따뜻하게 들어 주어야 합니다. 만약 누군가가 자신의 이야기를 경청해 준다면, 이야기 속에 담긴 더 많은 의미를 찾을 수 있을 것입니다. 스토리텔링이란 들어 주는 사람과 함께 하는 영적 수업이기에, 거울이 되어 주는 사람에게 존경과 사랑을 보여 주는 일이 가장 중요한 태도라 하겠습니다. 그리고 누군가의 이야기를 듣는 소중한 기회를 얻는다면, 미움이나 질투의 어지러운 감정을 잘 정리하고, 마음을 비우고, 겸허한 마음으로 경청해야 합니다. 텅 빈 거울이 되어 타인의 내면을 비추어 주면서 삶의 좋은 교훈들을 얻을 수 있다면, 그보다 유익한 일은 없을 것입니다.

6
여성의 몸

 기독교 영성에서는 전통적으로 몸을 영혼에 비해 열등한 것으로 여겨 왔습니다. 게다가 여성의 몸은 남성을 죄에 빠뜨리는 위험한 것으로 치부되었습니다. 그래서인지, 몸이라고 하면 일단 부담을 느끼는 여성들이 많습니다. 영성 공부에서 왜 몸에 대한 이야기를 해야 하는지 의문이 생기는 분도 있을 것입니다.

 이런 인식이 지배적인 이유는 서구 사상에서 중심축이 되어 왔던 이분법적 사고로 거슬러 올라갑니다. 플라톤의 이원론은, 세상의 원리를 보이는 세계 너머의 형상$_{idea}$과 보이는 세계의 질료$_{matter}$로 나눕니다. 이는 세계를 단순화시켜 분석하고 질서를 부여한다는 점에서 훌륭하지만, 이런 축소적 사고방식은 많은 왜곡을 일으킬 수밖에 없습니다. 더구나 단순한 구분에 그치지 않고 한쪽을 우월한 것으로 보는 데서 문제가 발생합니다. 세상의 존재들은 신과 인간, 남자와 여자, 영혼과 몸으로 나누어집니다. 그리고 몸은 영혼에 비해, 여자는 남자에 비해 열등한 위치에 놓입니다. 이런 이분법에서 여성의 몸은 이중으로 열등합니다.

여성들과 몸에 대한 이야기를 나누다 보면, 주된 고민이 신체 이미지에 대한 것입니다. 많은 여성이 자기 몸은 예쁘지 않다고, 뚱뚱하다고 생각합니다. 문제는 그런 생각이 삶의 많은 영역에서 부정적으로 작동한다는 데 있습니다. 생각이나 고민이 건강하게 몸으로 표현되는 것이 아니라, 거꾸로 몸에 대한 이미지가 고민을 만들고 자존감을 무너뜨립니다. 우리 사회는 끊임없이 우리의 신체 이미지에 왜곡된 기준을 부여하고 이를 내면화하도록 압박을 가합니다. 그래서 몸을 제대로 아는 일은 무척 중요합니다. 여성에게 몸은 사회가 부과한 규범을 벗어나 진정한 자아를 발견해 가는 공간이기 때문입니다. 몸을 이해한다는 것은 스스로 몸의 주인이 되어, 사회가 원하는 것을 원하기보다 자신의 고유한 욕망을 알아차리는 일에서 시작됩니다.

몸이란?

사전적 정의에 따르면 몸이란 하나의 생물 개체 전체를 이르는 말입니다. 그러니까 몸은 한 인격 전체를 담아내는 장소이자 궤적orbit입니다. 감각기관, 호르몬, 피부로 구성된 육체는 물론, 정신까지 포괄하는 것이 바로 몸입니다. 몸은 외부 세계의 자극을 받아들여 그것을 내면화하는 동시에, 외부에 반응하며 스스로 변화해 갑니다. 몸을 뜻하는 영어 단어 'body'가 쓰이는 용례에서 흥미로운 부분은, 그것이 여러 개인이 모인 집단 전체를 지칭하기도 한다는 사실입니다. faculty body(교수단), student body(학생단)이 그 예입니다.

• 경계

몸이 한 개체를 규정한다는 본질적인 의미에서, 몸이 가진 중요한 역할 중 하나는 경계를 만드는 것입니다. 자신의 몸을 안다는 것은 신체적·심리적·사회적 경계를 이해하는 일이라고 할 수 있습니다. 만일 몸이 없다면, 우리는 자신의 존재가 타인의 존재에 의해 침해당해도 알아채지 못할 것입니다. 심리적 경계가 없다면, 자신의 문제와 타인의 문제를 구분하지 못하게 됩니다. 자신의 경계를 지키지 못하는 사람은 쉽게 다른 사람의 통제 아래 놓이고, 반대로 다른 사람의 삶을 통제하려 들기도 합니다.

또한 우리는 몸을 지니고 사회적 시공간 안에 놓입니다. 그러므로 몸에 대해 고민하고 갈등하는 것은 사회학적 성찰을 요구하는 실존의 문제라고 하겠습니다. 우리의 몸은 다른 존재와 함께 있기에, 우리는 본질적으로 상호 관계 안에 놓인 존재입니다. 그리고 인간은 결핍을 안고 있는 불완전한 존재입니다. 나와 너, 주체와 객체의 관계 역시 늘 불완전함 속에 놓여 있습니다. 결국 삶의 방향은 우리가 몸을 통해 자기 경계 안에서 어떻게 타자와 관계를 맺어 가느냐에 따라 끊임없이 재구성된다고 볼 수 있습니다.

사춘기 때 비뚤어지는 자녀에 대해, 자기 아이는 착한데 친구를 잘못 만나서 그렇게 되었다고 이야기하는 부모를 자주 만납니다. 그것은 맞기도 하고 틀리기도 한 이야기입니다. 한 아이가 친구와 맺는 관계는 서로가 서로를 형성해 가는 상호주관적intersubjective 관계이기 때문에 그렇습니다. 몸이 설정하는 경계는 철책으로 이루어진 담이 아니라 점선, 즉 구멍이 숭숭 난 경계입니다. 몸은 만남을 통해 영향을 주고받으며 그 안에서 우리는 성장과 변화를 이루어 갑니다. 우정이든 사랑이든 모든 관계를 통해 우리는 새로운 인격을 만들어 가며, 몸은 그 만남과 성장의 장소가 됩니다.

• **정체성**

몸은 기본적으로 한 인간에게 정체성을 부여합니다. 라캉은 인간이 태어날 때부터 단선적 특성trait unaire을 몸에 새기고 살아간다고 말합니다.* 인간은 자신을 어떤 하나의 이미지에 기대어 이해하고, 그 위에서 근본 가치와 행동양식과 사고 방식을 형성합니다. 마치 태어난 아기에게 지어 주는 이름에 기대나 어떤 메시지가 담기듯이 말입니다.

피부색, 나이, 성별 등은 그 사람의 정체성을 규정하는 요소입니다. 어떤 사람이 쓰는 말투나 옷차림도 그의 사회적 정체성을 보여 줍니다. 어떤 면에서 인간은 각자의 몸에 주어진 정체성을 살아간다고 볼 수 있습니다. 하지만 정체성을 구성하는 것에는 그 밖에도 여러 요소가 있습니다. 인종이나 국적 같은 몇 가지 요소만으로 정체성을 이해할 때, 우리는 한 인간의 온전한 정체성을 인정하지 않는 것과 같습니다.

여성 모임에서 삶을 나눌 때, 가끔 자신의 현재 모습이 아닌 과거 어느 시점의 자신에 대한 이야기를 계속 하는 경우를 봅니다. 출신 학교나 자신의 외모에 대한 이야기를 지루할 정도로 반복

• Jacques Lacan, trans. Cormac Gallagher, "Seminar 4, Wednesday 6 Dec 1961", in *The Seminar of Jacques Lacan: Book IX*.

하는 사람도 있습니다. 이는 단순히 자랑하고 싶어서라기보다, 이전의 정체성을 반복해서 말하는 것입니다. 때로는 과장되고 억지스러움에도 불구하고 그런 이야기를 반복하는 이유는 무엇일까요? 아마도 과거에 자신을 규정했고 몸에 새겨졌던 정체성을 확인해야 마음이 편안해지거나, 이상적 자아 ideal ego에 못 미치는 현실의 자신을 바라볼 용기가 없기 때문일 것입니다.

정신분석학에서는 이렇게 자신의 이상적 이미지와 자신을 동일시하는 경향을 나르시시즘의 구조에서 설명합니다. 자기가 생각한 가장 좋은 가상의 이미지를 자신이라고 생각하는 첫 단계는 일차적 나르시시즘 primary narcissism 입니다. 그런데 이것이 다른 사람과의 관계로 확장되면, 자기의 이상적인 이미지를 닮은 누군가를 볼 때 질투가 심하게 일거나 상대를 해치고 싶은 공격성이 생길 수 있습니다. 이런 경우, 자신의 이상적 이미지가 내 삶에 영향을 주고 있다는 사실을 아는 것만으로도 도움이 됩니다.

결국 정체성과 관련해서 중요한 것은, 인간에게 정체성을 부여하는 사회와 문화도 결국 시간에 따라 변하고 흘러간다는 점입니다. 한때 이상적인 여성성이란 자기주장을 접고 권위에 순응하는 수동적 태도일 때가 있었습니다. 하지만 현대에는 자신의 주장을 내세우고 독립적으로 행동하는 여성상으로 바뀌어 가고 있습니다. 문화적인 목소리는 다양하고, 어떤 것도 절대적 가치가 될 수 없습니다. 그래서 자기 몸에 입혀진 정체성이 무엇이며 그것이 어디서 온 것인지 이해하고, 정체성을 스스로 만들어 가는 일은 중요한 영적 과제입니다.

사회적 구성물로서의 몸

몸 담론의 중심에 있는 철학자 모리스 메를로퐁티Maurice Merleau-Ponty는, 감각을 통해 사회적 현상을 이해하는 장소, 실존을 현실화하는 공간으로 몸을 이해했습니다.• 사실 몸은 사회적 현실과 권력 관계가 드러나는 장소로서 많은 것을 보여 줍니다. 여성들이 어떻게 걷고 어떤 옷을 입는지 등을 살펴보면서 우리는 그 사회가 여성들에게 주는 메시지를 읽을 수 있습니다.

다시 말해, 여성의 몸과 정체성은 여성 스스로 주체적으로 형성한 것이 아니라, 남성 중심 사회가 통제 가능한 대상으로 규정하며 만들어 낸 결과입니다. 그러므로 여성이 주체적인 삶을 살아가기 위해서는 몸에서 타자의 목소리를 걷어내고 자신의 경험을 중심으로 자기를 형성해 가야 합니다. 이런 맥락에서 라캉

• 《지각의 현상학》(문학과지성사).

은 인간의 몸을 빈 노트라고 말했습니다. 그것은 대타자로부터의 메시지가 기록되는 노트입니다. '너는 착실한 사람이다', '너는 순종적인 사람이다', '너는 친절한 사람이다' 등등의 메시지는 대타자의 요구demand로 우리 안에 내면화됩니다. 그래서 결국 모든 사람은 대타자의 욕구를 욕망하게 됩니다.• 앞서 말했듯이, 이 대타자는 사회, 경제, 문화의 메시지입니다.

그리스도인 여성의 경우, 여성의 리더십을 위험하게 생각한다거나, 자기주장을 논리적으로 표현하는 여성을 불편해하기도 합니다. 기독교 문화라는 대타자가 요구하는 온유함과 부지런함을 원하게 되는 것입니다. 결국 여성이 자신의 몸을 비판적으로 성찰한다는 것은, 사회와 문화라는 대타자의 목소리 속에서 자기 목소리에 더 가까운 진실을 찾아가는 과정입니다.

이처럼 몸은 사회에 의해 만들어진 사회적 구성물social construction입니다. 그리고 그렇게 구성된 여성의 몸은 삶을 통제하는 도구로 이용되어 왔습니다. 가부장적 사회에서 여성은 몸을 통해 자신을 억압하는 메시지로 둘러싸입니다. 여성의 몸은 억압이 작동하는 장소로서, 여성이 스스로 자신의 태도를 통제하도록 격려합니다. 걸음걸이나 웃는 방식에 대한 규범도 여성의 몸을 통

• *The Seminar of Jaques Lacan: Book IX*.

제하는 방식입니다. 몸을 옥죄는 속옷이나 하이힐이 여성성의 상징으로 강조되는 것은, 여성에게 수동적이고 비활동적인 존재로 머물 것을 요구하는 사회적 메시지의 강요라고 볼 수 있습니다.

코로나 시기에 미국에서는, 대표적인 속옷 브랜드인 빅토리아 시크릿Victoria's Secret의 모델이 연약하고 창백한 금발 백인에서 검은 머리에 구릿빛 피부를 지닌 건강한 근육질 여성으로 바뀌었습니다. 브랜드 색상은 분홍색에서 푸른색으로 바꾸었습니다. 속옷 광고는 소비자들의 이상적인 신체 이미지를 반영한다고 볼 때, 최근에는 운동으로 만든 근육이 있고 건강한 몸을 소비자가 더 선호한다는 사실을 알 수 있습니다. 많은 여성들이 운동복이나 요가복 같은 편안하고 자유로운 복장으로 공공장소에 나타나고, 운동화를 신고 출근하기도 하면서 여성의 몸에 대한 통제와 억압을 해체하려 합니다.

하지만 여전히 사회가 여성의 몸에 대해 주는 메시지는 폭력적인 수준입니다. 직장에 다니는 여성들은 일과 육아를 병행하며 이중으로 고통받습니다. 여전히 여성이 전문직을 가지기 어려운 형편이고, 특히 육아와 가사 노동은 여성의 일이라는 의식은 여성의 몸을 더욱 고립시킵니다. 아내가 직장 생활을 하는 경우에도, 남편들은 함께 가사 노동을 한다기보다 가사를 돕는다고 무의식적으로 생각합니다. 이렇게 사회는 여성의 몸을 향해 가사 노동에 충실하라는 메시지를 주고, 집안에 문제가 생기면 자신을 탓하도록 만듭니다.

우주적인 몸

개인을 넘어 사회, 국가, 인류, 더 나아가 지구로 확장하여 몸을 이해할 때, 삶의 태도는 근본적으로 변화됩니다. 지구화와 함께 생태계 훼손의 문제가 부상하기 시작하던 초기부터 여성신학은 이 주제에 관심을 가졌습니다. 생태 여성신학은 상대를 목적이나 도구로 보지 않는 상호적 관계에 관심하며, 상생이 아닌 정복의 관계는 폭력적이라고 주장합니다. 로즈메리 루터Rosemary Reuter, 샐리 맥페이그Sally McFague, 엘리오 델리오Elio Delio 와 같은 대표적 신학자들은, 정의는 바른 관계에 있다는 전제하에 인류가 발전이라는 메커니즘으로 환경, 지구, 인간과 맺어 온 관계가 폭력적임을 강조했습니다. 특히 가이아 이론을 소개한 로즈메리 루터는 남성성 중심의 폭력적 신관을 비판하면서, 우리의 시선을 어머니 대지로 돌릴 수 있도록 도와주었습니다. 뿐만 아니라, 이 새로운 시각은 레오나르도 보프Leonardo Boff 등이 이끈 라틴아메리카 해방신학과도 연결되어, 억압당하는 땅, 식민지를 경험한 땅과 사람에 대한 성찰이 함께 이루어졌습니다.

우주적 몸the cosmic body이라는 개념도 우주적 그리스도와 관련하여 새로운 영성적 관심을 끌고 있습니다. 골로사이서는 예수 그리스도가 단순히 인간을 위한 구원자를 넘어 우주적 차원에서의 그리스도(골로사이 1:15-20)라고 고백합니다. 이 책에서 설명하는 하느님은 인간을 창조하고 구원할 뿐 아니라 우주 전체를 주관하는 신입니다. 고생물학자였던 프랑스 신학자 피에르 테야르 드 샤르댕Pierre Teilhard de Chardin은, 우리의 몸이 점차 우주적 통합을 향해 진화해 가며 그 궁극적 지점인 오메가 포인트omega point에서 우주적 그리스도의 몸과 일치하게 될 것이라고 말합니다.

인간 중심적으로 발전해 온 기독교적 세계관은, 점차 그 시각을 우주적으로 확장하고 있습니다. 이전에는 인간이 환경을 자유롭게 착취하고 이용하는 것을 당연시하고, 나아가 남성이 여성을 착취하고 정복자가 피정복자를 학대하는 것을 정당화하였습니다. 마태오의 복음서 28장 16-20절에는 부활하신 예수님이 지상 과제를 주시는 장면이 나옵니다. 제자들에게 하늘과 땅의 권세를 준다는 이 말씀은 폭력적이고 이기적으로 해석되어 왔습니다. 하늘과 땅의 권세를 갖는다는 말이 자연을 포함한 모든 대상을 인간의 이권을 위해 사용할 수 있다는 뜻이라 여긴 것입니다. 우리는 기나긴 역사를 통해 주님의 이름으로 많은 착취과 폭력이 합리화되었음을 인정할 수밖에 없습니다. 그리고 이제는 새로운 패러다임으로 세상을 볼 필요가 있습니다.

  그런 점에서, 개별 인간의 몸이 주체와 대상의 상호적 관계 안에 놓여 있다는 인식은 중요합니다. 우리는 타 생명과의 일방적 관계를 넘어서, 함께 작용하고 상생하는 관계를 추구해야 합니다. 특히 여성의 자기 이해에서 몸에 대한 이러한 관점은 매우 핵심적입니다. 이는 타인과 공존하면서도 자기를 완전히 해체하지 않을 힘을 주기 때문입니다. 누구도 다른 누군가의 삶과 생명을 주관할 수 없고, 우리는 서로 연결되어 함께 살아간다는 관점은 삶의 태도를 바꾸는 힘이 됩니다. 그럴 때 타자가 강요하는 부당한 요구를 거부할 용기가 생깁니다.

신체 이미지

  사람들에게는 저마다 자기 몸에 대한 이미지가 있습니다. 이미지란 마음속에 어떤 대상을 사진처럼 찍어 둔 상을 말하며, 따라서 이미지가 실재는 아닙니다. 하지만 사람들은 자신을 그 이미지와 동일하게 여기며 살아갑니다. 그리고 많은 여성이 자신의 신체 이미지로 인해 고통을 겪습니다. 왜냐하면 사회가 이상적인 여성의 신체 이미지를 규정해 놓았기 때문입니다. 현대 사회는 마른 몸을 선호해서, 살이 찐 사람은 자존감이 낮은 경우가 많습니다. 대학에서 가르칠 때, 많은 여학생들이 자기의 몸이 싫다고, 뚱뚱해서 남자들이 싫어하는 것 같다고 말하던 것이 기억납니다.

이런 상황을 더 부추기는 것이 바로 미디어를 통해 세상을 잠식하고 있는 조작된 이미지들입니다. 아침에 일어나서 소셜 미디어를 열면, 아름답고 부러운 장면들이 우리를 압도합니다. 최고의 모습으로 연출된 대상과 초라한 자신을 비교할 때, 우리는 마음이 한없이 위축됩니다. 하지만 분명한 것은, 어떤 사람이 올린 사진은 순간의 이미지일 뿐 그 사람이 아니라는 사실입니다. 최소한 그 사람의 총체적 인격 혹은 몸은 아닙니다. 이미지란 언제나 특정 각도와 시선을 전제로 합니다. 환등기의 빛으로 그림자를 비추어 보는 그림자놀이와 비슷한 것입니다.

현대 소비 사회는 이런 조작된 이미지를 적극적으로 활용합니다. 우리는 광고에서 어떤 예쁜 모델이 가지고 있는 상품을 사면, 그의 우아함과 젊음을 얻을 수 있다고 믿게 됩니다. 모델의 행복한 표정은 그 물건을 획득했기 때문이라는 느낌이 들지만, 사실 그의 표정은 비어 있는 것이며, 보는 사람이 자기의 욕망을 투사한 것일 뿐입니다. 그리고 이렇게 완벽해 보이는 모델도 자신의 신체 이미지 문제가 있다는 점을 기억해야 합니다. 허리가 굵다거나, 어깨가 너무 넓다는 식의 부정적인 신체 이미지를 호소하는 유명인들의 사례를 우리는 쉽게 접할 수 있습니다.

영국의 정신분석학자 수지 오바흐Susie Orbach는 그의 책《몸들 Bodies》에서, 심리학이 처음 발달할 때는 천식이나 몸에 나타나는 증상을 보고 마음의 증상을 치료했는데, 이제는 반대로 몸이 마음의 병에 영향을 끼친다고 말합니다.* 엄밀히 이야기하면, 몸과 마음이 서로 다른 것이 아니고, 몸의 형태에 대한 현대의 사회문화적 집착이 삶의 질에 깊은 영향을 주게 되었다고 하는 쪽이 더 정확한 표현이 될 듯합니다. 그리고 여성에게 이것은 더 심각한 문제가 됩니다.

미국에서 언젠가 피정을 하다가, 각각 자기 몸에 대해 가진 이미지를 묵상하고 나누는 시간을 가졌습니다. 그때 한 여성 목사님은 아무 이야기도 나누지 않았는데, 그날 밤 퉁퉁 부은 눈으로 내 방을 찾아왔습니다. 자기가 본 이미지는 암소라고 했습니다. 특히 궁둥이가 너무 크게 솟아오른 암소였고, 도저히 참을 수 없어 그 이미지를 걷어찼다고 했습니다. 우리는 함께 앉아서, 암소 같은 여자라는 소리를 누구에게 들었는지 기억을 더듬어 보았습

---

* Susie Orbach, *Bodies* (New York: Pacdor, 2009), p. 17.

니다. 자신은 어린 시절 마르고 조그만 아이였는데, 중학교에 가서 갑자기 살이 찌고 하체가 유난히 커졌다고 했습니다. 그때, 남자아이들이 자기를 암소라고 부르면서 놀렸다고 했습니다. 이후 성서의 예언서에서 사회 정의에 둔감하고 자기 욕심만 차리는 여성을 지칭하는 '바산의 암소' 같은 표현이 나오면, 그 구절이 특별히 자신에게 예언자가 퍼붓는 비난으로 들렸다고 했습니다.

그분은 한 해 동안 열심히 신체 이미지 해체 작업을 했습니다. 실제로 살을 빼고 싶은 곳이 어디인지를 생각하고, 집중적으로 운동을 했습니다. 그는 골반이 발달하긴 했지만 그다지 심한 편은 아니었습니다. 사실, 몸은 중립적인 것입니다. 물론 키가 큰 사람도 있고, 마른 사람도 있습니다. 그러나 거기에 어떤 가치를 부여해 몸을 비하하거나, 몸을 제대로 바라볼 용기를 내지 못한 채 지레 겁을 먹는다면, 그것은 몸 자체가 아닌 신체 이미지의 문제입니다.*

핵심은 몸 그 자체와 몸에 대한 이미지는 다르다는 것을 인식하는 것입니다. 신체 이미지 문제란 결국 몸에 주어진 사회적·문화적 메시지와, 자신이 가진 이미지가 충돌하면서 생기는 심리

---

* 제시 닐랜드, 《바디 뉴트럴》(옐로브릭). 이 책은 신체를 긍정하고 사회문화적으로 주어진 메시지를 해체하는 방식을 구체적이고 실천적으로 논의한다.

적 고통입니다. 그래서 몸의 이미지와 실재를 구분하는 일이 중요합니다. 건강이나 다른 목적을 위해 살을 빼고 싶어서 계획을 세워 몸을 바꾸어 나가는 것은 좋은 일입니다. 그러나 순간의 이미지를 자신의 전부로 인식하고 무턱대고 괴로워하는 것은 매우 해롭고 생산적이지 않은 태도입니다.

몸이 여러 가지 심리적·육체적 고통을 줄 때, 우리는 두 가지 선택을 할 수 있습니다. 우선 그것이 바뀔 수 없는 문제라면 받아들이는 훈련을 해야 합니다. 만약 바꿀 수 있는 문제라면 구체적으로 바꾸어 가는 노력을 해야 합니다. 그런데 그런 노력을 도저히 할 수 없다면, 단순히 스스로를 게으르다고 탓하기보다 그 요인들을 하나하나 찾아보아야 합니다.

자신의 살찐 몸에 대해 극도로 화가 난다거나 사람을 만나기가 싫어질 정도로 과도한 반응이 올라올 때, 그것은 몸의 문제가 아니라 이미지의 문제임을 알아차려야 합니다. 그리고 마른 몸을 찬양하는 사회에서 자신은 어떤 몸의 형태를 유지하고 싶은지, 그렇게 하기 위해 어떤 삶의 태도를 지닐 것인지를 생각해 봅니다. 자신의 신체 이미지에 대해 사람들과 진지하게 대화를 나누어 보는 것도 좋습니다. 그리고 기억해야 합니다. 이미지가 넘쳐 나는 시대에 우리가 보는 것은 실재가 아니며, 몸에 대한 이미지도 우리의 느낌 혹은 인상이라는 것, 몸은 이미지 그 이상의 어떤 것임을 말입니다.

　마지막으로, 우리가 이상적으로 생각하는 이미지도 결국 시대에 따라 변합니다. 한때는 동그란 얼굴에 쌍꺼풀이 선호되다 어느새 날렵한 턱선에 쌍꺼풀이 없는 얼굴로 선호도가 바뀌듯, 아름다움의 기준은 시대에 따라 바뀝니다. 결국 이상적 이미지도 사회가 끊임없이 새롭게 구성하는 것이기 때문입니다. 그러므로 범람하는 이미지의 홍수 속에서, 우리는 자신이 추구하는 이상적인 이미지는 무엇이고, 그것은 어디에서 왔으며, 지금 시점에서 무엇을 따를 것인가를 성찰하고 식별할 수 있어야 합니다.

성, 섹슈얼리티, 젠더

　몸에 대해 성찰할 때, 성만큼 민감한 사안은 없을 것 같습니다. 도덕률에 의해 무수한 금지와 수치를 뒤집어쓴 성은 사람들에게 불편과 죄의식을 불러일으켜 왔고, 그만큼 영적 성장과 연관된 중요한 주제입니다. 몸을 구성하는 한 요소인 육체성corporality은 사회적인 요소와 함께 작동합니다. 남자 혹은 여자 됨의 의미와 각각의 역할에 대한 질문을 다룰 때, 이는 육체성의 문제와 역할 및 힘의 관계가 얽힌 사회적 문제로 나뉩니다. 그러므로 먼저 성sex,

섹슈얼리티sexuality, 젠더gender를 구분할 필요가 있습니다. 현대 담론에서 가장 중요한 쟁점은 이 세 가지가 고정된 것이 아니라 유동적이라는 점입니다. 성과 섹슈얼리티와 젠더는 모두 시대와 문화에 따라 변하고, 이해도 달라지며, 따라서 이에 대해 개인과 사회가 내리는 정의는 '위치'이지 '사실'이 아니라는 것입니다.

성sex은 인간을 생물학적으로 구분하는 방식입니다.* 기본적으로 남자와 여자는 성기를 통해 구분됩니다.

일반적으로 여성은 월경을 시작하고 가슴이 나오기 시작하면서 여성적인 성을 뚜렷이 드러내고, 성에 대해서 눈을 뜨기 시작합니다. 아이에서 여성으로 변해 가는 이 시기는 많은 이들에게 당혹스러움 또는 놀라움으로 기억됩니다. 조숙한 아이들은 초등학교 때 벌써 여성스러운 몸을 가지기 시작하면서 불편과 고통을 느끼기도 합니다. 여성들이 신체적 변화를 겪으면서 듣게 되는 목소리는 우려와 걱정입니다. "이제부터 조심해야 한다", "밤에는 밖으로 돌아다니면 안 된다", "남자 조심해" 등 주로 부정적이고 방어적인 목소리입니다. 사회가 여성성으로서 강요하는 메시지가 주어지기 시작하는 것입니다.

---

* 영어로 'sex'는 'making love' 'intimacy' 'intercourse' 등으로 표현되는 성행위와 혼용되긴 하지만, 일차적으로는 남자인지 여자인지를 공식적으로 구분하는 단어다.

미셸 푸코 Michel Foucault 는 성이 가부장적 사회에서 개별 인간을 통제하는 수단으로 사용된다고 주장했습니다. 그에 따르면, 우리는 성을 매개로 끊임없이 타인의 시선 앞에 놓이게 됩니다. 그는 이런 상황을 파놉티콘 panopticon 이라는 감옥에 비유합니다. 파놉티콘이라는 360도 구조의 감옥 안에서, 수감된 사람은 누가 보고 있는지 모르는 상태에서 끊임없이 감시의 시선에 노출됩니다. 이런 구조에서는 사회 규범이 내면화되면서, 스스로를 가혹하게 통제하는 병적인 상태로 가게 됩니다.* 이처럼 현대 사회의 많은 사람들이 성적 규범과 관련해 타인의 시선을 의식하는 것 이상으로 스스로를 끊임없이 관찰하고 주시하고 있으며, 이런 현상을 파놉티시즘 panopticism 이라고 합니다. 특히 자신의 성 정체성이 사회 규범에 어긋날 때, 사람들은 적극적으로 자기를 통제하고 억압하며, 심지어 혐오하기도 합니다.

그러므로 성기를 기준으로 남녀를 구분하는 문제가 결코 단순하지 않은 것은, 사회적 권력과 권위, 사회적 용인과 소외, 더 나아가 자기 수용과 자존감 등 여러 주제와 연결되어 있기 때문입니다.**

---

* Michel Foucault, *Discipline and Punishment: The Birth of the Prison* (New York: Vintage Books, 1996), pp. 195-226.《감시와 처벌》(나남).
** 성과 권력의 관계를 보려면, 푸코의《성의 역사》(나남)를 참고하라.

섹슈얼리티는 성보다 더 포괄적인 개념으로, 성적 감수성, 경험, 지향 등을 포함해 그로부터 비롯되는 활동까지 아우릅니다. 성이 생물학적 여성과 남성을 구분하는 개념이라면, 섹슈얼리티는 그것을 기반으로 형성되는 개인적·사회적 반응과 삶의 태도 전반을 의미합니다. 한 개인의 섹슈얼리티는 종교, 사회, 가족 문화와 깊은 관련이 있습니다. 예를 들어, 성적인 것을 금기시하거나 불편해하는 가정 환경에서 자란 사람들은 성에 대해 부정적 태도를 유지할 수 있습니다. 또 기독교의 보수적인 문화는 동성애를 금기시하고 적대시하는 경향을 보이기도 합니다.

섹슈얼리티는 특히 감정과 깊은 연관이 있습니다. 기쁨, 슬픔, 놀라움, 미움, 사랑 등 다양한 감정을 충분히 느끼고 표현할 때, 섹슈얼리티는 활짝 피어나고 풍부해집니다. 성적 자아가 위축되거나 성적 정체성이 억압되면 그 사람 본연의 아름다운 모습이 살아나지 못하고, 정서적으로 위축됩니다. 있는 그대로의 자기 모습을 받아들일 때 자연스러운 감정이 드러날 수 있고, 감정이 자연스럽게 표현될 때 섹슈얼리티가 잘 발현됩니다.

사람은 자신의 고유한 모습이 자연스럽게 우러나올 때 아름답습니다. 아름다움이란 결국 하느님이 창조하시면서 우리 안에 심어 놓으신, 하느님의 면모를 지닌 어떤 신성한 조각임을 인정한다면, 우리 한 사람 한 사람 안에 있는 아름다움은 찾아져야 합니다. 그 아름다움을 찾아내는 것은 있는 그대로의 느낌과 생각을 솔직하게 표현할 수 있을 때 가능합니다. 윤리적인 사람이 되기 위해서 우리는 행동을 수정합니다. 하지만 (아름다운 이미지를 갖는 것이 아니라) 아름다운 인간이 되기 위해서는, 고유하고 자연스러운 웃음과 탄식을 표현하도록 스스로를 격려해야 합니다.

성서를 읽으면, 예수님은 참 아름다운 분이심을 느낄 수 있습니다. 어떤 사람을 대견하게 보기도 하고, 친구가 슬퍼하면 함께 울고, 성전에서 장사하는 위선자들에게 화를 내기도 하며, 돌아가시는 순간에는 하느님께 왜 자신을 버리시냐고 탄식도 하십니다. 기독교 영성의 핵심은 그런 아름다움에 있습니다. 그것은 무결점을 뜻하는 말이 아니라, 온전하다는 뜻입니다. 자연스럽게 울고 웃는 그 온전함이 영혼의 아름다움을 드러냅니다.

그럼 영성에서는 섹슈얼리티를 어떻게 다룰까요? 첫째, 자기에 대한 이해입니다. 한 인간으로서 자신의 성적 정체성을 알아가는 것은 자기 이해를 위한 근본적 작업입니다. 결혼했든 독신이든, 자신이 어떤 성적 지향을 가지고 있고 그런 지향이 내적 생활에 어떤 영향을 주는지를 이해해야 합니다. 모든 사람이 자신의 성 정체성과 삶의 방식이 일치하지는 않을지도 모릅니다. 하지만 현재 삶의 자리에서 억압된 부분은 없는지 살펴보는 것은 정말 중요합니다.

둘째, 사회가 변화하면서 섹슈얼리티에 대한 이해도 함께 변화해 가는 현상을 주시합니다. 이런 이해를 통해 교회와 사회가 어떤 사람들을 폭력적으로 억압할 수 있음을 인정하고, 새롭게 사람들을 만나야 합니다. 만약 자신이 억압받는 그룹에 속해 있다면, 자신의 경험을 있는 그대로 나눔으로써 새로운 인식을 형성할 수 있도록 기여할 수 있습니다. 답을 알고 있다는 태도에서 벗어나 타인의 이야기에 귀 기울이면서, 숨겨진 삶의 경험을 함께 찾아가는 일은 소중한 작업입니다.

젠더는 사회적으로 구성된 개념으로, 남성과 여성의 역할을 구분하고 규정하는 방식을 의미합니다. 어느 사회든 여성에게 특정한 행동, 직업, 옷차림을 요구하는 규범이 있습니다. 주디스 버틀러Judith Butler의 책《젠더 트러블Gender Trouble》표지에 실린 사진은 이것을 간명하게 보여주는 예입니다.* 사진에 실린 두 아이는 쌍둥이 자매입니다. 한 아이는 긴 머리에 원피스를 입었고, 다른 아이는 짧은 커트 머리에 반바지를 입었습니다. 만약 우리 시선이 생물학적으로 여자인 두 아이를 남자와 여자로 구분하고 있다면, 그 시선에는 여성은 어떠해야 한다고 요구하는 메시지가 담긴 셈입니다.

---

* 번역서에서는 문학동네에서 출간한 2008년판 표지에 이 사진이 실려 있다.

역할을 구분할 때 남성과 여성의 생물학적 차이를 준거로 삼는 것은 결국 성차별입니다. 주디스 버틀러는 이러한 젠더 구분이 가부장적 질서를 강화할 뿐이라고 비판합니다. 그렇게 여성의 역할을 규정하고 행위를 구속하는 것은, 여성의 자유로운 사고를 제한하는 결과로 이어집니다. 이는 또 여성에 대한 고정관념을 만들어냅니다. 여성은 남성보다 약해서 보호받아야 하는 존재, 혹은 이성적이지 못한 존재라는 딱지가 붙습니다. 그 결과, 여성을 보호한다는 명목으로 여성의 활동은 제약되고, 가정 경제는 남편의 책임이라는 인식이 자연스럽게 받아들여집니다.

특히 기독교 역사에서 여성에 대한 평가는 늘 축소되거나 왜곡되었습니다. 침묵하고 온순하게 순응하는 여성은 신앙적으로 칭송받았지만, 공적인 문제를 제기하거나 교회의 불의를 비판하는 여성은 마녀로 낙인찍혀 이단 심판을 받고 화형을 당하기도 했습니다. 19세기에는 사회적 제약 속에서 의식이 깨어 있었던 여성들 가운데 자살을 택한 이들도 많았습니다. 이는 단순한 개인의 비극이 아니라, 여성이 처한 사회적 조건이 얼마나 억압적이었는지를 보여 줍니다. 따라서 21세기를 사는 여성에게 매우 중요한 과업은 외부로부터 주어진 성 역할을 비판적으로 이해하고, 자신에게 가장 편안하고 자기답게 피어날 수 있는 삶의 형태를 발견하는 일입니다. 또한 그 삶을 살아가기 위해 필요한 자원을 찾고 활용할 수 있는 힘을 갖추어 가야 합니다.

말하고 쓰는 몸, 언어를 회복하기

여성의 몸은 오랜 시간 사회적 규범과 타자의 메시지를 통해 정의되고 통제되어 왔습니다. 이 억압에서 벗어나기 위해 여성에게 절실했던 것은 읽고 쓰는 일, 즉 언어의 회복이었습니다. 그런데 여성이 언제부터 글을 썼을까를 생각해 보면, 고대와 중세시대의 소수를 제외하고는 대다수 여성은 오랫동안 글을 쓸 수 없었음을 알 수 있습니다. 중세 유럽에서 최초로 글쓰는 일로 생계를 이어 간 크리스틴 드 피잔 Christine de Pizan은, 남편을 잃고 홀로 생계를 이으면서 여성의 동등한 인권을 주장했던 페미니스트입니다. 그의 책《여성들의 도시를 위한 보물 Le Trésor de la Cité des Dames》은 당시의 보편적인 생각, 즉 여성은 지적이지 못하다는 주장을 반박한 것으로 유명합니다. 그는 여성이 지적이지 못한 것은 교육받지 못해서(나는 이를 '글을 몰라서'라고 해석하고 싶습니다) 지식을 확장할 수 없기 때문이라고 지적합니다.[*] 그러니까 글로

---

* Gloria Fiero, *The Humanistic Tradition 2* (Boston: McGraw Hill, 2006).

이루어진 인간의 문명에서 여성은 오랜 시간 문자의 부재 속에 살아야 했습니다. 셰익스피어가 인간의 영혼에 새겨질 만한 세기의 문장을 쓸 때, 자기의 생각을 글로 쓰고 삶을 성찰할 수 있었던 여성은 소수에 불과했습니다. 설사 그보다 더 좋은 글을 쓸 수 있었더라도 여성의 글을 출판해 줄 곳은 없었습니다.*

 그런 면에서, 자기를 표현할 언어를 잃은 이민자의 삶 역시 남이 알려 주는 대로 받아쓰기하는 삶입니다. 태어난 장소와 살아가는 장소가 주는 차이에서 정체성은 부서지고, '내가 누구인가'라는 의문으로 상처받고 자존감은 위기에 처합니다. 떠나온 문화도 더 이상 자신의 것이 아니고, 새로 정착하게 된 문화에서는 이방인입니다.** 낯선 언어를 배우며 혀를 구부리는 고통은 이민자의 몸이 겪는 수난입니다. 재미 행위예술가 차학경은 《딕테》에서 '잘려진 몸'이라는 표현을 씁니다. 그는 캘리포니아 대학교 캠퍼스에서 '목소리voix'라고 쓰인 하얀 재갈을 입에 물고 퍼포먼스를 했습니다. 목소리를 잃은 이민자의 정체성과 소외라는 경험을 상징적으로 드러낸 행위였습니다.

-   Ramie Targoff, *Shakespeare's Sisters: How Women Wrote the Renaissance* (New York: Knopf, 2024).
-   Jung Eun Sophia Park, *A Hermenuetic on Dislocation as Experience* (New York: Peter Lang, 2008).

말할 수 있고 쓸 수 있을 때 우리는 주체로서 존재할 수 있습니다. 사회적 억압에서 해방된 몸을 찾기 위해, 우리는 자신의 이야기를 말하고 써야 합니다.

7

감정을 다루는 법

 어떤 중요한 사건을 이야기하면서 그때 어떤 감정이었는지는 잘 모르겠다고 말하는 여성들이 종종 있습니다. 이는 감정을 느끼고 표현하는 것을 부정적으로 대하는 문화와 관련이 있을 것입니다. 언젠가 피정에서 나를 지도해 준 영성 지도자가 말해 주었듯, 감정을 모르는 것은 마치 어두운 방 안에 앉아 어디서 날아오는지도 모르는 주먹을 맞고 있는 것과 같습니다.

 감정은 나쁜 것이 아닙니다. 오히려 그것은 삶의 신비를 통해 하느님을 만나도록 안내하는 친절한 손님일지도 모릅니다. 그런데 기독교 신학 전통에서는 오랫동안 감정, 특히 분노나 미움을 부정적으로 바라보는 경향이 있었습니다. 감정을 절제하는 것을 그리스도인의 성숙함의 표지로 여기며, 감정이 풍부하고 잘 표현하는 여성을 미숙한 인간으로 보는 경우도 많습니다. 남성이 화를 내면 조심스럽게 무엇이 그를 화나게 했는지 고민하지만, 여성이 화를 내면 개인의 문제로 치부합니다. 일반 문화에서도 그렇습니다. 갱년기 여성의 감정 상태를 부정적으로 대상화하여 광기처럼 표현하는 소설도 있습니다. 드라마를 보면, 당연히 화를 내야 할 상황에서 화를 내는 여성을 히스테릭한 인물로 묘사하면서 대화가 불가능한 상태라고 일축해 버리는 장면이 흔하게 등장합니다.

하지만 현대 영성에서는 자기를 이해하는 인식론적 과정의 일부로 감정을 중요하게 다룹니다. 감정 지능emotional intelligence이라는 개념은 감정을 인식하고 이해함으로써 삶을 풍요롭게 누릴 수 있음을 보여 줍니다. 여성 영성은 스토리텔링을 통해 자신의 삶을 해석하고 자기가 누구인지를 탐색하는 방식을 강조하는데, 그 과정에서 감정은 언제나 존중되어야 합니다. 감정은 자기 안에 어떤 중요한 일이 일어나고 있는지 알려 주는 친절한 경고등 같은 것이기 때문입니다. 그러므로 감정을 비이성적인 것으로 치부하지 않고, 이해하고 잘 받아 안는 일은 여성 영성에서 매우 중요한 작업입니다.

감정이란 무엇인가

한국어로는 모두 '감정'이라고 번역되지만 영어에는 감정의 세부적인 양태를 구분하는 단어들이 있습니다. 먼저 'emotion'은 자극에 대한 신체적·생리적 반응을 의미하고, 'feeling'은 이 반응을 의식적으로 이해하고 해석한 것입니다. 제임스 화이트헤드James Whitehead와 이블린 화이트헤드Evelyn Whitehead에 따르면, 감정은 각성, 해석, 행동이라는 세 가지 구성 요소로 설명됩니다.*

첫째, 감정은 몸에서 일어나는 각성입니다. 얼굴이 붉어지거나, 숨이 가빠지거나, 식은땀이 흐르고 가슴이 쿵쿵 뛰는 등 감정은 다양한 신체 증상과 함께 표현됩니다. 하지만 아직은 이것이 어떤 감정인지 분명하지 않습니다. 숨이 가쁘고 얼굴이 화끈거리는 것이 분노 때문인지 수치심 때문인지는 상황 해석에 따라 다를 것입니다.

둘째, 각성에는 해석이 뒤따릅니다. 몸에서 일어난 반응이 무엇 때문인지를 이해할 때, 우리는 그 감정에 이름을 붙일 수 있습니다. 나는 충격적인 소식을 들으면 머리에서 손끝까지 전기가

• James Whitehead and Evelyn Whitehead, *Shadows of the Heart: A Spirituality of the Negative Emotions* (New York: Crossroad, 1994), pp. 11-13를 참고하라. 이 책은 특히 분노와 같은 부정적 감정의 소중함에 대해 잘 설명하고 있다.

퍼져 가는 듯한 느낌을 느낍니다. 믿었던 사람에게서 배반당했다고 느낄 때 이런 반응이 일어납니다. 나는 이제 몸에 이런 반응이 일어날 때마다, 내가 접한 소식이 상상치 못한 어떤 것이고 그로 인해 깊은 배반감을 느꼈다는 사실을 바로 알아차립니다.

어떤 감정이 가져올 감당할 수 없는 결과와 그 해결 과정을 생각하면 불편하고 두려워서, 해석 작업을 미루고 괜찮은 척 억누를 때, 몸에 다른 증상이 나타나기도 합니다. 소화가 안 되거나 어지럽고, 두통이 생깁니다. 한국 사람에게만 있다는 화병은 삶에서 일어나는 사건에 수반되는 감정을 억누르거나 무시한 결과로 생길 수 있습니다. 신체적 반응이 나타날 때 이를 잘 해석하기 위해서는 자신의 삶의 이야기에 익숙해져야 합니다. 자신의 삶에 반복적으로 가해진 압박과 폭력성에 대해 최소한 이야기할 수 있어야 하고, 나아가 무슨 일이 일어난 것인지 이해할 수 있어야 합니다. 다시 말해, 자신이 처한 사회적·경제적·문화적 정황을 이해할 때, 우리는 비로소 신체에서 일어나는 각성과 반응에 이름을 붙일 수 있게 됩니다.

감정은 사회적 구성물입니다. 만일 사회가 여성의 분노를 정확히 지칭하는 언어를 제공하지 않는다면, 여성은 자신에게 일어나는 이러한 몸의 각성을 '분노'가 아닌 다른 이름으로 이해하거나 표현하게 될 것입니다. 19세기의 많은 지성적 페미니스트들이 우울감이나 자살 충동을 겪었다는 사실을 우리는 이런 측면에서 곰곰이 되새겨 보아야 합니다. 자크 라캉은 감정이란 말로 표현하지 못하는 어떤 잔여의 것이 몸으로 드러나는 것이라고 주장했습니다.• 그렇다면 우리는 몸에서 일어나는 반응을 알아차리고 그것이 무엇을 의미하는지 점검하고 해석하는 훈련을 해야 합니다.

마지막 단계는 행동입니다. 감정은 우리를 움직이게 하는 동력이며 그 안에는 에너지가 담겨 있습니다. 예를 들어, 우리가 사회에서 불의를 목격할 때, 목이 뜨거워지고 가슴이 쿵쾅거린다는 것을 알아차리고 그것을 불의에 대한 분노라고 해석한다면, 우리는 그에 대해 어떤 행동을 하게 됩니다. 사람들과 협력해서 행동을 할 수도 있고, 소셜 미디어에 글을 쓸 수도 있을 것입니다. 중요한 것은 위대한 행동을 하는 것이 아니라, 자신의 감정에 충실하게 움직이며 삶을 이해하고 또 살아내는 것입니다. 우리는 몸의 반응에 기반해서 감정을 감지하고 그것이 기억에 남게 되는데, 이는 미래의 결정에도 영향을 줍니다. 우리가 삶을 설계하고 방향을 결정할 때 이 기억들이 떠오르면서 긍정적이든 부

• *The Seminar of Jacques Lacan: Book IX*, p. 311. http://www.lacaninireland.com/web/wp-content/uploads/2010/06/Seminar-IX-Amended-Iby-MCL-7.NOV_.20111.pdf. 이 웹사이트는 라캉의 강의와 기타 연구들에 대한 영어 번역물을 무료로 제공한다.

정적이든 영향을 미칠 수 있습니다.* 그러므로 감정을 섬세하게 바라보는 훈련을 하면 감정이 말해 주는 삶에 대한 메시지를 찾을 수 있습니다.

한편, 내가 잘 아는 이슬람 사원의 한 이맘이 들려준 이야기는 감정과 행동의 좀 더 복잡한 관계에 대해 생각해 보게 합니다. 자신은 정말 참치를 싫어한다고 말하면서도 매일 참치 샌드위치를 도시락으로 싸 오는 사람이 있었습니다. 얼굴이 벌개져서는 씩씩거리며 도시락을 집어 던지기까지 하는 그는 누가 봐도 참치 샌드위치를 싫어하는 사람이었습니다. 그래서 동료가 조심스럽게, 아내와 관계가 안 좋은 거냐고 물었습니다. 그는 그렇지 않다고 했습니다. 다른 동료가 아내에게 다른 도시락을 싸 달라고 하면 어떻겠냐고 물으니, 도시락은 자신이 싼다는 것이었습니다. 어쩌면 감정을 아는 것과 행동을 고치는 것 사이에는 큰 간극이 있는지도 모르겠습니다. 자신이 싫어하는 참치 샌드위치 도시락을 싸는 행동에 대해 제대로 성찰해야만, 그는 아마도 다른 도시락을 싸게 될 것입니다.

• Randy Taran, *Emotional Advantage: Embracing All Your Feelings to Create a Life You Love* (New York: Saint Martin, 2019), p. 4. 《감정은 패턴이다》(유노북스).

감정 훈련

 감정과 친해지기 위해서는 훈련이 필요합니다. 감정에 대한 훈련이란, 감정에 이름을 지어 주고(name), 길들인다는(tame) 의미입니다. 이름을 짓는 일은 관심을 가지고 그 존재를 관조하는 것입니다. 거기에는 어떤 선입견이나 편견이 없습니다. 그저 그 대상이 어디서 와서 어디로 가는지를 바라보는 것입니다. 그러나 사회적으로 여성에게 용인되지 않는 분노나 미움 같은 감정을 그대로 바라보는 일은 영적 모험이 되기도 합니다.

• **이름 짓기**

 감정에 이름을 지어 주는 것은, 몸에 일어나는 반응을 살펴보면서 그 감정을 해석하는 일입니다. 그리고 미움, 질투, 두려움, 분노 같은 이름을 붙이는 것입니다. 어떤 감정을 마음 깊은 곳에 눌러 놓고 '내 어린 시절은 행복했다', '나는 좋은 환경에서 자랐다'는 식으로 자신이나 가족이 만들어 놓은 이야기에 스스로를 맞추는 태도는 특히 경계해야 합니다. 그러면 진짜로 아픈 기억과 그와 관련된 감정을 잘 기억하지 못하게 됩니다. 인생이란 적당히 그렇게 살아가는 것 아닌가 생각할 수도 있겠지만, 그렇게 산다면 삶과 실재 사이에 거리가 생기면서 '이게 정말 내 삶인가' 하는 의문이 들지도 모릅니다. 자기 정도면 괜찮은 삶을 산 거라는 식의 이야기만 반복하면, 말하는 사람도 듣는 사람도 지루해져 갑니다. 그리고 자신의 실제 삶과 자신이 반복하는 내러티브˙ 사이의 간극으로 인해 어떤 석연치 않은 감정이나 불만이 계속 쌓일 것입니다.

영성적 인간이 된다는 것은, 상처와 결점으로 점철된 삶에서 하느님이 우리를 어떻게 이끌고 빚어 가시는지에 집중하는 일입니다. 상처와 수치 없는 삶은 없습니다. 영광의 삶만을 산 사람이 있다면, 그에게서는 사람 냄새가 나지 않을 것입니다. 우리가 어둠 속에서 경험한 삶과 느낌을 다시 들여다보는 것은, 거기에 하느님의 은총과 섭리가 숨겨져 있다는 신앙에서 비롯됩니다. 만약 스스로 지닌 능력을 충분히 펼치지 못해 아쉽고 억울하다면, 그런 감정을 여과 없이 표현해 보는 것도 좋습니다.

또 한 가지 주의할 것은, 이름을 잘못 짓는 것입니다. 내가 근무하던 대학이 문을 닫기 전까지의 몇 년간은 내 인생에서 가장 힘든 시간이었습니다. 학생을 지원하는 업무를 보던 사무실이 축소되고 강의실 환경을 관리하는 직원들이 줄어들면서, 당연히

˙ 내러티브라고 언급한 것은, 삶의 이야기에 주제를 부여하고 기억이나 삶의 진실들을 특별하게 배열한 어떤 방식이라는 점을 강조하기 위해서다.

화가 났습니다. 호소할 곳도 없고, 내가 오히려 다른 교수들의 불평을 들어 주어야 하는 입장이 되니 더욱 화가 났습니다. 그리고 화가 나는 것은 당연하다고 생각했습니다.

그런데 이 분노는 무엇에 대한 것일까를 생각하다가, 문득 내 감정이 분노가 아닌 두려움이라는 생각이 들었습니다. 학교가 문을 닫는다는 엄청난 현실보다는 이 과정이 야기하는 혼란과 무질서가 사실 더 두려웠던 것입니다. 그러자 내게 필요한 것은 분노하기보다 이 두려움과 지금 처한 상황을 있는 그대로 하느님께 맡겨 드리는 기도라는 생각이 들었습니다. 그래서 매일 나의 두려움을 하느님께 이야기했습니다. 가만히 생각해 보니, 수도자로서 주님이 이끄시는 대로 걸어갈 마음의 자유가 있다면, 이 혼돈과 무질서 속에서 두려워할 일은 별로 없었습니다. 게다가 내 인생의 꿈이 대학교수인 적은 없었습니다. 나를 사랑하는 사람들이 교수직을 내려놓는 문제로 염려해 주었지만, 정작 내 안에는 그런 두려움이 없음을 확인할 수 있었습니다.

감정에 올바른 이름을 붙이는 데 도움이 되는 작업은, 그 감정 아래 흐르는 생의 주제를 생각해 보는 것입니다. 감정을 매일 돌아보는 의식 성찰이 여기에 도움이 됩니다. 자신에게 가장 자주 일어나는 감정이 무엇인지, 그리고 언제 그런 감정이 일어나는지를 살펴보는 것입니다. 예를 들어, 한 주 혹은 한 달 동안 자신의 의식 성찰 노트를 살펴보다가 자신의 분노가 특정 인물이나 환경과 연결되어 있다는 사실을 발견할 수 있습니다. 이렇게 반복되는 감정은 결국 내면의 주제와 관련이 있기 마련입니다.

시카고에서 만난 한 여성은 십남매 중 여덟 번째로 태어났습니다. 집에서 좀처럼 관심을 받지 못한 그는 무엇이든 월등하게 잘해야만 부모님께 관심과 사랑을 받는다고 느꼈고, 그래서 항상 열심히 했습니다. 그러다 보니 공부도 잘하고 어디서든 리더십을 발휘하는 적극적인 성격으로 성장했습니다. 그런데 어떤 모임이나 직장에서 누군가가 자신보다 사람들의 관심을 더 많이 받는다고 생각하면 그에 대한 반감이 생겼습니다. 그 사람이 하는 말도 싫고, 목소리도 듣기 싫었습니다. 처음에는 상대에게 문제가 있다고 생각했습니다. 그러다 반복되는 미운 감정을 정직하게 바라보면서, 자신이 관심을 독차지하지 못하면 불안하고, 다른 이들의 관심을 받는 사람에게 강력한 부정적 감정이 든다는 것을 발견했습니다. 결혼해서 자녀를 기르고 있는 어머니이면서도, 자신 안의 어린아이가 계속 관심을 받지 못할까 봐 두려워하고 불안해하고 있었습니다.

우리 모두의 내면에는 아이가 살고 있습니다. 그리고 내면 아이의 목소리는 강력한 감정으로 표출되는 경우가 많습니다. 질투, 좌절, 분노 같은 감정은 내면 아이와 밀접하게 관련되어 있고, 현재 일어나는 감정에 영향을 줍니다. 하나의 감정은 다시 새로운 감정으로 이어집니다. 단순한 미움이 질투로 옮겨 가거나, 그 반대로 질투가 미움이 되기도 합니다. 자신의 감정을 살피다 보면, 단순히 기분이 나쁘다, 억울하다, 짜증스럽다 같은 막연한 감정으로부터 슬픔, 우울, 두려움, 수치심 같은 구체적인 감정을 알게 됩니다. 이처럼 세밀한 관찰은 자신의 감정에 대한 데이터를 제공할 뿐 아니라, 자기 삶의 패턴을 알게 되는 가장 기초적이면서도 중요한 내면의 기도가 될 수 있습니다.

• 길들이기

생텍쥐페리의 《어린 왕자》에서 여우는 어린 왕자에게 "사랑은 길들이는 일"이라는 아름다운 말을 해 줍니다. 자기를 깊이 사랑하고자 하는 영적 작업에서 감정을 길들이는 일은 매우 중요합니다. 길들인다는 것은 서로를 잘 알고, 판단 없이 이해하고, 받아들여 주는 일련의 작업입니다. 이것은 사회적으로 성공하기 위해서 열심히 자기를 조정하고 통제해서 어떤 외적인 모습을 만들어 내는 일과는 거리가 멉니다. 영성은 어떤 사업 수단이 될 수 없습니다. 영성은 내면에 길을 내고 꽃을 피우는 일입니다. 그리고 그 향기는 자연스럽게 다른 사람과 나누게 될 것입니다. 마음의 연못에 깃든 달과 별은 값없이 사람들과 나누는 것이듯 말입니다.

어떻게 감정을 길들일 수 있을까요? 많은 영성가들은 기도를 설명할 때 감정을 보는 법에 대해 이야기합니다. 틱낫한 스님은 감정이 일어나는 것을 그대로 직시하라고 말합니다. 어떤 감정이 어디서 와서 어디로 가는지를 보는 것입니다.*

그런데 강력하고 고통스러운 부정적 감정은 그렇게 찬찬히 들여다볼 엄두가 나지 않습니다. 그럴 때는 마치 열을 내려 주듯이, 산책하거나 수영을 하거나 숨을 고르며 기도하면서 감정을 조금 가라앉힌 후 그것이 어디에서 오고 어디로 가는지를 보면 됩니다. 강력한 감정이 올라올 때는 그 강도를 낮추는 방법을 터득하는 것이 중요합니다.**

나는 베트남에서 젊은 수도자들에게 '영성과 성Spirituality and Sexuality'이라는 수업을 십 년째 해 오고 있습니다. 하느님을 따르고자 하는 이 젊은이들에게 성적인 감정은 늘 부담스럽고 두려운 것입니다. 한번은 한 수도자가 누군가에게 애정을 느꼈는데, 잠도 자기 어렵고 자꾸 그 여성이 생각나서 기도와 공부를 하기가 어렵다고 했습니다. 나는 우선 매일 혼자 달리기를 하도록 권했습니다. 그리고 누군가를 사랑하는 감정은 너무 좋고 아름다

---

* 《틱낫한 명상》(불광출판사).
** Whitehead, *Shadows of the Heart*, pp. 27-29.

운 감정이라고 말해 주었습니다. 특별한 사랑의 감정이 어디서 시작되었는지 이야기하다가, 그는 최근 공동체 안에서 느낀 외로움에 대해 말해 주었습니다. 그리고 수도 생활 중 자신이 느끼는 외로움이 자신은 똑똑하지도 신앙심이 깊지도 못하다는 열등감에서 온다는 것을 깨달았습니다. 나는 그의 솔직한 나눔에 감동을 받았습니다. 그리고 그가 얼마나 아름다운 사람인지를 말해 주었습니다. 물론 외로움은 인간이 불가피하게 실존적으로 경험하는 감정이고, 그 외로움을 고독solitude으로 품고 살아가는 일은 수도자뿐 아니라 모든 인간의 과제일 것입니다.

강렬한 고통이 올라올 때는 그것을 서둘러 없애려 하기보다, 그 고통을 충분히 인정하면서 그 안에 있는 메시지가 무엇인지 식별해 보는 것이 좋습니다. 자신의 직장이 주는 좋은 보수와 사회적 인정이 자랑스러우면서도 출근하려고 하면 기운이 없고 우울해지고 조그만 일에도 자꾸 화가 난다면, 자신이 이 직장이나 직업을 좋아하는지 정직하게 물어야 합니다.

내가 만난 한 여성은 남편 이야기를 할 때면 남편에 대해 극존칭을 쓰는 사람이었습니다. 육십대의 여느 여성과는 달리 매우 조신한 여성이었습니다. 남편의 나이가 많냐고 물었더니, 오히려 한 살 어리다고 했습니다. 그리고 요즘 자신은 말을 하기도 싫고 사람들과 어울리기도 싫다고 했습니다. 무슨 이야기든 떠오르는 대로 해 보라는 권유에, 영어만 쓰는 자녀들과 소통하지 못한다는 이야기를 하다가, 이혼 가정에서 자란 자신이 인생에서 가장 원했던 일은 가정을 지키는 것임을 알게 되었습니다. 남편과 결혼 생활을 이어가고 싶지 않은 마음과 자신의 소원이 반대되는 상황을 받아들이지 못하면서, 우울감이 커진 것입니다. 하지만 그는 이혼하는 대신, 한국어로 소통할 수 있는 성서 공부 그룹에 들어가 자기만의 시간과 공간을 확보했습니다. 이처럼 감정을 잘 바라보면, 그것이 자신을 어디로 이끌려 하는지를 이해하는 계기가 되기도 합니다.

우리는 부정적 감정이 오래 머무르지 못하도록 자신을 잘 지켜야 합니다. 예를 들어, 질투심이 일어나면 표정 관리가 안 되고 속이 쓰립니다. 그리고 현재 걱정하는 일이 더욱 크게 마음을 압박합니다. 그럴 때는 '아, 나의 오랜 숙적이 나타났구나' 하고 생각하면서 심호흡하거나, 산책하거나, 좋아하는 일을 합니다. 그렇게 부정적인 감정을 인정하면서 털어내는 겁니다. 부정적인 감정을 하루 종일 가지고 있으면, 그 감정에 길들여집니다. 자신이 주로 어떤 감정에 취약한지, 그리고 그런 감정 때문에 어떤 행동을 하게 되는지 알아채는 것은 중요한 훈련입니다.

감정을 길들이는 또 하나의 좋은 도구는 자신의 말을 경청하는 것입니다. 다른 여성들에게 감정을 이야기할 때 자신도 모르게 눈물이 흐른다거나 목소리가 매우 떨리는 경험을 해 보았을 것입니다. 이야기를 나누면서 자신의 목소리를 듣고 자신의 반응을 바라보는 것은 감정을 길들이는 데 좋은 팁이 됩니다.

스스로 정직하게 바라보지 못한 감정은 또다른 부정적인 습관으로 이어질 수 있습니다. 외로움을 직면하기 힘들어하는 사람은 끝없이 로맨틱한 관계를 꿈꾸거나, 매력적인 사람을 질투하는 경향이 있습니다. 질투심은 험담이나 거짓말을 하게 만듭니다. 감정을 정직하게 바라보지 못하는 이유는 자신이 완벽해야 한다는 환상 때문입니다. 하지만 우리는 자신의 허약한 부분을 통해 성장해 가는 존재입니다. 그러므로 내면의 감정을 있는 그대로 보면서 그것이 어떤 습관으로 이어지고 있는지 성찰해야 합니다. 감정을 정직하게 인식하고, 그것을 타인에게 투사하지 않을 때 최소한 우리는 감정을 길들였다고 할 수 있습니다.

다양한 감정 이해하기

많은 사람이 자기 감정을 잘 인식하지 못하는 이유 중 하나는, 감정이 사회적 구성물이기 때문입니다. 즉, 감정은 학습되는 것입니다. 특히 수치심과 죄책감은 종교적·도덕적 규범에 대한 반응이며, 사회적 환경에 따라 다르게 표현됩니다. 예를 들어, 개인적 기독교 윤리가 사회의 근간이 되는 서구 사회에서는 죄책감이 주된 정서인 반면, 사회적 관계가 중시되는 동양 사회에서는 수치심이 주된 정서입니다. 또 대체로 분노가 여성에게 금기시된다면, 두려움은 남성에게 금기시되는 감정입니다.

다양한 감정들을 특징에 따라 그룹으로 묶어 보면, 분노, 두려움, 슬픔, 행복이라는 네 개의 그룹으로 나눌 수 있습니다. 분노 감정군에는 분노, 무감각, 무료함, 수치심, 증오가 속해 있고, 두려움 감정군에는 두려움, 불안, 걱정, 혼란, 질투, 외로움, 시기심 등이 포함됩니다. 슬픔 감정군에는 슬픔, 고통, 우울, 자살 충동 등이 있고, 행복 감정군에는 행복감, 만족감, 기쁨, 스트레스(좀 의아할 수 있겠지만, 자신이 즐길 수 있는 범위를 벗어나는 좋은 일도 스트레스에 해당되기 때문에 스트레스는 행복 감정군에 속합니다) 등이 있습니다.* 분노와 행복은 뜨겁고, 두려움과 슬픔은 차가운 감정입니다. 여기서는 분노, 수치심, 두려움, 불안, 질투의 다섯 가지 감정에 대해 알아보겠습니다.

---

* Karla McLaren, *The Language of Emotions: What Your Feelings Are Trying to Tell You* (Bouler, CO: Sounds True, 2023).

• **분노**

분노는 무엇보다 맹렬한 부정적 정서입니다. 먼저 가족이나 사랑하는 사람에 대한 분노가 있습니다. 삶을 함께하는 가까운 관계에서 발생하기 때문에, 여러 부정적 결과로 이어지기도 합니다. 친밀하고 소중한 관계에서 화가 나는 것은 당연하다고 볼 수도 있습니다. 중요한 관계가 위협받을 때 분노가 일어납니다. 이때 분노의 목적은 관계의 파괴가 아니라 보호일 것입니다. 그래서 이 분노는 존중되어야 하고, 관련된 상대와 진실하게 대화할 수 있어야 합니다.

이런 개인적인 분노와 달리 공적인 분노가 있습니다. 정부 정책이나 공적 영역에서 일어나는 일이 부당하거나 위협적일 때 생기는 화입니다. 2024년 12월, 한국에서 비상계엄이 선포되자, 시민들은 밤을 새우고 시위를 하면서 동의할 수 없는 상황에 대한 공동체적 공분을 표현했습니다. 또한 우리에게는 소중한 가치에 반하는 상황에 화를 내는 의로운 분노, 즉 의분이 있습니다. 신앙의 가치와 신념을 따라 나치에 저항한 디트리히 본회퍼 Dietrich Bonhoeffer 목사의 행동이 그 예입니다.

여성 영성에서 가장 중요하게 다루는 감정은 바로 분노입니다. 분노는 더 이상의 부정적인 자극을 받아들일 수 없을 때 발휘하는 방어기제입니다. 여성이 한을 품으면 오뉴월에 서리가 내린다는 말이 있습니다. 그만큼 여성의 분노는 무섭고 강력하다는 뜻인데, 사회문화적으로 오래 억압된 목소리가 결국 폭발되어 나온 것이기 때문이 아닐까 하는 생각이 듭니다. 그래서 사람들은 화내는 사람을 불편해하고, 또 이상적인 여성은 화를 내지 않는다고 생각합니다. 여성 스스로도 화내는 것을 수치스러워하고, 화를 낸 후 감당해야 할 일이 두려워 분노를 억누르고 무력감에 빠져 지냅니다. 그럼에도 분노는 영적 삶에 중요한 어떤 메시지를 찾아가는 통로가 될 수 있기에 우리는 이 감정을 제대로 다룰 수 있어야 합니다.

― **분노가 전달하는 메시지**

첫째, 분노는 자신이 상처받았다는 사실을 알리는 신호입니다. 오랫동안 존중받지 못하고 무시를 당해 와서 우울을 느끼면서도 화가 나지 않는 경우가 있습니다. 분노는 모멸과 무시로부터 자신을 보호하는 울타리 같은 것입니다. 분노하는 자아는 스스로에게 이렇게 말하고 있습니다. '더 이상 이런 수모를 참을 수 없어!' 그러니 화가 날 때 어떤 행동으로 바로 나아가기 전에, 내 자아가 무엇을 지키고 싶은 것인지 먼저 살펴보아야 합니다.

둘째, 분노는 언제나 누군가를 향하고 있습니다. 그것은 자신일 수도 있고 타인일 수도 있습니다. 때로 우리는 비난할 상대를 찾지 못하거나 정직하게 대면하지 못해서 공연히 엉뚱한 사람을 비난하거나 심지어 날씨를 탓하기도 합니다. 분노의 원인이 누구의 탓도 아니라는 것을 깨달으면 분노가 사라지기도 합니다.

셋째, 분노는 즉각적인 행동을 부추깁니다. 우리는 화가 날 때 그 감정을 일으킨 상황에 당장 반응해야 한다고 생각하고, 실제로 분노가 그것을 가능하게 합니다. 그런 면에서 분노는 우리를 무력감에서 일으켜 주는 에너지입니다. 많은 여성이(물론 남성도 마찬가지입니다) 화를 내면서 자신의 삶을 돌아보고 변화할 수 있는 힘을 얻습니다. 그런 면에서 분노는 희망적인 감정입니다. 성장을 위해 그 에너지를 잘 길들이기만 한다면 말입니다.

— **분노를 어떻게 할 것인가**

먼저 화나는 상황을 이야기하거나 글로 쓰면서 그것을 잘 바라봅니다. 그리고 바꿀 수 없는 상황은 무엇이고, 왜 화가 나는지를 살펴봅니다. 예를 들면 권력의 차이, 구조화된 성차별이 있을 수 있습니다. 그리고 환경을 바꾸어 나갈 방법을 식별해야 합니다. 그렇게 짚어 가다 보면, 결국 내가 원하는 생은 무엇이고, 내가 잃어버렸거나 추구하지 못한 것은 무엇이며, 현재 삶의 조건에서 대안적 방법이 무엇인지를 찾아낼 수 있습니다.

자신의 감정을 무시하도록 학습된 여성에게, 분노는 자신의 욕구를 찾고 고유한 삶을 찾아가는 첫걸음일 수 있습니다. 마음의 수련을 통해 자신의 분노를 있는 그대로 보고, 그것이 어디서 오고 또 어디로 가는지를 바라보아야 합니다. 한편, 분노가 지나치게 폭력적이거나 파괴적으로 흐르지 않도록, 이 감정을 충분히 내면에서 환영하고 관찰할 수 있는 시간과 공간을 만드는 일도 필요합니다.

또한 많은 여성들은 화가 나는 상황에서 바로 용서하려고 애를 씁니다. 그런데 이렇게 하는 용서는 용서가 아닙니다. 영혼에 자유가 있을 때 용서는 자연스럽게 일어납니다. 화나는 감정을 존중하고, 인정하고, 먼저 자신을 살리는 행동을 선택해야 합니다. 어설픈 용서는 그 상황에 자신을 옭아맬 뿐입니다. 스스로 행복해질 때, 삶의 질이 변화될 때, 그때 용서를 생각해 보아도 늦지 않습니다.

• 수치심

여성들의 이야기 모임에서 가장 많이 나오는 단어가 '창피했다'입니다. 예를 들어 광화문 한복판에서 젊은 여성이 넘어졌다면, 가장 먼저 나오는 반응은 아프다는 감각이나 다리가 부러졌으면 어쩌나 하는 염려보다는 창피한 감정, 즉 수치심이 압도적입니다. '부끄러워할 치恥'라는 한자는, 판단하는 소리가 마음에 들려올 때의 비참함을 표현합니다. 그래서 수치심은 자존감을 무너뜨리고, 자기 존재를 감추고 싶게 합니다. 어디 구멍이라도 있으면 숨고 싶은 그런 마음입니다. 자책감이나 죄책감이 자신이 잘못을 저질렀다는 느낌에 관한 것이라면, 수치심은 자기 존재 자체가 잘못 혹은 실수라는 느낌을 갖는 것입니다.* 수치심이 큰 사람들은 자신을 부정하고 자신을 어둡고 무의미한 존재로 여깁니다.

─ 소속을 잃게 된다는 공포

수치심은 기본적으로 사회적 굴레 혹은 소속감과 관련이 있는 감정입니다. 사회에서 요구하는 것을 하지 않거나 사회가 감추고 싶어 하는 어떤 치부를 드러낼 때, 우리는 수치심을 강요받습니다. 특히 여성의 몸은 한 사회의 수치를 대변하는 경우가 많습니다. 성서에는 반역하는 이스라엘을 비유하기 위해 '몸을 더럽힌 여성'이라는 표현을 쓴 구절이 있습니다. 사실 여성들은 하느님과 계약을 맺는 자리에 있지도 않았는데, 계약을 제대로 이행하지 못한 경우를 대표하는 것은 몸 파는 여성 혹은 그들의 성입니다(참고. 에제키엘 16장). 예를 들어, 동두천에서 미군을 대상으로

---

* Taran, *Emotional Advantage*, p. 230.

성매매를 하는 기지촌 여성들을 두고 외화벌이를 하는 애국 여성이라고 부추기던 정부가 이제는 그들을 수치스러운 존재로 여기고 있습니다.* 우리가 개인적으로 수치스럽게 묻어 둔 과거는 사실 특정한 사회와 문화의 정황에 담겨 있는 경우가 많습니다.

수치심은 근본적으로 사회적 소속감과 깊은 관련이 있습니다. 즉, 사회에서 정한 어떤 규율이나 규정에서 일탈하면 추방을 당하거나 더 이상 소속되지 못하는 상황이 암시된 감정입니다. 그래서 관계를 중시하는 여성에게 수치심은 매우 강력한 감정 기제입니다. 여성의 삶에서 수치심이란 거부되거나 버림받지 않도록 자기를 지키고자 하는 감정입니다.

수치심이 사회가 여성에게 부과한 위치나 메시지에 반할 때 작동하는 감정의 기제라면, 수치심을 다루기 위해서는 타자의 시선을 분명히 이해하는 것이 중요합니다. 나혜석은 20세기 초 조선에서 "왜 여성은 연애를 할 수 없는가"라는 질문을 공공연하게 던지고, 자신의 욕망과 꿈에 대해 정직하게 말했습니다. 그의

• 이혜리, "누가, 왜 여성 착취의 역사를 지우려 하는가"(경향신문), https://www.khan.co.kr/article/202410221641001. 여성 인권 유린의 기억을 대표하는 동두천 기지 여성 성병 관리소는 미군을 상대로 한 성매매로 인해 성병에 걸린 여성들이 감금되었던 가슴 아픈 장소인데, 시민들의 저항으로 허물지 않게 되었다. 그리고 2022년 9월 대법원은 국가가 기지촌 여성들에게 불법행위를 저질렀음을 처음 인정하고 배상을 판결했다.

주장은 조선의 문화를 해체하는 것이었고, 결국 그가 속할 곳은 조선 땅에는 없었습니다. 하지만 그는 끝까지 자신의 감정에, 그리고 자신의 삶에 정직했습니다.

─ 수치심 다루기

수치심을 느끼면 얼굴이 화끈거리고 몸이 오그라듭니다. 다시 말해, 신체적으로 사이즈를 줄이고 싶어집니다. 그래서 눈을 내리깔고 고개를 숙이고 몸을 가리게 됩니다. 다른 사람과 눈을 마주치고 싶지 않습니다. 수치심을 느끼는 사람들은 자기 주장을 하지 않습니다. 그래야 잘 안 보이기 때문입니다.

수치심이 자기의 것이 아닌 경우도 많습니다. 내가 만났던 한 여성은 어머니가 첩이었습니다. 어린 시절 큰어머니가 있었고, 자신과 어머니는 그 집 문간방에서 살았다고 합니다. 큰어머니의 자녀들은 자신보다 훨씬 나이도 많았고, 당당해 보였습니다. 어린 마음에, 왜 그런지도 모르면서 절대 소리를 내지 않았습니다. 한 번도 소리를 지르거나 울어 본 적이 없다고 했습니다(나는 헬로 키티를 좋아하지 않습니다. 그저 귀엽고 예쁘기만 한 이 고양이는 입이 없으니까요). 수치심을 가진 여성들은 자기 삶을 포기하는 경우가 많습니다. 미국의 한 연구에 의하면, 어려서 수치심에 시달린 사람이 안전하지 못한 성관계를 일찍 가지고, 일찍 술을 마시며, 대학 진학 비율도 훨씬 낮다고 합니다.

그렇다면 수치심은 어떻게 다루어야 할까요? 첫째, 본질적으로 수치심은 사회문화적 규범에서 벗어나지 못하게 하는 감정 기제임을 이해해야 합니다. 특히 한국 사회는 똑같은 가치와 생활양식을 의식적, 무의식적으로 요구하는 경향이 있습니다. 그래서 수치심을 느낄 때, 자신이 사회가 강요하는 어떤 방식을 위반했기 때문에 수치스러운 것인지 생각해 보아야 합니다. 여자는 남편이 바람을 피우더라도 참고 살아야 한다고 가르치던 시대에, 나혜석은 여성은 왜 연애하면 안 되는지 물었습니다. 그의 질문은 사회가 규정한 남녀 구분의 경계를 허문 행위입니다.

어떤 여성이 자기 고유의 삶을 살고자 한다면, 가장 먼저 맞닥뜨려야 하는 감정은 수치심일 것입니다. 그 수치심의 근원을 하나하나 따져 보고, 자신이 잃게 될 공간 혹은 공동체는 무엇인지 미리 생각해 볼 수 있습니다.

둘째, 어떤 방식으로든 침묵을 깨야 합니다. 수치심은 비밀과 침묵, 자기 자신에 대한 혹독한 비판과 공존한다고 볼 수 있습니다. 누군가에게 한 번도 말해 본 적 없는 경험은 더 깊은 수치가 됩니다. 어떤 일을 혼자 수치스러워하는데 다른 이들은 아무도 모른다면, 결국 자신의 존재가 무가치하다는 생각으로 이어질 수 있어 매우 파괴적입니다. 대개 수치스러운 일은 타인과 연결되어 있어서 말하기 힘든 경우가 많습니다. 가까운 친척으로부터 성폭행을 당한 사람들은 그 상황을 그대로 내면화해 수치심을 갖게 됩니다. 상대방이 나에게 한 일을 말해 보지도 못하고 그저 자신의 탓으로 돌리기도 합니다. 또한 공동체의 상황이나 도덕과 연관된 경우도 있습니다. 그럴 때는 신뢰할 수 있는 사람에게 이야기해 보기를 권합니다. 잘못한 일이라면 잘못을 인정하고, 다음엔 잘해 보라고 스스로를 격려할 수 있어야 합니다.

　수치심을 가진 사람들은 자꾸 관계를 끊어 내려고 합니다. 그럴 때는 우선 수치심이 작동한다는 사실을 알아차리고, 내면의 신랄한 비판이 들려올 때 다른 사람들도 다 이런저런 잘못을 하고 제각각 수치심을 갖고 살아간다는 사실을 떠올려야 합니다. 수치심이 너무 클 때는 다른 언어로 표현해 보거나, 글을 써 보길 권합니다. 나는 교포 여성들이 자기 삶을 수치스러워할 때 그 상황을 영어로 이야기하게 합니다. 친밀한 모국어와 조금 거리를 둘 때 수치스러운 정황과도 거리를 둘 수 있기 때문입니다.

　셋째, 자기 안에 수치심으로 코드화된 상황을 분해하는 것입니다. 자신이 타인의 기대나 기준에 미치지 못한다고 느낄 때, 즉 목소리가 크고 말이 많다거나 살이 쪘다거나 가슴이 너무 큰 자신에 대해 외부의 시선이 느껴지면 우리는 수치심을 느낍니다. 자신의 말투나 분위기가 여성으로서 한국 사회에 걸맞지 않는다는 메시지가 느껴질 때, 깊은 수치심이 내면에 또아리를 틉니다.

이럴 때 언제 어떤 상황에서 이 수치심이 자극되는지 살펴보아야 합니다. 그리고 그 수치심이 자신을 어떻게 공격하는지 바라봅니다. 계속 우울감을 느껴 밖에 나가고 싶지 않다면 그 상황이 언제 어떻게 시작되었는지 돌아보고, 어떤 목소리가 들리는지 찾아냅니다. '너는 너무 뚱뚱해.' '너는 참 오지랖이 넓구나.' '네가 입는 옷은 항상 별로야.' 대부분의 메시지가 '너는 어떠해야 한다'를 담고 있을 것입니다. 그때 자신만의 만트라를 적어 보세요. '아니, 꼭 날씬해야 하는 건 아니야.' '나는 내 옷맵시 맘에 들어.' 즉, 자기를 공격하는 '해야 한다'에 맞서는 말을 만들어 내야 합니다. 수치심은 항상 '나는 부족하다'는 인식을 불러일으키기 때문입니다.

무엇보다 중요한 것은, 이 수치심과 친밀해지겠다는 의지일 것입니다. 그리고 말하지 못하는 이야기에 끌려다니기보다 이 이야기를 정리하고, 해석하고, 스스로 위로하고 격려하며 새롭게 생의 여정을 걸어가겠다고 결심해야 합니다. 수치스러운 경험을 한번 이야기하고 나면, 그것이 그다지 큰 문제가 아니었음을 알게 되는 경우가 많습니다. 그러면서 수치심에 가려져 보이지 않던 삶의 아름다운 진실을 더 많이 발견할 수 있을 것입니다.

• **두려움과 불안**

성서에는 '두려워하지 말라'라는 말씀이 반복해서 나옵니다. 그만큼 인간이 가장 흔히 느끼는 감정이 두려움fear일 것입니다. 두려움은 안전과 관련된 감정입니다. 우리는 주위 환경이나 주변 사람을 쉽게 파악하기 힘들 때 두려움을 느낍니다. 특히 자신의 삶이 어떻게 될지 뚜렷하게 알 수 없을 때 두려워집니다. 한편 불안anxiety은 두려움보다 덜 구체적이고, 좀 더 깊은 곳에 위치하는 감정입니다.

― **두려움**

두려움은 현재 상황을 집중해서 살펴보라고 영혼이 보내는 메시지입니다. 변화가 시작될 때 찾아오는 두려움은 내면의 직관과 촉instinct을 발동하라는 초대라 할 수 있습니다. 그래서 두려움이 느껴지면, 주변을 잘 살펴보고 지금 어떤 관계나 일에 집중해야 하는지 생각해 보아야 합니다.

사람마다 조금씩 다르겠지만, 두려우면 머리가 아프거나 뱃속이 울렁거리거나 숨이 차는 등의 공통적인 반응이 있습니다. 개인적으로 나는 자꾸 여기저기를 돌아보게 되고 마음이 불안해집니다. 두려움은 결국 불안과 연결되는 것 같습니다. 이때 먼저 해야 할 것은 무엇이 나를 두렵게 하는지를 잘 살펴보는 일입니다.

해야 할 일이 너무 많아 혹시라도 중요한 일을 빠뜨릴까 봐 두려움이 느껴질 때, 나는 눈을 뜨자마자 메모지에 오늘 할 일, 이번 주와 이번 달에 마칠 일들을 적어 봅니다. 하나하나 적다 보면, 어떻게 시간을 써야 하고 어떻게 쉬는 시간을 만들어 낼지 계산할 수 있고, 그러면서 점차 두려움이 사라짐을 느낍니다. 이렇게 보면 두려움은 현재에 집중하면서 삶을 잘 운용할 수 있도록 도와주는 감정입니다. 반대로 두려움을 잘 살펴보지 못하면 불안, 걱정, 공황, 공포 같은 다른 감정으로 이해되기가 쉽습니다.

예를 들어, 아이와 물놀이를 갔는데 중요한 약품을 챙기지 않았다면 두려움을 느끼는 것이 정상입니다. 그런데 억지로 두려움을 누르고 괜찮을 거라고 생각하면, 자기 아이는 왜 이렇게 예민할까 화가 날 수도 있고, 자신이 준비성 없는 엄마라는 자책감과 수치심이 올라올 수도 있습니다. 하지만 중요한 사실은, 이때 느낀 두려움은 물놀이하는 아이에게 생길 수 있는 일에 집중하며 주의를 기울이라는 신호라는 것입니다. 그러므로 두려움이라는 감정 자체에 집중하고, 어떤 신체 반응이 일어나는지 살펴보고, 두려움 이상의 강력한 감정들이 공격하지 않도록 경계를 세워야 합니다.

결국 두려움은 새롭고 낯선 환경에서 어떻게 반응할지 결정하는 순간에 일어나는 감정입니다. 그래서 두려움을 느낄 때는 하던 일을 멈추고, 현재 상황을 차분하게 잘 바라보고, 집중해서 다음 행동을 결정하는 것이 중요합니다. 이렇게 두려움을 대할 때, 새로운 환경과 조건에 좀 더 유연하게 대처해 갈 수 있을 것입니다. 심호흡을 하고, 잘될 거라고 자신에게 이야기하고, 의지하는 사람에게 위로를 구하는 등, 두려움을 다루는 저마다의 방식이 있을 것입니다. 하지만 변하지 않는 두려움의 본질은, 현재에 집중함으로써 새로운 관계나 일을 좀 더 성숙하게 마주하도록 돕는 감정이라는 것입니다.

― **불안**

불안을 이야기하려면 먼저 욕망을 이야기해야 합니다. 자크 라캉은 불안을 주제로 1962년부터 1년간 세미나*를 했습니다. 그는 이 세미나에서 인간은 누구나 타자의 욕망을 욕망한다는 대전제를 제시했습니다. 타자의 욕망이란 어머니를 포함한 사회와 문화 전체가 자신에게 요구한다고 느끼는 것을 의미합니다.

문제는 우리에게 타자의 욕망을 말해 주는 언어가 너무 다양하다는 데 있습니다. "너는 좋은 아이야"라는 말을 늘 듣고 살았던 사람은, 어른이 되어서도 계속 좋은 사람으로 살아야 한다

• Jacques Lacan, *L'angoisse* (Paris: Seuil, 2004).

는 무의식적 욕망을 가지고 살아갑니다. 그런데 어떤 사람이 좋은 사람인지에 대해서는 매우 다양한 언어가 있으며, 종종 상충하기도 합니다. 예를 들어, 수녀는 눈을 내리깔고, 세상일에는 관심 없이 오직 하느님을 사랑하고 기도만 하는 사람이어야 합니다. 하지만 동시에 수녀는 누구보다 자기의 이익을 계산하지 않고 사회의 아픔에 뛰어들어 자신을 불살라야 합니다. 그러려면 거리에 나가 정의 수호를 외쳐야 하고, 또 해가 지기 전에는 돌아와 기도에 전념해야 합니다. 자신에게 요구되는 것들이 서로 모순되기고 하고, 상황에 따라 달라지기도 합니다. 그럴 때 인간이 느끼는 것이 불안입니다.

  결국 불안의 한가운데에는 '알 수 없음'이 있습니다.[*] 내가 누구인지, 미래에 무슨 일이 일어날지 알 수 없습니다. 불안을 이해한다는 것은, 자신에게 무언가를 요구하는 목소리가 절대적인 것이 아님을 깨닫는 것입니다. 타자는 완전한 존재가 아니며, 그 또한 스스로 무엇을 원하는지 분명하게 알지 못합니다. 부모는 자녀에게 착한 사람이 되라고 하지만, 부모 자신도 착한 사람이 어떤 사람인지 정확하게 알지 못하며, 아이가 자라면서 그 뜻이 변해 갈 수도 있습니다. 그러므로 타자 또한 자신과 완전히 다르

---

* *L'angoisse*, p. 26.

지 않음을 이해하는 것은, 막연한 불안을 다루는 한 가지 방법입니다.

불안을 이해하는 또 하나의 열쇠는 우리가 말하는 존재라는 사실을 기억하는 것입니다. 그리고 언어로는 욕망을 다 담아낼 수 없다는 것을 이해해야 합니다. 우리는 어떤 화석 같은 메시지를 만들어 놓고 자기 존재를 그 안에 담고 싶어 합니다. '나는 일을 잘해', '나는 경우가 바른 사람이야' 같은 어떤 특징적 요소를 가지고 자신의 몽타주를 그립니다. 그러다 언어 체계에 담기지 않은 새로운 자기 모습이 드러나면, 그런 모습이 드러날까 봐 불안을 느낍니다.

불안을 극복하는 길은, 삶에는 구멍(라캉은 이것을 실재계라고 부릅니다)이 있음을 받아들이고, 그 구멍을 통해 존재의 한계를 인정하고, 한계를 통해 새로운 방식으로 삶의 신비를 발견하는 것입니다. 이것은 바로 영적 여정이기도 합니다. 언어 너머의 세계, '무'라고 부르는 영원한 침묵, 알 수 없는 신비, 하느님을 만나는 영역입니다.

• **질투**

질투는 정말 극성스러운 감정이면서, 인간에게 불가피하다고 느껴질 만큼 문학 작품 속에도 자주 등장합니다. 누군가를 질투하는 것은 몸서리칠 만큼 피곤한 일이지만, 누군가의 질투를 받는 것도 지극히 불편한 경험입니다. 이처럼 우리의 삶과 관계를 곤란하게 만드는 질투라는 감정은 자신의 이상적 자아와 관계가 있습니다.

― 이상적 자아에 대한 질투

라캉은 욕망의 그래프에서 자아는 이상적 자아와 연결되어 있다고 말합니다.* 이상적 자아는 자기의 거울 이미지인데, 이는 단순히 자기가 바라본 이미지가 아니라 어머니나 돌보는 사람(타자)이 아이에게 준 메시지와 관련됩니다. 예를 들어, '너는 예쁘다', '너는 똑똑하다', '너는 착하다' 등의 메시지가 자신을 형성하는 자기 이미지가 되는 것입니다. 그런데 이런 이미지는 실제로 자신이 느끼는 자신과 거리가 있습니다. 그래서 사람들은 그 이미지를 따라가기 위해서 끊임없이 발버둥칩니다. 한마디로, 우리는 자신의 이미지와 끊임없이 싸우고 불안해하면서 질투를 느낍니다.

영화 〈블랙 스완Black Swan〉은 발레 작품 〈백조의 호수〉 공연에

---

* Jacques Lacan, *Desire and Its Interpretation*, p. 27. 욕망의 그래프는 라캉이 언어와 욕망, 주체 형성 과정을 도식화한 이론 모델이다.

서 백조와 흑조를 함께 연기하는 한 발레리나가 자기 이미지와 싸우며 점점 무너져 가는 이야기를 그립니다. 그녀의 뒤에는 자기 이미지를 만들어 낸 통제하는 어머니가 있고, 주인공은 억압 속에서 점점 공포로 망가져 갑니다. 깨어진 거울과 그 위에 비친 자신의 모습을 불안하게 쳐다보는 주인공의 모습이 인상 깊은 장면으로 남아 있습니다.

내가 일하던 학교에서 만난 한 대학원생은 공부의 재능이 돋보이는 사람은 아니었습니다. 그래서 늘 힘들어하고, 심지어 고통스러워 보였습니다. 과제는 늘 마감이 지난 후에 제출했습니다. 하루는 그 모습이 너무 안쓰러워서, 왜 그렇게 힘들어하면서도 공부를 하느냐고 물은 적이 있습니다. 그랬더니 공부를 잘하는 집안에서 태어났기 때문에 공부를 잘할 수밖에 없다는 예상치 못한 답이 돌아왔습니다. 그런 말을 너무 자연스럽게 한다는 점에서 더 놀라웠습니다. 사실 이 학생은 자신이 들어 온 메시지가 만든 이미지, 즉 "너는 공부를 잘하는 학자 집안에 태어났으니 공부를 잘한다"는 이상적 자아와 싸우는 중이었습니다.

자기와의 비정상적인 싸움, 혹은 자기의 이상적 이미지에 대한 질투는 결국 자아상의 취약함을 드러냅니다. 자아상이란 절대적인 것이 아닙니다. '너는 똑똑하다'고 하지만 누구와 비교해서 똑똑한 것인지, 나이에 비해 똑똑하다는 말인지, 분명한 것은 하나도 없습니다. 자아상은 형태가 있는 것이 아니라, 뿌연 거울에 비친 흐린 상과 같은 것입니다. 그러므로 우리는 '나는 뭐든지 잘한다'와 같은 자기 이미지와 싸우고 있는 건 아닌지, 그 이미지를 질투해서 스스로를 괴롭히고 있지는 않은지 살펴볼 필요가 있습니다.

— 타인에 대한 질투

어떤 사람에 대한 질투는 자신의 이상적 자아를 가진 사람에게 느끼는 혼란스러움일 수 있습니다. 자신의 이상적인 모습을 가졌다는 것은 곧 자기가 가진 이상적인 자아상이 투영된 사람이라는 말입니다. 그래서 우리는 처음 보는 사람보다는 가까이 있는 사람들에게서 질투를 느낍니다. 자신이 들어야 할 '예쁘다' '똑똑하다'는 말을 형상화하는 사람에 대한 적극적이고 강렬한 부정적인 마음이 질투입니다.

라캉은 에메Aimeé라는 사람의 사례를 가지고 임상 연구를 진행했습니다. 글을 쓰는 여성이었던 에메는 자기와 공통점을 많이 가진 연극배우를 질투하다 못해 칼로 찔러 살해했습니다. 라캉은 그가 근본적으로 자기를 그 사람과 동일시했고, 이상적 자아에 미치지 못하는 자기를 여배우에게 투영해 공격한 것이라고 설명했습니다. 즉 이상적 자아에 미치지 못하는 자신의 결핍을 배우에게 투사하여 동일시한 후, 자기의 이상적 거울상인 그 배우가 없어져야 자기가 그 이미지를 완전히 소유한다고 생각한 것입니다.

어린아이가 최초로 가지는 자기 이미지는 상상에 근거하며, 타자 혹은 타자가 해 주는 말과의 동일시를 통해 만들어집니다. 결국 아이가 '자기'라고 생각하는 것은 타자와의 동일시에 근거한 자기 이미지인 것입니다. 라캉은 이 이미지를 s(a)라고 표기합니다. 이 타자가 자신이 아닌 다른 대상에 관심을 두게 되면 아이는 자기라고 생각한 이상적 주체가 해체되는 듯한 불안을 느끼며 공격성을 띠게 됩니다.*

물론 이것은 병적인 경우지만, 일반적으로 질투심은 친밀감을 느끼는 주변 사람 즉 소문자 타자 a와의 관계에서 발생합니다. 그래서 함께 있고 싶은 사람 혹은 사랑하는 사람이 다른 사람에게 관심을 보이거나 자신보다 그를 더 좋아하는 느낌이 들 때, 굉장한 타격을 받습니다. 사랑하는 사람, 친구, 멘토를 자기 존재를 구성하는 타자로 인식했기 때문에, 그 타자가 누군가를 사랑하는 것을 보면 나를 구성하는 알맹이가 빠져나가는 것 같고 배반감, 강력한 분노, 슬픔을 느끼는 것입니다.

---

* 사사키 아타루,《야전과 영원》(자음과모음), p. 51.

― **질투 다루기**

이처럼 질투는 매우 가까운 사람들과의 관계에서 발생하는 감정입니다. 셰익스피어의 비극《오셀로》의 흑인 용병 오셀로는, 사랑했던 베니스 귀족 데스데모나와의 관계에서 발생한 질투로 인해 그 여인을 죽이게 됩니다. 그런데 이 질투는, 부관 이아고가 만들어 낸 음모 때문에 시작된 것입니다. 어찌 보면, 이아고가 오셀로라는 용맹한 외인 부대장을 질투한 것일지도 모릅니다.

질투는 자기 이미지의 근간에 있는 어떤 타자를 빼앗기는 것 같은 불안에서 오는 매우 강력한 감정입니다. 그것은 자신이 헌신하고 있는 집단의 움직임이 변할 때 느끼는 감정일 수도 있습니다. 자신이 좋아하는 어떤 공동체에 새로운 사람이 들어와 관심을 받으면, 그 사람을 질투하기 쉽습니다. 그럴 때 이 질투가 자신이 이 공동체를 사랑하고 있다는 표지임을 알아차리는 것이 중요합니다. 새로 온 사람이 누구인지 잘 모르면서 질투한다는 것은 그 사람의 문제가 아닐지도 모릅니다.

학자들은 질투가 관계 안에서 사랑, 충성, 안정감이 흔들릴 때 일어나는 감정이라고 말합니다.[*] 그래서 질투를 느낄 때 먼저 필요한 작업은, 배신과 같이 관계의 균형을 깨는 타인의 행위로 인

---

* McLaren, *The Language of Emotions*, p. 251.

한 감정인지, 자신감 부족에서 오는 감정인지를 식별하는 일입니다. 만일 내가 원하는 만큼 사랑과 충실성을 주지 못하고 다른 사람이 등장하면 관심을 돌리는 친구가 있다면, 마음의 경계를 새롭게 설정해야 합니다. 그렇지 않으면 계속해서 질투심으로 괴로울 것입니다. 반대로 나의 충실함이 상대방의 기대에 못 미쳐서 그가 관계에서 거리를 둔다면, 나는 이 관계를 어떻게 생각하는지 자신의 마음을 식별해 보고, 솔직하게 표현할 필요가 있습니다.

질투심이 건강하게 작동하면 관계를 안전하게 지켜 주고, 내가 소중하게 여기는 관계에 무슨 일이 일어나고 있는지를 인식하는 열쇠가 됩니다. 그리고 그 관계를 앞으로 어떻게 할지를 신중하게 결정하는 좋은 자료가 됩니다. 이를 식별하기 위해서는, 일단 그 관계에 대한 자신의 입장을 정리해 보고, 혼자 자유로운 공간에서 마음의 소리를 충분히 듣고 어떻게 행동할지 결정해야 합니다. 관계를 완전히 중단할 수도 있고, 어떤 행동 기준을 놓고 상대방과 이야기할 수도 있습니다. 이런 과정을 생략하고 그냥 감정을 무시하다가 강한 분노가 일어나면, 스스로 책임질 수 없는 방향으로 관계가 치달을 수 있습니다. 질투라는 감정을 부드럽게 관찰하다 보면, 자신이 소중하게 여기는 관계의 본질, 상대방의 삶의 방식, 그 관계를 통해 자신이 원하는 것을 좀 더 성숙하게 발견할 수 있습니다.

질투와 아주 비슷한 감정으로 시기심이 있습니다. 크게 볼 때 질투와 시기심을 굳이 구분할 필요는 없을 수도 있겠습니다. 어떤 학자들은 질투는 개인적 친분 관계와 관련한 감정이고, 시기는 사회적 지위나 역량에 대한 불편함이라고 말하는데,* 결국 그 원리는 같습니다. 현실적 자아를 떠나 이상적 자아(똑똑한, 아름다운, 멋진 등등)가 되고 싶게 자극하는 사람에 대한 강력한 감정입니다. 사람들의 사랑을 받고 관심의 중심에 놓이는 누군가, 또 사회적으로 유리한 지위를 가진 누군가를 보며 느끼는 불편한 감정입니다. 시기심이 건강하게 작동하면 불평등한 사회구조에 대한 불편한 감정으로, 억울함으로 표현될 수도 있습니다.

세련된 매너, 인기, 예쁜 얼굴, 말씨, 지적 능력, 매력을 가진 누군가를 부러워하고 좋게 생각한다면, 이것은 건강한 감정일 것입니다. 그런데 이런 사람에 대해 심한 거부감과 부정적 감정이 든다면, 자신의 이상적 자아가 이런 모습이라는 사실을 알아차려야 합니다. 영어에는 '초록색 눈이 되게 하는 질투'라는 표현

---

* 어떤 학자들은 질투는 자신이 가진 것을 잃을까 봐 두려워하는 마음이고, 시기는 갖지 못한 것을 갖고 싶은 마음의 표현이라고 보기도 한다. 이런 접근에 대해서는, Marc Brackett, *Permission to Feel: Unlocking the Power of Emotions to Help Our Kids, Ourselves, and Our Society Thrive* (New York: Celadon, 2019), p. 205를 보라.

이 있는데, 초록색은 그만큼 강력한 감정이라는 것을 지칭하는 말입니다.

한편, 자신이 질투의 대상이 될 때 가장 권장할 만한 것은 거리를 두는 일입니다. 어떤 사람이 계속 자신과 같은 옷을 입고 모임에 나오거나 자신의 행동과 말을 따라하거나 은근히 비난한다면, 거리를 두는 것이 좋습니다. 상대가 한 개인으로서의 자신을 질투한다기보다, 자신이 상대방의 이상적 자아상 중 어떤 부분을 자극하고 있다는 점을 기억하고 자주 안 만나는 것이 좋습니다. 그렇지 않으면 서로 건강하지 않은 의존 관계로 엮이면서, 질투의 대상이 되는 사람은 계속 손해를 본다는 느낌으로 괴롭고, 상대는 더 파괴적인 질투로 치달을 수 있습니다.

일상생활에서 어쩌면 가장 불편할 수 있는 감정인 이 질투는, 사실 자신이 어떤 존재가 되고 싶은지, 그 관계를 얼마나 소중하게 여기고 또 지키고 싶은지, 자신을 스스로 얼마나 귀하게 대하고 있는지를 알려 주는 중요한 감정입니다. 그러므로 이 감정 또한 존중하면서 잘 살펴보고 그에 맞는 행동으로 연결할 때, 우리는 영적 여정에서 한 걸음 더 깊은 곳으로 나아갈 수 있습니다.

3부

신비

8
나이듦의 영성

우리는 하루하루 늙어갑니다. 누구도 알지 못할 마지막 시간, 죽음을 향해 달려갑니다. 그럼에도 마치 영원히 살 것처럼 착각하며 살다가, 주변 사람이 세상을 떠나갈 때에야 죽음의 의미를 헤아려 보곤 합니다. 한편으로는, 요즘처럼 수명이 길어진 백세시대에는 나이 든다는 것이 무척 부담스럽고 두려운 일이기도 합니다. 인간이 가진 유한성 앞에서 우리는 두려움과 때로는 절박함을 느끼지만, 이런 유한성에 대한 인식을 통해 생을 더욱 풍요롭고 깊게 살아갈 수 있는 것도 사실입니다.

기독교 영성에서는 나이듦이란 주님을 더 깊이 신뢰하고 두려워할 줄 아는 지혜를 얻는 과정을 의미합니다. 성서의 집회서는 노인들에 대해 이렇게 기술하고 있습니다.

> 젊었을 때 아무것도 모아 두지 않은 네가 늙어서 무엇을 찾을 수 있으랴? 백발노인으로서 분별력이 있고, 원숙한 사람으로서 남에게 좋은 충고를 줄 수 있다는 것은 얼마나 좋은 일이랴? 노인이 보여 주는 지혜와 지위 높은 사람이 주는 뜻깊은 충고는 지극히 훌륭한 것이다. 풍부한 경험은 노인의 명예며, 주님을 두려워하는 것은 그의 참된 자랑이다. (집회서 25:3-6)

이 구절은 노년을 맞이할 때 모아 둔 것이 하나도 없는 상태의 곤란함을 언급하고 있습니다. 그런데 젊었을 때 모아 둔 것이란 과연 무엇일까요? 단순히 재산이나 자녀를 언급하는 것은 아닌 듯합니다. 그럼 성공이나 지위일까요? 성서는 그런 것은 다 물거품처럼 사라지는 부질없는 것이라고 말합니다. 이는 영혼의 곳간에 모아 둔 것을 말하는 것입니다.

그렇다면 영혼의 곳간에 모아 둔 것이란 무엇일까요? 이는 마음의 습관 혹은 내면의 지혜를 말한다고 생각합니다. 친절한 마음, 다른 사람의 마음을 감싸는 다정함, 상황을 잘 알아차리는 분석력 같은, 오래 실천해 왔기에 어느덧 자신의 경향이 되어 버린 성정 말입니다. 그런 삶의 깊이는 우리가 매 순간 나이 들어 가고 있으며, 또 언제일지 모를 죽음을 향해 나아가고 있다는 깊은 자각에서 생겨나는 것이 아닐까 생각합니다. 이는 노인이 되어서 새로 시작하기에는 쉽지 않은 일입니다. 평소에 늘 하던 일, 진리를 사랑하고 하느님을 찾는 마음으로 행한 작은 일들이 결국 우리의 창고에 쌓이는 재산일 것입니다.

노년에 대해 조금 냉정하게 말하자면, 젊은 시절에는 그래도 귀엽게 보아 넘길 수도 있는 허풍이나 허세, 질투나 시기심 같은 것들이 노년에 들어서는 여과 없이 적나라하게 드러난다는 것입니다. 그래서 내적 성장에 관심이 싹트는 순간이 있다면 더 이상 미루지 말고 진리와 사랑을 추구하는 삶을 향해 부지런히 길을 내야 합니다. 남은 생애 중 지금이 가장 젊은 시간이기에, 언제든 영혼의 빈자리를 느낀다면 바로 시작해야 합니다.

그런데 우리 생에는 그런 시작을 할 수 있는 영적으로 은혜로운 시기가 보통은 공허감과 함께 찾아옵니다. 여성의 일생에서 새로운 전환기 혹은 제2의 생이 시작되는 시기는 중년의 위기로 시작됩니다. 삶의 가을이 시작될 때, 우리는 생의 자리를 점검하고 앞으로 가야 할 방향을 모색해야 합니다. 그래서 우리가 걷는 영적 여정에서 아마도 가장 중요한 시기는 중년기와 그 이후의 노년기라고 할 수 있습니다.

인생의 가을, 중년

우리 사회에서 여성은 젊고 아름다운 존재라는 강한 인식이 있습니다. 더 이상 젊고 푸릇한 여성이 아닌 어머니 또는 중견 사회인으로 받아들여질 때 많은 여성이 깊은 불편감과 상실감을 호소합니다. 그런데 젊은 여성이란 남성 중심의 가부장적 사회에서 기존 질서를 위협하지 않으면서 즐거움을 주는 대상이라는 의미를 암시합니다. 그래서 젊고 아름답고 싶다는 것은 남성 중심적 기준 혹은 기존 질서에 적합하거나 '가지고 싶은$_{desirable}$' 대상이 되고 싶다는 의미일 수 있습니다. 실제로 사회적 기준에 맞추기 위해 몸의 크기나 목소리를 줄이고 얼굴을 고치려는 여성들을 우리는 흔히 봅니다.

어떤 면에서 중년의 시기는, 사회에서 타자의 시선을 받는 일에 익숙했던 자리에서 자신의 시선으로 원하는 것을 보는 자리로 이동하는 시기입니다. 거리에 나서면 당연하게 자신을 향하던 시선들이 거두어지고 '아줌마'라는 이름으로 불리는 것입니다. '열심히 살아온 것 같은데 이것이 과연 나의 삶인가' 하는 의문이 들기 시작할 때, 우리는 생의 가을이 시작되었음을 알게 됩니다. 한편으로는 부모님을 비롯한 주변의 어른들이 쇠약해지고 돌아가시는 모습을 봅니다. 자녀들도 성장하고, 자신의 삶도 어느 정도 안정되어 감을 느낍니다.

삶은 계속 변화하며 흘러갑니다. 영국 시인 존 키츠 John Keats 는 〈가을에게 To Autumn〉라는 시에서 이렇게 노래합니다.

봄의 노래는 어디 있나? 어디에 있지?
그것을 생각하지 말아라. 당신도 당신의 음악을 가지고 있으니.

봄의 노래는 우리의 추억, 사건, 성취 속에 있습니다. 이제는 그런 노래를 내려놓고 내 생의 한가운데를 관통하는 음악을 발견해야 합니다. 그 음악을 가지고 새로운 노래를 써 가야 합니다. 중년은 삶의 전반부를 지난 후 새로운 삶의 양식과 자기 모습을 찾아가는 시간입니다. 그것은 결국 사회가 내 삶에 부여한 의미가 아니라, 걸어온 길에 새겨진 발자국에서 스스로 새로운 의미를 찾아내는 일에서 시작됩니다.

• 우선 멈춤

중년을 맞이할 때 먼저 해야 할 일은 '일단 멈추어 서기'입니다. 아직 해야 할 일이 많고, 조금만 더 하면 무언가를 이룰 수 있을 것 같아 최고 속도로 달리고 있었다면 더욱더 멈추어 서야 합니다. 너무 힘들게 날갯짓하고 있었다면, 이제 잠시 날개를 쉬게 하고 나무에 기대어 쉬어야 합니다. '쉼'이라는 수는, '쉬어 가라'는 뜻이라고 합니다. 잠시 쉬어야 더 오래 달릴 수 있습니다. 가던 방향을 점검하고, 만일 내가 가야 할 길이 아니라면 다른 길을 상상하고 새로운 길을 떠나야 할지도 모릅니다.

생태적으로도 개인의 삶에서도, 현대 문명은 멈춤을 허락하지 않습니다. 하지만 충분히 달렸으므로 이제는 쉬어야 한다고 분명히 말해 주는 중년의 시간은 찾아옵니다. 혹은 이를 중년의 위기라고도 표현하는데, 무기력증, 공포, 피로감, 권태, 결혼이나 직장 생활로부터의 일탈 등이 나타나기 때문입니다. 하지만 이것은 그저 지나가는 바람 같은 것이 아니라, 멈추어 삶의 탄력성을 회복하고 사회가 준 정체성이 아닌 본연의 삶을 찾아가라는 초대입니다. 어쩌면 이 문명에는 최고가 되기 위해 계속 달려야 한다는 신념 체계를 바꿀 신앙이나 철학이 존재하지 않는지도 모릅니다.*

생의 여백을 찾아 그곳에서 쉬는 중년의 시기는 은총의 시간입니다. 비로소 우리는 내면에서 일어나는 질문과 의심에 귀를 기울이는 훈련을 할 수 있습니다. 기도와 성찰이 길을 안내해 줄 것이며, 좋은 영적 지도자를 만나는 것도 큰 도움이 됩니다.

---

* Harald Welzer, *The Culture of Stopping* (Polity, 2023), pp. 29-35.

• **삶을 다시 해석하기**

많은 여성들은 자신이 예쁘지 않고, 좋은 학교를 다니지 못했고, 남편이 출세하지 못했거나 자식들의 삶이 변변치 못한 것에 대해서까지 자신을 탓하거나 수치스럽게 여깁니다. 이러한 수치심은 사회라는 대타자가 우리에게 강요한 모습 때문일지도 모릅니다. 아름다운 외모와 출세를 지향하는 한국 사회가 휘두른 폭력적 언사들 때문인지도 모릅니다. 이제 그런 세속적이고 경박한 잣대를 버리고, 내가 살아온 삶을 조금 더 친절하게 되돌아보고, 새롭게 삶을 해석해야 할 때입니다.

그러면 삶을 다시 해석하기 위해 우리는 무엇을 해야 할까요? 먼저 어린 시절 자신을 주눅 들게 했던 가난, 좋지 않은 성적, 뚱뚱한 몸과 같은 부정적 경험을 결정적으로 심어준 틀frame을 객관적으로 인식해야 합니다. 그것은 단지 하나의 사회적 잣대라는 것, 그 시대와 문화, 가정 환경이 부여한 메시지에 불과했음을 이해해야 합니다. 그리고 이제 그 시절을 벗어났음을 인정해야 합니다. 예를 들어 어린 시절 뚱뚱했던 여성들은 지금은 충분히 건강한 몸인데도 여전히 뚱뚱하다고 생각하는 경향이 있습니다. 그러므로 자신에 대한 고정관념이 무엇인지 이해하고, 그 고정관념을 형성한 목소리가 누구의 것이었는지 돌아보는 작업이 필요합니다.

그리고 수치심을 다루어야 합니다. 수치심은 부정적인 경험을 개인적인 문제로 여기는 데서 비롯됩니다. 하지만 우리가 겪은 모진 경험이나 아픔은 개인의 문제가 아니라 사회적·문화적 공간에서 다른 여성들과 공유했던 구조적 문제입니다. 가난한 농부의 딸로 태어나 고생한 것은 누구의 잘못도 아닙니다. 부끄럽게 생각했던 자기 집안의 이야기를 꺼내어, 그 안에서 어떤 인생이 펼쳐졌고, 누구를 만났고, 어떤 아름다운 순간이 있었는지를 자기만의 시선으로 바라보아야 합니다. 가난한 집에도 서로를 돌보는 온기가 있었을 수 있고, 부유한 집에서도 냉랭한 외로움이 있었을 수 있습니다. 중요한 것은 자신의 환경 속에서 펼쳐졌던 삶을 담담히 바라보는 일이고, 그러기 위해서는 자신의 실수나 잘못에 대해 위로해 줄 용기도 필요합니다.

삶을 다시 바라보는 관점을 얻기 위해 우리는 다양한 작업을 할 수 있습니다. 그중에서도 꾸준한 독서를 권합니다. 프란치스코 교황은 교회의 수도자나 성직자는 모두 문학을 사랑해야 한다고 말했습니다. 이야기 속에서 우리는 자신의 삶을 읽어 내는 기술을 터득할 수 있기 때문입니다. 또한 다른 여성들로부터 진솔한 삶의 이야기를 듣는 일도 이런 기술을 제공해 줄 수 있습니다.

또 우리에게는 이야기를 나눌 수 있는 공간이 필요합니다. 공감하며 경청해 주는 안전한 공간에서 진솔한 이야기를 나눌 때, 자신의 삶으로부터 적당한 거리가 생겨납니다. 우리에게 필요한 것은 삶의 의문에 대한 답을 들려줄 누군가가 아니라 진정한 사랑으로 경청해 주는 사람들입니다.

글쓰기도 매우 중요한 도구입니다. 있는 그대로 떠오르는 기억을 적어 보는 일은 삶에 대한 새로운 시선을 만들어 내는 좋은 작업입니다. 이때 중요한 것은 정직함입니다. 정직하게 글을 쓰고, 그것이 자신이 바라본 과거임을 인식하는 과정도 중요합니다. 어쩌면 몇 년 후에 이 사건을 다시 바라본다면 완전히 다른 이야기가 될지도 모릅니다.

요즘 나는 영혼의 지도를 자주 그립니다. 기도하는 텅 빈 마음은 어느 정도의 크기인지, 지금 읽는 책의 저자들은 근처 공원의 어디쯤 있는지 그려 봅니다. 지금 내 공원의 벤치에는 에드거 앨런 포, 모리스 블랑쇼, 오르한 파묵이 있습니다. 성서도 있고, 나혜석과 버지니아 울프, 자크 라캉도 있습니다. 영적 산책길에는 나무들, 눈, 여름 저녁이 있습니다. 아침형 인간이 아니어서 아침에 관한 것은 별로 없습니다. 큰길에는 지금 열심을 내고 있는 프랑스어 공부, 책 프로젝트 같은 것을 적습니다. 그리고 조금 멀리 다리 너머에는 다른 세상으로 간 친구나 기억력을 잃은 스승들이 있습니다. 그리고 이 지도 안에서 가로등을 켜고 늘어진 내 그림자를 보면서 길을 걷는 나를 묵상합니다.

이런 작업을 통해, 자신이 어떤 틀을 가지고 세상과 자기의 생을 바라보고 있는지를 알아 갈 수 있습니다. 자신이 생각한 이상적인 삶은 어디서 온 것인지를 바라보는 것입니다. 몇 년 전에 영성 지도를 받고자 찾아온 한 자매는 자신은 항상 남들보다 괜찮은 사람이어야 한다고 생각하는 사람이었습니다. 매사에 적극적이고 매력적인 자매였는데, 스스로는 항상 남과 비교하면서 힘들어했습니다. 자신이 어떤 상황에서 누구에게 못 미친다는 사실을 받아들이기 힘들고, 질투심에 가끔 자기보다 잘난 사람을 두고 뒤에서 험담하기도 한다고 했습니다.

우리가 함께 한 작업은 어린 시절부터 떠오르는 기억을 이야기하는 것이었습니다. 그는 열심히 해도 평균 90점이 안 되는 성적, 리더십이 있어도 반장이 되지 못했던 학창 시절이 씁쓸하다고 했습니다. 엄마는 항상 좀 더 잘하기를 바라면서 칭찬에 인색했습니다. 왜 제일 잘하는 사람이 되고 싶은지 이야기하는 대목에서, 그는 '엄마를 기쁘게 해 주고 싶어서'라고 말했습니다. 엄마가 늘 아팠기 때문에, 엄마 대신 자기가 공부도 잘하고 인기도 많은 모습을 보여 주고 싶었다고 합니다. 그리고 자신의 경쟁심이 어디서 오는지, 또 어디로 가는지를 바라보는 작업을 계속했습니다. 물론 그런 경쟁적 태도가 어떤 한 가지 원인에서 나오지는 않겠지만, 최소한 자신의 사고와 행동 방식의 틀을 이해하는 작업을 하면 자신을 받아들이기가 조금 수월합니다. 그리고 자신의 그런 경향을 가볍게 농담처럼 이야기하는 것도 도움이 됩니다(사실 남들은 그런 당신을 더 잘 알고 있습니다).

• 대안적인 삶

다음으로, 자기 안의 새로운 인격을 끄집어내는 일로 나아가봅시다. 인간 내면의 음과 양, 여성성과 남성성에 대해 연구한 카를 융은, (내면을 양극으로 나누기를 좋아하지 않는 이들도 있겠지만) 두드러진 인격personality의 특성을 보완하는 잘 드러나지 않는 인격이 있다고 설명합니다. 그리고 그 두 인격이 서로를 보완하고 융합될 때 영혼이 성숙해진다고 강조했습니다.•

토머스 머튼은 중년을 맞으면서 자기 내면의 새로운 여성성 즉 아니마anima를 찾았습니다.•• 백인 남성인 그가 찾은 자신 안의 여성성은, 구약성서에 나오는 지혜the Lady Wisdom, 중국의 공주

- • Carl Jung, *Psychological Types, Collected Works of C. G. Jung*, vol. 6 (Princeton, NJ: Princeton University Press, 1971) 1장. Emma Jung, *Animus and Anima: Two Essays* (Washington D. C.: Spring Publication, 1998)도 참조하라.
- •• Jung Eun Sophia Park, *An Asian Woman's Religious Journey with Thomas Merton: Journey to the East; Journey to the West* (New York: Palgrave, 2023).

(도교의 지혜를 의미합니다), 남부의 흑인 유모 the black helper, 그리고 예수 그리스도의 여성성을 의미하는 '하기아 소피아'입니다. 어려서 어머니를 잃고 내면에서 눌린 여성성을 회복하는 것이 중년을 맞은 머튼이 힘쓴 영적 수련이었던 것입니다. 반대로 여성들에게는 이때가 숨어 있는 아니무스 animus, 즉 남성성을 찾아내는 시기가 될 수 있겠습니다.

이 시기에는 신체적인 변화가 큽니다. 여성 호르몬이 줄어들고, 폐경이 시작되고, 호르몬 문제로 우울증이 심해지는 여성들도 있습니다. 몸이 무척 아픈 사람들도 있고, 신경질적인 상태가 되어 잠을 잘 못 자고 알 수 없는 불안감에 괴로워하기도 합니다. 어떤 여성들은 독립하는 자녀가 둥지를 떠나는 정도가 아니라 둥지에 불을 지르고 가는 것 같다는 이야기도 합니다.

그리고 이런 경험은 삶의 변화를 불러옵니다. 어떤 여성은 일탈처럼 보이는 일을 합니다. 안정된 결혼 생활을 끝내고 이혼을 택하는 여성도 있습니다. 남성들도 마찬가지인 것 같습니다. 내가 조교로 있던 미국의 신학교에서 목사가 되려고 하던 얌전한 신학생이 갑자기 귀를 여러 군데 뚫고 몸에 문신을 하고 나타난 어느 날이 기억납니다. 이유를 조심스럽게 물었더니 그는 이렇게 답했습니다. "지금 안 하면, 내가 해 보고 싶었던 걸 영원히 못 할 것 같아서." 그리고 사실은 자신도 왜 이렇게 했는지 생각해 보는 중이라고 그는 말했습니다.

　중요한 것은 무엇을 선택하느냐가 아니라, 왜 그런 결정을 하게 되었고 그 결정이 의미하는 바가 무엇인지를 아는 것입니다. 그러므로 중년이란, 사회에서 용인된 것이 아닐지라도 신중하게 식별하여 자기만의 새로운 방식을 추구하는 시기, 혹은 같은 방식의 삶을 살더라도 좀 더 새롭고 창의적인 시선으로 바라보기 시작하는 시기입니다. 그렇게 생각한다면, 중년은 매우 설레는 시간일 수 있습니다.

노년기의 영성

　현대인에게 익숙한 고독사라는 말과, 버려지고 잊히는 우울한 삶의 이야기들 때문에 우리는 노년을 두려워합니다. 그럼에도 불구하고 노년기의 삶을 살펴보아야 하는 이유는 그것이 결국 우리가 걸어가야 하는 생의 마지막 장이기 때문입니다.

　영성 지도자로서 타인의 영적 여정을 경청할 수 있는 특권을 가진 나는 중년의 위기와 노년의 슬픔에 관한 사람들의 이야기를 잘 들을 수 있었습니다. 멤피스에 살고 있는 마리안느라는 한 여성과는 이십 년의 시간을 함께하며, 특별히 갱년기를 시작으로 이혼과 재결합, 자녀들의 결혼, 지역사회에서의 헌신 등으로 이어지는 그의 삶의 과정을 아주 세밀하게 지켜볼 수 있었습니다. 우리는 열 살 차이가 나는데, 어느 날 나의 육십은, 그리고 그의 칠십은 무엇이길 바라는지에 대해 이야기를 나누었습니다(주로 그분이 이야기하고 내가 경청하는 이 자리에서 그는 늘 재미있게 시작을 이끌곤 했습니다). 나는 삶의 신산과 감미로움과 낭만을 하나하나 깊숙이 맛보는 육십이란 뜻에서 "sixty: savoring"(육십: 음미하기)이라고 말했습니다. 그러자 그는 눈을 반짝이며 톡 쏘는 맛의 칠십, "seventy: sparkling"(칠십: 톡 쏘는)이라고 답했습니다.

하버드 졸업생인 그는 어느 날 자신의 첫사랑이 하버드 동창생을 인터뷰하는 장면을 보았다고 했습니다. 끔찍하고 전형적인 유대인 노인이 된 그를 보면서, 정말 지루한dull 그 모습이 충격이었다고 했습니다. 그런 옛날 남자 친구를 보면서 자신의 청춘이 배반당한 것 같은 느낌이라고 했습니다. 텔레비전 쇼에 나온 옛 남자 친구는 인터뷰하는 동창생과 함께 찍은 캠퍼스 사진을 공개했는데, 사진에서 그가 즐겨 입던 티셔츠가 눈에 들어왔습니다. 그리고 그 시절 누구보다 가까웠던 자신을 도려내고 말하는 대학 시절의 추억이 너무 생소했다고 했습니다. 톡 쏘는 칠십이 되고 싶은 자신과는 반대로, 그는 아무런 개성 없는 노인이 된 은퇴한 저널리스트였던 것입니다. "생은 흘러갔고, 나의 기억은 나의 것이고, 그의 기억 속에 나는 이제 존재하지 않는다"는 것, 그리고 자신의 삶을 채웠던 다른 소중한 가족들도 그렇게 멀어져 가는 것이 느껴진다고 그는 말했습니다.

그는 요즈음 아침에 눈을 뜨자마자 마음을 채우는 날카롭고 뾰족한 감정은 바로 슬픔이라고 했습니다. 그것은 친구들이 하나하나 세상을 떠나가고 자녀들의 삶에서도 저만치 물러나 있는 상황, 혹은 밖에서 사람들이 나타내는 친절이나 무관심에 대한 세세한 반응이 아니었습니다. 그것은 이미 한 바퀴를 돈 시간의 수레바퀴를 낡은 벽에 기대 놓고 바라보는 듯한 그런 슬픔이라고 했습니다.

수녀원의 수녀님들이 늙어 가는 과정을 옆에서 바라보는 나도 그것이 결코 쉽지 않은 일임을 알 것 같습니다. 수녀님들은 "소피아, 너는 늙지 마. 늙는 거 재미없어"라고 말하곤 합니다. 팔십이 된 수녀님들은 이제 기억을 잃어버리면서도 여전히 자신의 늙음을 받아들이기 힘들어하기도 합니다. 다양한 모습으로 노년을 맞는 수녀님들을 보면서, 칠십의 톡 쏘는 맛을 즐기기 위해서는 줄어든 능력과 한계를 있는 그대로 받아들이고 잘 헤아릴 수 있어야겠다는 생각을 합니다.

우리는 늙어서 병들거나 움직일 수 없어 사회의 짐 같은 존재가 될까 두려워합니다. 노년기에 대한 과장된 걱정을 듣고 무기력감을 느끼기도 합니다. 이런 반응들은 노년에 대해 스스로 혹은 사회가 부과한 부정적 이미지 때문입니다. 내 친구 수녀 줄리아는 사십대 때부터 자신은 괴팍한 노파가 될 것 같다고 농담하곤 했습니다. 이유를 물으니 "지금도 긍정적인 데라곤 없는 냉소적이고 비판적인 독일인인데, 늙어서는 아마 더 그럴 것 같다"고 했습니다.

노년기는 그저 삶의 일부입니다. 그러나 우리는 노년기를 지나치게 대상화하는 경향이 있습니다. 거부하고, 호들갑스럽게 대하고, 또는 무시합니다. 사람들은 노년에 대해 말할 때, 주름이 생기고 기억이 흐려지고 활동의 제한이 생길 때 어떻게 해야 할까 걱정합니다. 하지만 우리는 매일 조금씩 늙어 가기 때문에 그런 충격적인 일은 일어나지 않습니다. 시간에 따라 서서히 늙어 가면서 몸도 익숙해집니다. 오히려 갱년기가 조금 더 힘든 것 같습니다. 늙어 가는 몸이 아직 익숙하지 않은, 마음의 나이와 몸의 나이가 조화를 이루지 못한 시기여서인 것 같습니다. 그러다 노년이 되면, 흘러가는 강물을 바라보듯 세월의 강의 흐름을 찬찬히 바라보는 시선을 가질 수 있습니다. 그것이 바로 노년의 영성일 것입니다.

미국에서 발전한 발달심리학은 노년을 가리켜 인간의 성숙이 완성되는 시기로 기술하는 경향이 있습니다. 에릭 에릭슨은 노년기에 대해 모든 것이 완벽하게 통합되는 시기라고 설명하고, 로버트 키건은 자기를 객관적으로 바라보며 탄력성을 갖게 되는 상태로 설명합니다. 키건의 이론이 좀 더 현실적인데, 그는 이 경지에 이른 사람은 노인 인구 중에서 겨우 1퍼센트 정도라고 말합니다.* 그러니 노년기의 모든 사람에게 통합이라는 이상을 무조건 강요하는 것은 무리입니다. 그보다는 노년의 시간을 담담히 겸손하게 받아들이고, 그 안에서 자신의 삶의 결을 찾는 작업을 해 나가면 됩니다.

미국에서 여성주의 글쓰기를 선도한 캐럴린 G. 하일브런*Carolyn G. Heilbrun*은 《시간의 마지막 선물 *The Last Gift of Time*》에서, 육십 이후의 시간이 복될 수 있는 것은 있는 그대로 가장 자기다운 생을 매 순간 선택할 수 있기 때문이라고 단언했습니다.** 그는 삶의 변화를 받아들일 것을 강조합니다. 이 유머러스한 책은 솔직한 미국 할머니의 감성으로 가득 차 있는데, 고독을 갈망하여 남편과 별거를 결심하고 홀로 조그만 집으로 옮겨 갔지만, 결국 자신의 한계를 알게 됩니다. 그는 전기를 고칠 줄 모르고, 사람을 좋아하며, 중요한 문제들을 그때그때 토론하고 싶은 사람입니다. 그래

---

* Robert Keegan, *The Evolving Self*.
** Carolyn G. Heilbrun, *The Last Gift of Time: Life beyond Sixty* (New York: Ballantine Books, 1977), p. 6.

서 결국 살아온 방식에 약간의 고독을 초대하는 절충안, 즉 남편과 살면서 각자의 공간을 존중하는 방식을 택했다는 그의 이야기가 무척 마음에 다가옵니다.•

또한 그는 두 번째 순진함the second naivete으로 돌아가서 정말 하고 싶은 일을 꼭 해 보라고 권유합니다. 그는 어린 시절부터 꼭 해 보고 싶었던 강아지 키우기, 영문학 작품에 나오는 영국 문화 속으로 들어가기 등을 실천합니다. 그는 아침에 일어나 가장 좋아하는 일을 하고 낮잠을 자며, 오후에는 해야 할 일들을 가볍게 하는 삶의 리듬을 언급합니다. 우리 역시 생의 마지막이라는 마음으로, 다른 누군가가 아닌 바로 자신이 정말 하고 싶은 일을 할 수 있습니다. 물론 가장 좋아하는 일을 노년에 하려면, 중년의 시기 동안 치열하게 고민하며 인생의 마지막 장에서 진정으로 하고 싶은 일이 무엇인지 알고 있어야 할 것입니다. 나름대로 열심히 살았는데, 손을 빠져나간 모래알처럼 아무것도 남지 않았다고 느낀다면, 아주 단순하게, 노년이란 시간에 내가 하고 싶은 어떤 일이 남아 있는지 찾아보고 시도해 보아야 할 것입니다.

• Heilbrun, *The Last Gift of Time*, 2, 3장.

• **관계의 태도**

자신의 영성에 대해 이야기할 때, 자신은 이렇게 열심히 살았고, 자신의 감정을 잘 알며 그것에 충실하다고 자랑하는 이들이 있습니다. 기도도 열심히 하고, 봉사 활동에도 빠지는 일이 없다고 말합니다. 그런데 왠지 그런 이야기를 듣다 보면 마음이 불편하고, 상대가 거짓말하는 것도 아닌데 그의 영성에 대해 의문이 듭니다. 왜냐하면 그 사람의 이야기에는 타자가 결여되어 있기 때문입니다. 우리 존재는 상호 관계 속에 놓이고 시간에 따라 변해 갑니다. 자기를 중심으로 끝없이 펼쳐지는 이야기는 어쩌면 착각일 수 있습니다. 너무 타인에게만 신경을 쓰는 것도 성숙을 저해하는 요소지만, 결국에는 (특히 노년기의 영성을 말할 때는) 관계 안에서 자신을 객관적으로 자리매김할 수 있어야 합니다. 마르틴 부버Martin Buber가 말하는 인격적인 '나-너' 관계* 안에 있는 자신을 만나야 합니다.

노년기의 중요한 과제는 다음 세대와 소통하며 배우는 일입니다. 나이 든 사람이 할 일은 듣는 일입니다. 이미 내가 경험한 것

---

* 《나와 너》(대한기독교서회). 부버는 상대를 물질이나 도구로 보거나, 관계를 자기 없이 상대로 채우거나, 자기도 상대도 단지 도구가 되는 삶을 거짓된 삶으로 여긴다. 여성들의 경우, 자기는 없이 그 자리에 상대가 들어오거나 자기의 인격을 없애고 스스로 도구가 되는 경우가 많다.

과 그 속에서 얻은 답은 다른 세대에게도 통하는 답이 아닙니다. 어린아이 같은 눈으로 다음 세대 혹은 그다음 세대가 세상을 바라보는 안목을 경이롭게 바라보고 배우는 태도를 가져야 합니다. 우리는 모두 생의 여행자이고, 각기 다른 지점에서 최선의 것을 선택합니다. 새로운 것을 배우는 마음으로 다음 세대의 삶과 그들의 어려움과 기쁨을 경청해야 하고, 반대로 자신이 세상의 주인공이 될 수 없다고 화를 내거나 자신의 늙음을 감추려 해서는 안 됩니다.

성서에는 젊은 여성과 나이 든 여성이 한 팀으로 삶을 헤쳐 가는 이야기들이 있습니다. 룻기에서 시어머니 나오미와 며느리 룻은 고난 앞에서 생을 함께 모색하고 미래를 계획합니다. 국적이 다른 이 두 사람의 남다른 우정은 땅과 자손이라는 축복을 가져다줍니다. 또 예수를 성령으로 잉태한 마리아가 산골의 엘리사벳을 찾아가는 이야기는, 하느님의 신비를 잉태한 두 여성이 서로를 알아보고 돌보아 주는 무척 아름다운 이야기입니다.•

늙음을 거부하는 문화에서 노인이 된다는 것, 더구나 행복하고 시들지 않는 생명력을 가진 노인이 된다는 것은 문화를 거스

• Sharon W. Betters and Susan Hunt, *Aging with Grace: Flurishing in an Anti-Aging Culture* (Weaton: Crossway, 2021), pp. 153-169, 113-131.

르고 신앙을 이루어 가는 일입니다. 그러기 위해서는 함께 늙어 가는 여성 공동체, 상실과 아픔을 나누고 보듬는 공동체가 매우 절실합니다. 함께 일정한 시간에 기도하거나 예배하는 공동체처럼 든든한 노년의 자산은 없습니다. 거창한 공동체가 아니어도 괜찮습니다. 자매들이 모여 삶의 크고 작은 순간을 함께 나눌 공간이 있다면, 노년은 훨씬 풍성한 시간이 될 수 있습니다. 할머니의 마음으로 사회의 불의에 맞설 수도 있고, 소외된 사람에게 손을 내미는 작은 일들을 함께 해 나갈 수도 있습니다.

• 받아들이기

노년의 삶은 생의 흐름 속에서 지금에 도달한 자신을 받아들이는 일에서 시작된다고 볼 수 있습니다.* 그러기 위해서는 때를 아는 지혜를 가져야 합니다. 이제는 자녀가 우리를 염려하고 사람들이 더 이상 우리 이야기를 들으려 하지 않을 때, 우리는 생의 마지막 장인 노년기에 들어섰음을 알아차려야 합니다.

그것은 마치 나무들이 겨울을 맞아 잎들을 미련 없이 떨구어 내는 것과 같습니다. 이제는 고요한 가운데 허허롭게 서서, 생의 순간들에 멋진 이름을 지어 주어야 합니다. 자신의 아픔은 어떤

---

* 폴 투르니에, 《노년의 의미》(포이에마), pp. 343-345.

꽃이었다고, 젊었던 시절의 어떤 기억들은 어떤 빛깔의 의미였다고, 하나하나 기억해 주는 것입니다. 여기서 중요한 것은 마음에 밀려오는 후회나 수치심은 의미가 없음을 깨닫는 일입니다. 중년기에 삶을 형성해 온 해석의 틀을 이해하고 그 틀을 넓히며 삶을 새롭게 이해해 왔다면, 노년기는 그 모든 것을 통해 지금의 자신이 형성되었음에 만족하는 시기입니다. 깊은 회한조차 이미 변화하여 현재의 삶에 그대로 담겨 있기 때문입니다.

생이 흘러 마지막 장의 시간이 왔다는 절박함으로, 이제는 현재에 온전히 머물러야 합니다. 그래서 이 시기는 '지금 여기'라는 현재성에 머무는 관상으로 초대받는 시간입니다. 노년의 쓸쓸함을 잘 받아 안아 주면서 품위 있는 자세로 묵묵히 서 있는 시간입니다. 쓸쓸함을 벗어나려고 안간힘을 쓰기보다 그 쓸쓸함을 사랑하는 법을 배우려 노력하는 것입니다. 건강이 좋지 않거나, 사랑하는 친구와 가족이 곁을 떠나기도 할 것입니다. 그런 경험들을 묵묵하고 깊이 있게 받아들여 갈 때, 우리 생은 고유한 향기를 발합니다. 더 잘해야 했다고 말하기보다, 그저 수고했다고 자기를 보듬을 수 있는 겸손이 가장 필요한 시간입니다. 그리고 마음을 다해 자신이 할 수 있는 사랑을 하면 됩니다. 노년은 정의와 사랑의 균형을 맞추는 저울이 사랑 쪽으로 기우는 시간이기 때문입니다.

노년기에 분별력을 가진다는 것은 자기 한계를 인식하고 다른 사람에게 자신의 자리를 내어줄 줄 안다는 뜻입니다. 백세 시대라고 하면서 지금도 무엇이든 할 수 있다는 자기 기만에 빠져서는 의미 있는 노년을 살아낼 수 없습니다. 자신의 건강과 열정을 점검하고, 현실적으로 가능한 범위 내에서 가장 원하는 일을 해 나가야 합니다. 하고 싶은 것과 할 수 있는 것의 차이를 아는 것, 그리고 포기하는 연습을 하는 것이 노년의 지혜입니다.*

• 경제적 문제에 관하여

시몬 드 보부아르Simone de Beauvoir는 늙음에 대해 매우 심도 있는 연구를 한 작가입니다. 《제2의 성 Le Deuxième Sexe》으로 잘 알려진 그가 여성주의자로서 늙음을 세밀히 관찰하고 쓴 책 《노년 La Vieillesse》은, 나이 들어 가는 여성으로서 한 번쯤 읽어 보아야 할 책입니다. 여러 가지 관점을 총망라한 이 책에서 특히 눈에 들어오는 것은 노년기와 경제에 관한 부분입니다. 그는 노년에 일하고 싶지 않거나 일할 수 없어도, 사실은 돈이 많이 들기 때문에 일을 해야 한다고 말합니다.

돈이 있는 사람들은 좀 더 품위 있는 노년을 보낼지도 모르겠

---
* 헨리 나우웬, 월터 개프니, 《나이 든다는 것》.

습니다. 그런데 품위라는 말에 약간 의심이 듭니다. 삶의 품위가 꼭 돈에서 오는 것은 아닙니다. 노년에, 특히 경제적으로 힘든 상황 속에서도 품위를 유지하는 것은 내면의 태도입니다. 그것은 생을 하나하나 소중히 여기며 사랑하는 자세를 의미합니다. 마지막 순간까지 사랑하기를 택할 때 그 존재는 완성되고, 우리가 나누어 준 것들이 우리가 형성한 삶이 될 것입니다.

노년기가 힘든 것은 사실입니다. 그러므로 중년기의 어느 시점에, 노년에 어떤 삶을 살고 싶은지 식별하고 생각해 두어야 합니다. 어느 정도의 검소하고 간결한 삶을 살 것인지, 진정 자신을 기쁘게 하는 것이 무엇인지를 알고 있어야 합니다. 은퇴를 코앞에 둔 많은 사람들이 전원주택을 꿈꾸는데, 자신이 정말 시골 생활을 좋아하는지 생각해 볼 필요가 있습니다. 원하는 삶의 방식을 그렸다면, 가진 자원의 테두리 안에서 계획을 세워 봅니다. 만일 노년이 되었을 때 가진 것이 하나도 없다면, 그 상황에서 가장 즐겁고 행복한 일이 무엇인지를 찾아내야 합니다. 누군가는 한계 때문에 노년이 슬프다고 이야기하지만, 다시 생각해 보면 이 시간은 무엇이든 가장 소중한 하나를 선택해 집중하고 돌보고 사랑하는 시간입니다. 존재가 소멸하는 순간까지 간직하고 싶은 사랑은 무엇을 향한 것인지를 경제적인 여건 안에서 생각해 보아야 합니다. 이처럼 마지막 순간에 해 보고 싶은 것 한두 가지를 알아내는 것이 어쩌면 생의 말년을 위한 가장 뜻깊은 준비일 수 있겠습니다.

• **늙은 몸**

보부아르는 문학 작품 속에서나 현실에서나 자신의 노년을 만족스러워하는 여자를 본 적이 없다고 말합니다. 그리고 잘생긴 늙은 남자에게는 감탄을 아끼지 않으면서도, 아름다운 늙은 여자라고 부르는 경우는 없다고 합니다. 게다가 남성에게 요구되는 것은 신선함도 부드러움도 아니고, 단지 자신만만한 주체의 지성과 힘이라고 비판합니다.*

그의 주장에도 공감이 가지만, 나이 든 여성이 꼭 아름다워야 하는가에 대해서는 의문이 생깁니다. 외부의 대타자가 부여한 기준대로 아름다울 이유는 없고, 아름다울 수도 없습니다. 하지만 노인이 된 나는 나의 기준으로 아름다울 수 있을 것입니다. 신을 따르는 자의 아름다움이거나, 모든 것을 다 내어주고 헐벗은 채 서 있는 11월의 나무처럼 어떤 상실을 체현한 아름다움일 수도 있겠습니다. 노년에 타자의 시선은 그다지 문제 되지 않습니다. 중요한 것은 생을 직시하고 바라보는 자신의 시선입니다.

• 《노년》(책세상), p. 413.

보는 대상을 있는 그대로 관찰하고 묘사할 수 있다는 점에서 나는 화가들을 부러워합니다. 특히 자신의 모습을 응시하고 표현한 자화상을 그린 화가들이 부럽습니다. 나는 자화상을 즐겨 감상하는데, 그중에서도 중세 이탈리아 화가 아르테미시아 젠틸레스키Artemisia Gentileschi의 자화상을 좋아합니다. 16세기에 여성 화가로서 독자적인 길을 간 그의 자화상에서는 어떤 힘이 느껴집니다. 이 여성이 젊은지 나이가 들었는지도 잘 가늠이 되지 않습니다. 그저 힘차게 자기의 길을 가는 여성의 당찬 태도가 느껴집니다.

서구의 그림에서는 늙은 여성의 모습을 아름답게 표현하는 경우가 거의 없습니다. 하지만 모든 문화가 그렇지는 않습니다. 여성 대지모신大地母神 파차마마를 모시는 페루에 가면, 할머니의 얼굴을 그린 작품을 자주 보게 됩니다. 나이가 들어서 동그랗게 굽은 몸통이나 주름이 자글자글한 얼굴이 자주 등장합니다. 강인함과 부드러움이 함께 묻어나는 이 그림들을 보고 있으면, 나의 노년도 그러하길 바라게 됩니다.

페루에서 동네 할머니들과 이야기를 나누고 사진을 찍으면서 그들에게서 느껴지는 아름다움이 무엇일까 생각해 보았는데, 바로 당당함과 자연스러움인 것 같습니다. 주글주글한 손과 구부정한 어깨에 이까지 빠진 할머니들의 당당한 눈빛을 볼 때, 우리의 노년도 그럴 수 있기를 소망했습니다. 골목 귀퉁이에 앉아 꽃을 파는 할머니들, 햇볕을 쬐며 친구들과 담소를 나누는 할머니들, 열심히 불을 지피는 할머니들에게서 삶 그 자체를 수긍하는 참 인간을 봅니다.

여성의 몸은 성적으로 강조되기에, 노년기 여성에게도 로맨스가 있느냐도 논쟁적인 주제입니다. 한편으로 노년기 여성에게도 로맨스가 있는 것이 당연하고 사랑을 추구하는 것은 권리라는 주장이 있습니다. 그런 로맨스를 다룬 영화들도 있습니다. 노년의 삶에 로맨스가 찾아온다면 그것을 거부할 이유는 없겠지만, 로맨스를 찾는 노년이란 사회가 만들어 낸 이미지라는 주장도 많습니다.[*] 노년기 여성의 삶에서 성과 로맨스는 삶을 추구하는 열정의 부산물 정도이며, 인간 사이의 연대를 통해 삶의 아름다움을 느끼는 일이 더욱 중요하게 자리 잡습니다. 사실 젊은 여성은 인간적으로 매력적인 이성을 친구로 가지기 어려운데, 나이를 먹을수록 이성을 한 인간으로서 만날 수 있다는 것이 부담스럽지 않아서 좋습니다(적어도 나는 그렇습니다).

노년의 영성이란, 삶은 매 순간 흐른다는 것을 깨닫고 젊은 날의 우스꽝스러운 모방이 되지 않게 하는 일입니다.[**] 그리고 가

---

[*] Heilbrun, *The Last Gift of Time*, pp. 112-113.

장 원하는 것에 헌신하고, 사랑하는 일에 매진하는 것입니다. 몸은 점점 말을 듣지 않고 자주 아프겠지만, 유머가 있는 유쾌한 할머니로 살아갈 수 있다면 그 여성은 자기의 삶과 깊은 악수를 나누는 사람일 것입니다.

• 죽음과 상실

윌리엄 블레이크William Blake는 생명 있는 모든 것이 거룩하다고 했는데, 어쩌면 생명이란 결국 사라지는 것이기에 그 찰나성으로 인해 영원히 거룩한 것이 아닐까 생각하게 됩니다. 고령화 시대를 맞은 요즘, '웰빙well being'과 함께 '웰다잉well dying'이 커다란 주제로 부상하고 있습니다. 살면서 죽음을 생각한다는 것은 삶의 시계가 한 바퀴를 다 돌았을 때를 생각해 본다는 뜻입니다. 기독교 전통은 늘 죽음을 생각하라고 가르쳐 왔는데, 현대의 세속화된 사회에서는 죽음을 거부하는 것 같습니다. 현대인들은 죽음을 받아들이지 않고 영원한 젊음에 대해서만 이야기합니다. 성형수술을 하고 장기나 인공관절을 이식하면서 영원한 삶, 포스트휴먼에 대한 꿈을 꿉니다.

하지만 지금의 세상은 어쩔 수 없이 죽음을 생각하게 합니다.

•• 《노년》, p. 757.

생태계 위기와 기후 변화가 심상치 않습니다. 아프리카의 사막화를 시작으로 이곳저곳에서 심한 산불, 지진, 화산 폭발에 대한 보도들이 연이어 등장합니다. 국회의사당 앞마당에 설치된 기후 위기 시계는 마지막 시간까지 4년 남짓 남았음을 알려 줍니다. 여기서 마지막 시간이란, 지구 평균 기온이 산업화 이전 시기보다 1.5도 상승하는 때를 의미합니다. 우리가 어떤 태도를 취하고 삶의 양식을 어떻게 바꾸느냐에 따라 이 시계는 더 빨리 가기도, 조금 느리게 가기도 할 것입니다. 인류세라고 명명된 시대에 접어든 인류는 죽음에 대해 진지하게 생각하기 시작했고,* 죽음은 현대 인문학의 가장 중요한 주제어가 되었습니다.**

그런데 사실 죽음은 현재의 삶과는 관련이 없습니다. 우리가 생각할 수 있는 어떤 최종적 사건이긴 하지만, 죽음이 다가왔을 때 이미 '나'는 존재하지 않습니다. 그래서 스피노자는 생에 집중하라고 말합니다. 살아가는 동안 이성을 가진 자유인으로서 자기 삶에 최선을 다하라고, 그렇게 생의 기쁨을 누리라고 말입

---

* Roy Scranton, *Learning to Die in the Anthropocene: Reflections on the End of a Civilization* (San Francisco: City Light, 2015).
** 죽음에 대한 생태학적·철학적 성찰을 다룬 Ban Ware, *On Extinction: Beginning Again at the End* (London: Verso, 2024); 불교적 시선으로 죽음을 설명한 C. W. Huntington Jr., *What I Don't Know About Death* (Somerville, MA: Wisdom, 2021)를 추천한다.

니다.˙ 우리가 죽음을 생각하는 이유는 그것이 현재의 삶의 질을 결정하기 때문입니다.

사람들의 이야기를 깊이 경청해 보면, 정말 두려운 것은 죽음 자체라기보다 병들어 몸이 아프고 사회적으로 고립되는 상황인 것 같습니다. 그래서 아무런 대책 없이 육체적 고통만 주어지는 경우라면 죽음을 택할 수 있는 자유를 허락하는 곳이 점점 늘어납니다. 미국에서는 오리건, 캘리포니아, 하와이 등 11개 구역에서 의학적 도움을 받는 죽음 혹은 품위 있는 죽음을 허용합니다. 기독교 교리와는 어긋나지만, 살아날 희망이 없고 고통이 너무 심할 경우, 환자가 18세 이상이고 충분한 의사 결정 능력이 있을 경우, 죽음을 선택할 권한이 허용됩니다.˙˙ 이 죽음을 선택할 권리가 보장되는 곳으로 잘 알려진 곳은 스위스의 '디그니타스Dignitas'입니다. 여러 나라의 사람들이 마지막 순간을 결정하고 그곳을 찾아갑니다.

이처럼 죽음의 시간이나 조건을 선택하는 것은 극단적인 경우

- Steven Nadler, *Think Least of Death: Spinoza on How to Live and How to Die* (New York: Princeton University Press, 2020), pp. 172-185.《죽음은 최소한으로 생각하라》(민음사).
- Katie Engelhart, *The Inevitable: Stories of Life, Choice and the Right to Die* (London: Atlantic Books, 2022), pp. 24-25.

겠지만, 누구나 자신의 죽음을 준비할 수는 있습니다. 한국의 경우, 연명치료 중단에 대한 의사를 밝혀 두면 연명치료를 하지 않을 권리가 주어집니다. 미국에서는 사후에 장기를 처리하는 문제와 연명치료와 관련된 의사를 문서로 작성해 둡니다. 자신의 결정을 위탁할 사람과 증인까지 함께 서명을 하고, 본인의 의사가 최대한 존중될 수 있도록 합니다. 언제 닥칠지 알 수 없는 죽음이나 갑작스러운 큰 병을 맞기 전에 연명치료 여부를 결정하고 유서를 작성하고 재산을 정리해 두면 좋습니다. 이것이 노년기에 들어서 가장 서둘러 해야 하는 일일 수도 있습니다. 가재도구와 옷을 줄이는 것도 현명한 일입니다. 누군가에게 부담이 되지 않도록, 버릴 것은 버리고 줄 사람이 있다면 다 나눠주어야 합니다. 한 해를 맞거나 보내면서 유서를 새롭게 작성하고 삶을 재정비하는 것은 죽음을 준비하는 일일 뿐 아니라 삶을 가볍게 해 주기도 합니다.

 노년기에 큰 고통을 주는 것은 소중한 것들을 상실하는 경험일 것입니다. 특히 우리는 사랑하는 사람을 잃을 때 가장 큰 슬픔을 느낍니다. 나이를 먹어 가면서 주변의 친구들이 점점 떠나갑니다. 사랑하는 사람들과 평생의 동반자를 떠나보내야 할 때도 있습니다. 시몬 드 보부아르는《아주 편안한 죽음*Une Mort Tres Douce*》이라는 책에서 어머니를 떠나보내는 과정을 적어 나갔습니니다. 너무나 실존적이어서 더욱 슬프게 느껴지는 이 에세이에서, 그는 죽음이 무서운 게 아니라 죽음으로 넘어가는 과정이 무서운 것이라고 씁니다. 그리고 자신과 가깝지 않았던 어머니가 죽어가는 과정에서 한 여성으로서 어머니의 삶을 성찰하면서, 비로소 그 삶을 이해합니다.

어머니와 딸의 관계는 복잡미묘합니다. 무척 사랑했던 사람을 떠나보낼 때보다, 사랑과 미움, 몰이해에 대한 섭섭함이 섞여 있는 관계가 끝날 때 더 큰 고통을 느낄 수 있습니다.* 나는 개인적으로, 세상의 사람들은 어머니와 이별한 사람과 아직 하지 않은 사람으로 구분된다고 생각합니다. 어머니를 잃는다는 것은 마치 딛고 있던 대지가 무너지는 느낌의 사건이었습니다. 엄마의 장례식을 치르면서 삶이란 그렇게 흘러가고 소멸하는 것임을 절실하게 느끼게 되었고 생 앞에 더욱 겸손해진 것 같습니다.

마지막으로, 퇴직 또한 큰 상실의 고통을 안겨줍니다. 자신의 직업을 자기 자신으로 인식하는 사람들은, 직장을 떠날 때 자기 정체성에 큰 혼란을 느낍니다. 우리 학교에서 퇴직한 한 교수가 어느 날 눈물을 글썽이며 이렇게 물었습니다. "내가 교수가 아니라니, 그럼 나는 뭐야?" 나는 그저 손을 잡아 주며, "여전히 사랑

---

* 박정은, 《슬픔을 위한 시간》(옐로브릭).

스럽고 지적이며 헌신적인 당신이야"라고 이야기해 주었습니다. 자신의 생을 자기가 이룬 성취나 어떤 전문적인 일과 동일시하는 것은, 생을 지나치게 축소하는 일입니다. 우리에게는 다양한 정체성이 있기 때문입니다. 시인 나오미 쉬하브 나이Naomi Shihab Nye는 〈유명하다famous〉라는 시에서, 자신은 무엇으로 유명한가에 관심하기보다 누구에게 유명한가에 관심을 갖겠다고 말합니다. 구멍가게에 줄 선 꼬질꼬질한 꼬맹이에게 친절한 아줌마로, 신호등 앞에서 춤추는 껄렁껄렁한 누군가에게 웃어 주는 아줌마로 유명하고 싶다고 그는 노래합니다.

어쩌면 상실은 노년의 삶을 채우는 주된 경험일지도 모릅니다. 하지만 그것도 생의 일부로 여기고, 가질 수 없는 것을 가질 수 없다고 인정하며, 노년이라는 계절이 지닌 슬픔의 빛깔을 있는 그대로 대면하고 싶습니다. 그렇게 낮고 단단하게 노년을 걸어가고 싶습니다.

9
신비주의

여성 영성에서 신비주의mysticism는 매우 중요한 위치를 차지하고 있습니다. 신비주의와 관련해서는 많은 오해들이 있고, 이성으로 이해할 수 없는 초자연적인 실체, 성령의 은사로 인한 특별한 현상 등에만 주목하는 경향도 있습니다. 물론 그런 측면이 없는 것은 아니지만, 신비주의는 신앙 여정을 통해 하느님의 빛 안에서 고유한 삶의 결을 찾아내고 삶을 꽃피우는 과정과 긴밀하게 연결되어 있습니다. 그런 면에서 우리는 모두 신비가로 초대된 셈입니다.

하느님을 뵙기

하느님과 직접 소통하는 사람을 신비가라고 합니다. 이는 하느님의 음성을 듣는 사람, 성서나 성사(가톨릭의 경우) 등 다른 매체를 거치지 않고 직접 하느님과 소통하는 사람을 의미합니다. 성서에 나오는 에녹 같은 사람을 신비가라 할 수 있을 것이고, 욥기는 신비가가 되는 과정을 담은 책입니다. 고통의 사람 욥이 겪은 가장 극심한 고통은, 그가 알던 하느님과 전혀 다른 하느님을 만나는 현실에서 느낀 아픔과 상처일 것입니다. 그러므로 이 책은 하느님을 향해 수없이 많은 질문을 던지고 최후에 하느님을 만나 뵙게 되는 과정, 즉 관념적이거나 도덕적인 잣대로 이해하는 하느님을 넘어 신비가의 눈으로 그분을 뵙는 영적 여정에 관한 이야기입니다.

그러므로 신비가가 된다는 것은 하느님의 실재를 보는 것이라고 할 수 있습니다. 직접 하느님을 본다는 것은, 영혼의 순수함을 되찾은 상태를 의미합니다. 시편의 많은 곳에서 주님을 뵙고자 하는 영혼의 깊은 갈망을 말하는데, 이때 주님을 뵙는다는 것은 한처음에 빚어진 영혼의 고유한 모습을 회복한다는 의미도 담고 있습니다. 이렇게 자기의 고유한 모습을 회복하는 일은 보통 다음과 같은 두 가지 과정을 통해 일어납니다.

첫째, 자기의 삶이 놓인 구조를 파악합니다. 그 구조를 떠날 수는 없겠지만 언어, 사회, 문화, 종교 등이 자신을 형성해 온 외적 구조를 구조 밖에서 이해할 수는 있습니다. 평소 이해해 온 틀을 넘어 자기보다 큰 세상을 만나는 것입니다. 아이슬란드의 그림책 《똥파리 둥갈의 모험》의 주인공 둥갈은 그런 경험을 보여 줍니다. 둥갈은 말똥더미에서 살아가는 파리입니다. 그에게는 철칙이 하나 있는데, 바로 의문을 가지는 것입니다. 생의 의미를 찾기 위해 고향을 떠난 둥갈은 어느 날 말이 똥을 누는 광경을 목격하며 놀라움에 휩싸입니다. 자기의 전 우주가 탄생하는 순간을 보면서, 자신을 포함해 그 사회에 속한 모든 이들이 이해하는 우주가 얼마나 제한되어 있는가를 깨닫습니다.[*]

류시화의 시를 통해서도 잘 알려진 소금인형 이야기는,[**] 바다를 알고 싶은 소금이 바다의 깊이를 재려고 바다로 들어가는 이야기입니다. 자신이 바다였음을 알기 위해 자기의 존재를 허문다는 이야기입니다. 이는 깨달은 자아 즉 아트만이 진리 자체인 브라만이 된다는 힌두교의 가르침에 기초하고 있습니다. 어떤 면에

- [*] 혁를레이 햐르타르손 글, 라운 플뤼겐링 그림,《똥파리 둥갈의 모험》(옐로브릭).
- [**] Sri Ramakrishna, *The Gospel of Sri Ramakrishna* (New York: Ramakrishna Vivekanada Center, 1958). 19세기 인도의 영적 스승 스리 라마크리슈나의 이 가르침은, 앤소니 드 멜로 신부가 인용하면서 기독교 세계에 잘 알려지게 되었다.

서 신비가로 산다는 것은 자신이 바다임을 깨닫는 과정, 혹은 자기 안의 신과 자신이 하나임을 알아 가는 과정을 의미합니다.

하지만 대부분의 사람은 자기가 살고 있는 삶과 그 구조를 의심하지 않은 채 열심히 살아갑니다. 자기의 이익을 추구하느라 다른 사람을 짓밟는지도 모릅니다. 모든 생이 서로 긴밀히 연결되어 있음을 보지 못하는 것입니다. 하지만 이 구조를 넘어서려면, 자기 삶을 낯설게 바라보고, 익숙한 사고방식을 깨뜨릴 용기가 필요합니다.

둘째, 신비가의 길은 멈추지 않고 내면의 작업을 해 나가는 과정입니다. 자기의 모순과 외로움을 찾아내고, 자신의 자아가 어떻게 형성되어 왔고 그것이 어떻게 자유로 나아가는 데 방해가 되는지를 깨닫는 것입니다. 16세기 신비가 아빌라의 데레사 수녀는 탐험의 시대를 살아가던 스페인 여성으로서, 더욱 흥미로운 내면의 길을 가기로 결심했습니다. 내면의 길에는 오래되어 녹슨 자아, 이기심과 아집으로 뭉친 자아가 있고, 우리는 계속되는 회심을 거쳐 매번 새롭게 이 길을 걸어갑니다. 그리고 그 길에서 자아가 허상이며 자신은 결국 하나의 물방울에 불과함을 알게 됩니다.

누구나 살면서 몇 차례의 신비 체험 혹은 '아하 모먼트Aha moment'라는 깨달음의 순간이 선물처럼 주어집니다. 이러한 체험은 우리를 내면의 존재로 이끕니다. 그 강렬함 때문에 삶이 송두리째 사라지지 않을까 두려워지기도 하지만, 감동은 시간이 지나면서 차차 누그러지고 우리는 다시 일상으로 돌아옵니다. 그럼에도 우리는 그런 경험을 통해 내면의 길을 좀 더 세밀하게 들여다볼 수 있습니다. 그 경험은 평생 동안 그 의미를 해석해 가야 할 과제로 주어진 것이며, 그 해석의 깊이만큼 삶은 깊이를 더해 갑니다.

내면의 여정에 대해 함께 이야기한다는 기대로 대화를 하다 보면, 기도를 초자연적 능력으로 이해하거나, 소리 높여 기도하는 일에 몰두하는 사람들이 많습니다. 그들은 기도를 외부로의 확장으로 여기는 것 같습니다. 하지만 기도는 내면의 중심으로 들어가는 일이고, 신비주의자란 기도를 통해 하느님 신비의 장막 안으로 내밀하게 걸어 들어가는 사람입니다. 그러면 외적으로 떠벌리는 일에는 흥미를 잃게 됩니다.

결국 신비가의 길을 걷는다는 것은 영혼의 진정한 자유를 찾아간다는 뜻입니다. 많은 신비가들은 내면의 길을 걸어가는 과정을 '정화-조명-일치'로 설명합니다. 아빌라의 데레사는 그의 자서전에서 내면의 성장 과정을 설명하기 위해 정원의 비유를 듭니다. 첫 번째 정화 단계의 영혼은 정원에 물을 주기 위해 멀리까지 걸어가 양동이로 물을 길어 옵니다. 남들이 말하는 신앙이 아니라 자기만의 내면의 길을 열기 시작하는 회심 단계로서, 삶에 여러 가지 변화가 시작됩니다. 두 번째로 조명 단계는, 그렇게 열심히 물을 길어 정원에 물을 대면서 기쁨과 성장을 체험하는 단계입니다. 마치 물을 펌프로 끌어올려 정원을 가꾸는 것처럼 수고가 훨씬 덜합니다. 그리고 마지막은 일치의 단계로, 비가 내려서 아무 일을 하지 않아도 정원에 물이 가득한 상태입니다.* 결국, 우리가 나아가야 할 자유로운 상태는 신과의 일치를 누리는 상태입니다.

영혼의 사막

영적 여정을 걷다 보면, 하느님 앞에서 진정한 자신으로 자유롭게 사는 삶을 방해하는 것들이 있음을 알게 됩니다. 껍질을 벗고 홀로 서기 위해 가장 중요한 영적 수련은, 무엇을 던져 버려야 자유로 나아갈 수 있는지를 아는 일입니다. 그러한 내면의 성찰과 자기 지식을 얻는 과정에서 필요한 것은 기도입니다. 영혼의

- Teresa of Avila, *The Autobiography of St. Teresa of Avila* (Gastonia, NC: TAN Books, 2011), pp. 70-183.

일기를 쓰고, 의식 성찰을 하고, 영적인 문제를 놓고 다른 사람과 교류하며 끊임없이 배워 가는 일이 내면으로 향하는 이 여정에서 중요한 작업입니다.

어떤 사람들은 물질적 풍요나 편안함을 포기하기가 어렵습니다. 또 어떤 사람들은 명예 혹은 품위 유지에 대한 집착을, 어떤 사람들은 좋은 옷을 사는 일을 멈출 수 없다고 말합니다. 특별한 어떤 것에 중독되는 것은 그 대상에게 종속되는 것과 같습니다. 그래서 중독 치료와 영성은 뗄 수 없는 관계에 있습니다.

이런 집착에서 자유로워지고 내면의 길을 가기 위해 우리에게 필요한 상징적인 장소는 사막입니다. 사막은 결핍의 장소입니다. 물이 부족하고, 최소한의 것으로 살아가야 합니다. 기독교가 박해받던 시대를 지나 로마제국의 공식 종교가 되고 신앙인으로 사는 것이 특권이 되어 갈 때, 사람들은 세속적인 종교인이 되는 것을 피하고자 사막으로 갔습니다. 거기서 자신의 적나라한 본성을 마주하고, 하느님을 홀로 만났습니다.

나는 사하라 사막에서 피정을 한 적이 있습니다. 모래 알갱이가 만들어 내는 침묵 속에서, 모래 더미에 앉아 하느님의 실존을 묵상했습니다. 그러다 갑자기 이 삶에 기대할 것이 아무것도 없었고 또 없다는 생각, 아무것도 입지 않고 그저 이렇게 있다가 사라지면 좋겠다는 생각이 들었습니다. 신 앞에 홀로 서는 일은 침묵 앞에 서는 일이며, 나는 저 오렌지색 모래만 한 존재이고 시간이 흐르면 내가 모래 한 알이 된다는 어떤 자연의 섭리를 마주한 듯했습니다. 지금도 가끔 무언가가 되고자 하는 마음이 들 때, 그때 모래 더미 위에서 담요를 덮어쓰고 있던 순간을 기억합니다.

사막은 자기를 대면하는 은총의 장소입니다. 자기를 구속하는 세상의 어떤 논리나 가치로부터 벗어나는 자리입니다. 사막 교부들의 금언집을 보면, 세상의 가치를 내려놓고 자유를 살아낸 이들을 만날 수 있습니다. 사라라는 사막의 은수자는 십수 년간 흐르는 물 앞에 앉아 주체할 수 없는 성욕을 다스렸다고 합니다. 이 사막 수도자의 정직함은 좀 충격적일 정도입니다. 아마 지금도 어떤 여성이 성적 충동을 가라앉히느라 매일 흐르는 물을 보고 앉아 있다고 하면 당황스러울 것 같습니다. 우리를 감싸고 있는 자아는 그런 진실한 속내를 보여 주기를 두려워합니다. 하지만 내면의 여정은 정직한 자기를 바라볼 때 비로소 시작됩니다. 그리고 어떤 것을 버려야 자유를 향해 나아갈 수 있을지 생각해 보는 일은 영혼에 매우 유익한 작업이 될 수 있습니다.

영혼의 사막에는 종착점이 없습니다. 어떤 수련을 마치면 하느님의 현존을 늘 누릴 것 같지만 그렇지만은 않습니다. 신비를 산다는 것은, 신의 신비에 내재한 무한의 넓이와 깊이 속으로 들어가는 일입니다. 그래서 어떤 종결이나 완성은 없습니다. 끊임없이 자기 결점과 온전치 못함을 너그럽게 만나고 불확실한 삶의 여정 자체를 받아 안는 것이 신비가로 초대된 삶입니다.

또한 신비가의 삶은 사막에서 맞닥뜨리는 외로움loneliness을 고독solitude으로 승화하는 삶입니다. 이는 타인을 자신의 외로움을 해결하는 도구로 사용하지 않는 훈련입니다. 그리고 누군가를 만날 때는 상대방 안에 거하시는 하느님을 뵙는 마음으로 만나는 것입니다. 외로움과 불안을 하느님의 깊이 안으로 들어가는 구멍이라고 생각하면서 묵묵히 걸어갈 때, 우리는 그런 사람을 신비가라고 부릅니다.

이런 여정에서 함께 모여 삶의 이야기를 경청하고 나누는 공간은 오아시스가 됩니다. 영혼의 이야기를 진지하게 들어 줄 영성 지도자를 찾는 일도 중요합니다. 이런 공간에서 투명하게 자기를 내보일 수 있는 사람들이야말로 진정 열려 있고 겸손한 사람들일 것입니다. 삶을 타인과 나누지 못하는 폐쇄된 마음은 결국 하느님께로 나아가는 자유를 방해합니다. 그 원인은 수치심일 수도 있고, 상처가 만들어 낸 교만함일 수도 있습니다. 겸손이란 결국 있는 그대로 자신을 바라보는 능력이고, 다른 자매들과 소통하는 공간은 자기를 비추어 주는 거울이 됩니다.

예수회 신부 월터 J. 버가트는 관상에 관한 정의를 내리면서, 신비가란 애정을 가지고 자신과 세상을, 그리고 관계 맺는 모든 사람을 길고 느린 시선으로 관조하는 사람이라고 말했습니다. 그래서 신비가는 관상하는 사람입니다. 그것은 자신의 잣대나 판단을 제쳐 두고 있는 그대로의 실재(궁극에는 사랑만 남습니다)를 바라보는 것입니다. 다시 말해, 신비가는 하느님이 창조물을 바라보실 때의 연민과 애정 어린 시선으로 사물과 사람을 바라보는 사람입니다. 매일 산책을 할 때, 한 자리에서 꽃이 피고 지는 것을 살펴보는 사람입니다. 동네 아이들이 커 가는 소리를 듣고, 이웃의 아픔에 가슴 시려 하고, 아픔 속에 놓인 이 세상이 왜 이렇게 아름다운 거냐고 눈물지으며, 그렇게 조금씩 기쁨의 사람이 되어 가는 것입니다.

신비가들

이제 세 명의 여성 신비가를 소개하겠습니다. 이 여성들은 사회적 규범을 훌쩍 뛰어넘어 하느님과의 친교 속으로 들어가 새로운 비전을 얻고, 다시 생을 향해 나아간 용감한 여성들입니다.

- **성녀 글라라**

이탈리아 귀족 출신인 성녀 글라라에 대해서, 성 프란치스코를 선망하며 평생 사랑했던 아름답고 여성적이고 지고지순한 여성으로 로맨틱하게 이해하는 경향이 있습니다. 하지만 그런 사회적인 프레임은 그가 추구했던 삶과 정면으로 배치됩니다. 물론 프란치스코 영성 자체에 다정다감함이 있지만, 글라라의 삶이 빛을 발하는 것은 독립적이고 강인하게 가난의 영성을 살아갔기 때문입니다.

내가 글라라 성녀를 신비가로 보는 것은, 자신이 따르고자 하는 가난한 그리스도를 따라서 세상에 존재하지 않는 길을 갔기 때문입니다. 그는 가난한 이를 섬기기 위해 길 위에 선 인생을 만들어 갔습니다. 글라라 성녀는 아시시의 귀족 가문에서 태어나, 여성들과 함께 기도 모임을 하며 가난한 사람들을 방문해 빵을 나누어 주던 소녀였습니다. 그러다 프란치스코 성인의 이야기를 듣습니다. 그리고 그리스도의 가난을 따르기 위해 모든 것을 다 버린 그 성인을 만나 그를 따르겠다고 말합니다. 그는 시신을 내보낼 때 쓰는 북쪽 문을 통해 자신의 집을 나옴으로써 세상에서의 죽음을 선택합니다. 그러고는 자연을 노래하며 가난한 이를 섬기고 봉사하는 프란치스코의 제자들 그룹에 들어갑니다. 할리우드 영화들은 이 장면을 멋진 남자와 사랑에 빠진 여성의 로맨틱한 이야기로 그립니다. 하지만 이후 그의 삶에 펼쳐진 것은 사도로 활동할 자유를 얻기 위한 평생의 투쟁이었습니다. 교회는 여성이 길에서 복음을 선포하고 가난한 자 안에서 그리스도를 만나는 일을 허락하지 않았기 때문입니다.

결국 교회는 프란치스코 성인이 손수 재건한 산 다미아노 수도원에 글라라와 그를 따르는 자매들을 살게 합니다. 거기서 글라라는 무엇보다 아름다운 가난한 공동체를 건설하여 프란치스코의 영성을 온전히 살아냅니다. 이탈리아 아시시에 있는 산 다미아노 수도원에 가 보면 고요함 속의 풍성함이 느껴지는데, 그 풍성함이 텅 빈 가난에서 온다는 점이 매우 놀랍습니다.

글라라 성녀의 수도원은 지참금이 없는 가난한 여성들도 들어올 수 있었고, 누구나 노동을 했습니다. 지참금 없는 여성 공동체가 살아 남기 위해서는 경제적 자립이 무엇보다 중요했기 때문입니다. 그래서 그의 공동체는 가난해도 당당했습니다. 그의 전기를 읽어 보면, 밖에 나가서 일하고 돌아온 자매들의 발을 씻어 주었다는 이야기가 자주 나옵니다. 계급이 뚜렷했던 사회에서 귀족 여성이 평민 출신 자매를 진심으로 섬기는 이야기를 듣다 보면, 글라라 성녀가 얼마나 애정 넘치는 전복적인 삶을 살았는지 감동적으로 깨닫게 됩니다.

비교적 일찍 세상을 떠난 프란치스코 성인에 비해 상당한 시간 동안 가난한 그리스도를 충실히 따랐던 글라라 성녀의 강인함은, 길 없는 길을 걸어간 신비가의 모습이라고 할 수 있습니다.

그가 자매들에게 늘 했던 말은 "그리스도라는 거울에 너의 모습을 항상 비추어 보라"는 것입니다.* '그리스도라는 거울'이라는 말의 의미는, 에고의 거울 이미지인 이상적 자아가 타자이신 그리스도의 메시지로 구성된다는 의미입니다. 물론 이 거울 이미지는 친밀함을 전제로 하며, 흡사 어머니와 아기의 친밀함과 같습니다.

나는 수도 생활을 하면서, 길이 아닌 길을 가는 듯한 힘든 순간이 닥칠 때마다 글라라 성녀를 생각합니다. 글라라는 가난한 그리스도를 따르기 위해, 여성들에게 귀족적 수도생활만을 허용한 교황 앞에서도, 내가 따르는 가난한 그리스도를 당신 때문에 포기할 수는 없다고 당당히 말하면서 순명을 거슬렀습니다. 그리고 결국 가장 따스하고 단순한 리더십을 통해 복음을 실천했습니다. 그리스도의 목소리를 따라 내면의 길을 걸으면서도 다른 여성들과의 연대를 통해 소통하는 네트워크를 만들고, 젊은 여성들의 영성 지도자로 헌신할 수 있었습니다. 글라라의 공동체

---

* *Early Documents*, Ed. Regis Armstrong (New York: Paulist, 1988), p. 48. 글라라 성녀 시대에는 거울 신비주의가 유행했다. 거울에 비추어 보는 상은 자신의 얼굴이 아니라 자기 얼굴을 통해 드러나는 그리스도의 모습일 수도 있고, 자기의 이상적 상(거울상)을 구성하는 존재가 그리스도라는 뜻도 될 수 있다. 페루 쿠스코 성당 곳곳에 매달린 거울을 신기하게 본 적이 있는데, 아마도 이 거울 신비주의의 영향인 듯하다.

는 매일 남은 음식을 이웃과 나누면서 창고에 아무것도 남기지 않는 근본적 가난을 살았고, 그 전통은 오늘날에도 면면히 이어지고 있습니다.

이렇게 말하면 아시시나 산 다미아노가 엄청 크고 위대한 장소로 들릴지 모르지만, 사실 그곳은 아주 작고 따스한 시골 마을입니다. 세상 밖으로 나가 사람을 돕고 싶었던 욕망을 대안적인 방법으로 고요하게 살아간 그분의 삶은, 작기에 더 큰 이야기로 들려옵니다. 내게 글라라는 너무나도 현대적인 여성으로, 한계 지어진 일상을 멋지게 뛰어넘어 초월을 살아가는 큰언니처럼 다가오는 위대한 신비가입니다.

• 소저너 트루스

대학에서 일할 때 가장 즐겨 가르치던 과목이 '여성과 신비주의'였는데, 어느 학기 끝에 한 학생이 긴 편지를 주었습니다. 자기에게 신비주의가 이렇게 가까운 것인 줄 몰랐다는 내용이었는데, 마지막 부분을 보며 깜짝 놀랐습니다. 당신은 우리가 모두 신비가로 불린다고 하고, 주변에서 신비가를 찾으라는 학기말 과제를 내주면서도, 왜 당신의 수업에는 온통 유럽의 백인 여성만 나오냐는 것이었습니다. 나는 정말 놀랐습니다. 미국 대학에서 신비주의를 다룰 때면 으레 중세 여성 신비가들을 공부합니다.

하지만 그 학생의 말은 옳고도 옳은 지적이었습니다. 나는 그 학생과 커피를 마시면서 새롭게 커리큘럼을 짰습니다. 그렇게 새로 첨부한 신비가가 소저너 트루스였습니다. 학생들은 모두 소저너 트루스를 잘 알고 있었고, 의심 없이 그가 신비가라고 주장했습니다.

소저너 트루스는 1797년경 뉴욕 주의 네덜란드인 거주지 얼스터 카운티에서 노예로 태어나 네 번이나 팔려 다녔습니다. 아이를 열셋이나 낳고, 자신의 아이가 노예로 다시 팔려 가는 것을 눈물로 지켜보아야 했던 여성입니다. 당연히 읽고 쓰기를 배우지 못했던 그는 자신의 삶을 올리브 길버트Olive Gilbert라는 여성에게 구술해 주었고, 그 기록이 역사적인 자서전 《1828년 뉴욕 주에 의해 노예에서 해방된 북부 노예, 소저너 트루스의 이야기》가 되었습니다.* 이 책을 읽어 보면, 그는 노예 신분에서 해방시켜 주겠다는 주인이 약속을 지키지 않자 1826년 갓 태어난 딸을 안고 탈출을 감행합니다. 그리고 자신이 만난 하느님의 음성을

- *Narrative of Sojourner Truth, a Northern Slave, Emancipated from Bodily Servitude by the State of New York, in 1828*, 펜실베이니아 주립대학에 이 역사적 책이 남아 있고, 전자책 형식으로 모든 사람이 읽을 수 있게 하고 있다. https://digital.library.upenn.edu/women/truth/1850/1850.html#:~:text=Dictated%20by%20Sojourner%20Truth%2C%20ca,Olive%20Gilbert%2C%201801-1884. 이외에도 여러 작가들이 그의 전기를 기록하고 있지만, 역사적 기록인 이 전자책이 원본이라 할 수 있다.

따라, 노예 해방 운동을 하던 기독교 그룹의 일원이 되어 자신의 체험을 이야기하는 설교가가 됩니다. 그리고 자신의 설교를 통해 하느님과의 관계 속에서 점점 깊이 자기 존재를 찾아갑니다. 자신이 체험한 것을 나누는 진실한 설교는 결국 사람의 마음을 흔드는 것 같습니다. 그래서 멋진 설교보다는 정직한 설교가 힘이 있습니다.

그렇게 그는 흑인 노예 여성으로서 흑인 및 여성의 참정권 획득을 위해 설교하며, 해방된 노예들의 삶의 질을 높이고 정의를 실현하는 삶을 살고자 했습니다. 노예 해방 이후에도 자기의 아들을 남부에 노예로 팔아 버린 노예 주인을 고소해서 처음으로 승소하고 아이를 되찾는 첫 판례를 남겼습니다. 그리고 〈나는 여자가 아닙니까?〉* 라는 설교는 노예로서 보통 남자보다 훨씬 강도 높은 노동을 해내는 자신의 경험을 통해, 여자는 남자보다 약하다는 고정관념에 돌직구를 던진 동시에 흑인 여성은 여성으로도 존중받지 못했던 인종차별적 측면에 정면으로 도전했습니다.

그는 노예의 자녀로 태어나 노예로 살았고, 주인에게 반복적인 성폭행을 당했습니다. 자서전 초반부에는 그런 삶에 대한 분

---

* https://www.thesojournertruthproject.com/?gad_source=2&gclid=Cj0KCQjw8cHA BhC-ARIsAJnY12woT-URbtPmjNglTlYi7sLB3aL1FMRm4GmUnN7LE_yuyLq8nI Whp9caAtjYEALw_wcB에서 소저너 트루스의 연설문을 볼 수 있다.

노가 잘 드러나지 않습니다. 그러다 그가 어떤 노예를 사랑했는데, 주인은 분노해서 그 남성 노예를 팔아 버렸습니다. 그때 그는 혹독한 슬픔, 특히 여성으로서 누군가를 사랑할 수 없는 현실에 대한 아픔을 느꼈다고 구술합니다. 당연히 노예 여성에게 선택권은 주어질 수 없었습니다. 그랬던 그가 미국을 대표하는 사회운동가, 대표적인 순회 설교가가 된 것은 정말 놀라운 일입니다. 그런 독보적인 존재로 살아갈 수 있었던 원천은 그의 내적 여정에 있다고 나는 확신합니다.

소저너 트루스는 기도하는 사람이었습니다. 그의 책을 보면, 어느 겨울밤 헛간 지붕 사이로 보이는 별빛을 바라보며 기도하는 순간이 나옵니다. 이는 그가 그저 시키는 대로 열심히 노동하는 노예가 아니라 인격을 가진 하나의 존재임을 자각한 순간입니다. 그리고 그 기도 안에서 "너는 너의 경험을 이야기하는 설교가가 되라"는 음성을 듣습니다. 그는 할머니에게서 신과 대화하는 법을 배웠다고 하는데, 노예살이의 아픔, 특히 어머니로서 자녀들이 노예로 팔려 가는 것을 바라보는 처참함 속에서 하느님과 홀로 만나기 시작한 것이 아닐까 생각합니다. 더욱 놀라운 것은, 노예제를 비판하는 공적인 순회 강연자가 되기 직전에 이름을 바꾸었다는 점입니다. 노예였던 그에게 붙여진 이름은 이사벨라 봄프리Isabella Bomfree였습니다. 그런데 그는 자신의 이름을 소저너 트루스('진실을 이야기하는 순례자'라는 뜻이 됩니다)라고 소개하고, 죽을 때까지 자신을 그렇게 불렀습니다.

우리는 태어날 때 이름을 부여받습니다. 그 이름에는 타자의 욕망이 깃들어 있고, 우리는 그 욕망을 만족시키려고 열심히 살아갑니다. 마치 이사벨라가 주인의 욕망을 만족시키기 위해 그저 열심히 일했던 것처럼 말입니다. 우리에게 주어진 이름 역시 마찬가지입니다. 그러므로 우리가 놓인 조건 속에서 자신의 욕망을 찾아가는 일, 그리고 부지런히 자기만의 욕망을 써 내려가는 일이 무엇보다 중요합니다. 그가 선택한 욕망이란 진리를 이야기하며 순례자로 사는 것이었고, 그는 최선을 다해 그 이름이 가진 욕망을 성실히 써 내려갔습니다. 희망 없어 보이는 삶 한가운데서 자기 이름을 찾아간 이분의 내적 여정을 보면서, 별빛이 흐르는 밤에 신과 함께한 순간을 생각합니다. 우리 삶에 그런 내적 순간이 있었다면, 그 시간을 다시 추적해 보는 일도 중요할 것 같습니다. 그 체험의 순간들이 자신을 어디로 데려가고 있는지 살펴보는 일 말입니다.

• **에티 힐레숨**

에티 힐레숨Etty Hillesum을 생각하면 마음이 설렙니다. 불꽃 같기도 하고, 꽃잎 같기도 한 그 삶이 안쓰럽기도 합니다. 내게 가장 매력적인 모습으로 다가오는 것은 진실한 자신이 되기 위해 위험한 여정을 시도했다는 것이고, 무신론자로 살던 젊은 여성이 그 길에서 신을 만났다는 것입니다. 그리고 기꺼이 아우슈비츠로 가기까지의 여정에서 들려주는 사소하고도 정직한 이야기는 삶에 대한 충실함을 가르쳐 줍니다. 그는 언제나 자기에게 정직하기 위해 일기를 썼고 어느 곳에 있든 자신의 일상을 기록했습니다. 그리고 유대인을 향한 폭력에 인간을 향한 사랑과 실천으로 맞섰습니다.

우리는 나치 전범 아이히만의 이야기를 잘 알고 있습니다. 1961년 이스라엘 법정에서 열린 재판에서, 그는 자기에게 주어진 일을 했을 뿐이라고 말했습니다. 그런 그에 대해 한나 아렌트Hannah Arendt는 악의 평범성*을 이야기합니다. 악은 비판적 사고 없이 할 일을 수행하는 인간 안에 깃드는 악덕이란 뜻입니다. 하지만 같은 시공간에서 살았던 에티라는 이 여성은 평범하고 진부한 현실 속에서 악과 투쟁합니다. 그런데 그 투쟁 방법이 참으로 소소합니다. 거대한 나치라는 악 앞에서 그가 보여 준 투쟁은, 죽는 마지막 순간까지 삶의 아름다움을 누리고 또 자기가 만나는 수용소의 유대인들을 인격적으로 친절하게 대하는 것이었습

• 《예루살렘의 아이히만》(한길사).

니다. 악과 증오와 싸우는 방법으로 그가 택한 방법은 선과 사랑이었습니다.

유대인 위원회에서 일했던 그는 베스터보르크 임시 수용소에서 사람들을 도와주는 일을 했습니다. 하지만 그 일을 하는 동안 영적 감수성이 더욱 높아지면서, 죽음의 수용소를 향해 떠나는 자신의 민족과 동행하기로 합니다. 그가 미움과 폭력 한가운데서 발견한 것은 신의 사랑이었습니다. 그는 어느 날 수용소에 피어난 노란 민들레를 보았고, 그 아름다움 속에서 하느님의 현존을 만났다고 말합니다. 그리고 더 이상 홀로 안전하게 살아갈 수 없다는 양심의 목소리를 따라 그 직업을 버리고 아우슈비츠로 갔고, 그곳에서 최후를 맞았습니다.

에티 힐레숨은 내가 아는 여성 중 가장 정직한 삶을 살았던 사람입니다. 진실한 자신을 찾기 위해 그가 한 노력은 정말 눈부십니다. 정신 병력이 있는 집안에서 태어나, 자신의 내면을 찾아가기 위해 공부를 하고 심리치료를 받습니다. 그러면서 아내가 있는 치료사와 사랑에 빠지고, 도덕적으로 환영받지 못하는 그 사랑에 충실하기로 합니다. 그리고 그가 알려 준 내적인 길을 충실히 따라나섭니다. 일기를 보면, 그는 자기의 성적 충동과 성적 감각을 있는 그대로 받아들입니다. 그리고 도덕적으로 비난받을 수 있는 성적 생활에 대해서 숨김없이 적어 나갑니다. 물론 누군가에게 보여 줄 목적으로 이런 일기를 쓰지는 않았겠지만, 스스로에게 그렇게 정직하다는 것은 남에게 보여 주는 것만큼이나 용감한 일입니다.

내가 《중단된 삶》*이라는 제목의 일기를 읽고 가장 아름다운 장면으로 기억하는 것은, 누군가에게 무릎을 꿇고 싶었다는 고백입니다. 어느 밤 문득 어떤 절대자 앞에 무릎을 꿇고 싶어진 에티는 무릎을 꿇고 기도하게 됩니다. 우리는 살아가면서 절대자이신 신 앞에 무릎을 꿇고 경배드리고 싶은 순간을 경험합니다. 그것이 바로 기독교 영성의 백미입니다. 창조주이신 신께 경배드리고 싶은 욕망. 그것이 진리에 다가감으로써 자유를 찾는 가장 자기다운 길로 데리고 갑니다.

또 하나 기억하고 싶은 것은, 에티가 꽃을 좋아했다는 점입니다. 스스로를 잘 대해 주기 위해서 어느 날에는 멀리 자전거를 타고 가서 꽃을 사 오기도 합니다. 또한 그는 친구들과 카페에서 차 마시는 것을 좋아했습니다. 그리고 언제나 자기의 소소한 삶을 기록했습니다. 정신병적 집착, 통제할 수 없는 감각들, 사랑 등 모든 것을 있는 그대로 받아들이면서 자신의 길을 걸어간 에티

- Etty Hillesum, *An Interrupted Life: the Diaries by Etty Hillesum, 1941-1943* (New York: Pantheon Books, 1984). *Letters from Westerbork* (Hampshire, England: Picador, 1996)도 참고하라.

힐레숨. 이 젊은 여성의 삶을 들여다보면, 왠지 나도 신비가의 길로 성큼 걸어갈 수 있을 것 같습니다.

* * *

나는 《고슴도치의 우아함 L'Elegance du herisson》이라는 소설을 참 좋아합니다. 프랑스 여성 작가 뮈리엘 바르베리Muriel Barbery의 작품인데, 숨겨진 내면의 삶을 추구하는 숨어 있는 삶에 대한 소설입니다. 주인공은 평범하다 못해 지루해 보이는 뚱뚱한 아파트 수위 아줌마 르네, 세상을 의심하며 자살을 꿈꾸는 사춘기 소녀 팔로마입니다. 이들은 아무도 모르는 자기만의 내면 세계를 가진 사색하는 사람들입니다. 일부러 나태하고, 맹렬하게 홀로 있고, 어마어마하게 우아한 작은 존재인 고슴도치에게서 스며 나오는 기운은 신비가의 그것입니다. 그 우아한 세계에서는, 어느 학교를 나오고 어느 만큼의 부를 누리는가 하는 신물 나는 이야기는 부차적인 것일 뿐입니다. 우리가 스스로에게 물어야 하는 질문은, '나는 나의 내면을 가졌는가', '내 안에는 내면의 갈증을 축이는 우물이 있는가' 하는 것입니다.

그러니 이제 우리 주변에 조용히 살고 있는 신비가가 있는지 한번 주위를 둘러보는 것이 어떨까요? 가만가만 내면의 빛을 따라가고 있는 그런 아름다운 여성이 있는지요? 세상의 시끄러운 눈으로 찾는다면 그런 사람은 잘 보이지 않을 것입니다. 게다가 세상에는 가짜가 판을 치고 있기 때문입니다. 아마 우리가 찾는 사람은 책을 읽고 있을 것이고, 사고하고 성찰하고 있을 것입니다. 그런 사람을 만난다면 조심스레 내면의 대화를 시작해 보십시오. 그리고 무엇보다, 우리 모두가 그런 신비가가 되도록 초대되었음을 기억하면 좋겠습니다.

10

식별에 대하여

누구나 살면서 하느님이 비추어 주시는 빛 안에서 나아갈 길을 식별해야 하는 중요한 순간을 맞습니다. 이 '식별'이라는 단어는 라틴어 '디스케르네레*discernere*'에서 온 것으로, 체로 거르거나 따로 갈라놓고 좋은 것을 취한다는 의미를 가집니다. 그러니까 삶의 여러 변수 중에서 가장 본질적인 것을 선택하도록 도와주는 기도의 모든 과정을 식별이라고 할 수 있습니다. 식별한다는 것은 선과 악이 뒤범벅된 상황 가운데서 선을 찾아내고, 여러 영들 가운데서 성령을 분별하고(요한일서 4:1), 삶의 자리 어디에서 어떻게 하느님이 현존하시는지를 느끼고, 진정성 있게 기도하면서 자신의 영적 선물과 생활 방식을 깨닫는 과정을 포함합니다. 그럴 때 우리는 사회나 교회의 요구로부터 자유로워진 상태에서 결정을 내릴 수 있습니다.*

　식별에 대한 가장 졸속한 이해는 기계적으로 정답을 찾는다는 식의 이해입니다. 마치 정답이 정해져 있는 것처럼 그것을 찾아내려 하는 태도는 식별을 오해한 것이라고 볼 수 있습니다. 영성을 삶의 예술이라고 할 때, 식별은 성령과 함께 추는 춤으로 이해할 수 있습니다. 성령의 여러 춤사위를 이해하면서 그것에 리듬과 페이스를 맞추어 가는 것입니다. 우리는 하느님의 뜻을 따르려면 욕구를 죽여야 한다고 생각하는 경향이 있습니다. 하지만 사랑이신 하느님을 따라가며 그 사랑으로 조율된 욕구를 충분히 살아내는 것이야말로 식별하는 삶이 보여 주는 최상의 모습입니다. 그리고 우리는 식별 과정에서 우리를 자유로 이끌지 못하는 내면의 요소들(두려움이나 인정 욕구)을 마주하면서 차츰 성숙해져 갑니다.

　식별은 때로는 비본질적일 수 있는 것이 생의 현 순간에 어떤 뜻을 가지는지를 찾게 해줍니다. 왜냐하면 영성의 본질은 흐름에 있기 때문입니다. 사십대에는 본질적이었던 것이, 육십대의

---

* 여성 영성 공부 공동체 '마음길 열다'의 수업에서 식별의 대가인 베스 리버트 교수가 강의한 내용 중에서.

삶을 살아가는 신앙인에게는 비본질적이 될 수도 있고, 젊은 시절 중요하지 않은 어떤 일이 갑자기 어느 순간에 생을 해석하는 중요한 사건으로 드러날 수도 있습니다. 그러므로 식별은 삶의 매 순간 의미를 찾고 최선을 다해 살아가게 하는 기도인 것입니다. 식별의 의미는 결과보다는 과정에 있고, 우리는 그 과정을 통해 삶의 자리에서 성령의 이끄심을 따라갑니다.

식별이라는 기도를 배울 때 가장 집중해야 하는 부분은 하느님의 뜻이 깃드는 삶의 자리입니다. 삶의 자리에서 올라오는 질문에 대해 정서적·이성적·육체적·영성적 차원이 모두 열리는 순간, 우리는 성령이 자신을 이끌어 가시는 방향을 모색하게 됩니다. 그렇게 함으로써 영혼은 더욱 자유로 나아가게 되는데, 이런 과정에서 자기에 대한 지식과 하느님에 대한 지식이 확장됩니다. 이것은 공부를 통해 얻는 지식이라기보다는 몸으로 체화되는 앎을 의미합니다. 그리고 이런 지식은 삶의 어려운 순간을 지날 때도 확신을 갖고 살아갈 수 있게 도와줍니다.

우리는 "하느님의 뜻을 헤아린다"고 늘 이야기하는데, 하느님의 뜻은 어디에 있을까요? 신명기 30장 12-14절에는 하느님의 뜻이 하늘에 있거나 저 바다 건너에 있는 것이 아니라, 우리 마음 안에 있다고 기록되어 있습니다. 외부가 아닌 우리 마음 안에 있는 하느님 뜻을 찾는 것이 결국 식별의 핵심입니다. 자기 안에 계신 하느님을 만남으로써 자신의 욕망을 알고, 그것을 통해 삶의 좌표를 설정하는 것입니다.

이런 기도의 과정을 통해 도달한 결론이라면 어떤 것이든 좋은 결론이 될 수밖에 없습니다. 기도하면서 행한 식별 중에 나쁜 식별은 없습니다. 그러니 식별하며 걸어가는 길에는 불안감이 없습니다. 결론적으로 식별이란 개인 혹은 공동체가 내면으로 하느님의 말씀을 듣고 삶의 구체적 정황에서 그 말씀에 응답하는 신앙의 체화 과정이라고 할 수 있습니다.

식별에 필요한 요소들

삶의 예술로서의 영성을 살아가는 데 반드시 필요한 식별은, 결국 해석과 관련되는 작업입니다. 그리고 이 작업에 본질적인 영향을 주는 것은 신앙감, 경험을 통해 축적된 지식, 경청하는 태도입니다.

먼저, 신앙감이란 잘 정돈된 신학적 체계이기보다 하느님과의 관계에서 오는 신앙에 대한 감각입니다. 언젠가 오랜 친구인

• Luke Johnson, *Scripture and Discernment* (Nashville: Abingdon Press, 1996), p. 110.

어느 수사님과 이야기하다 죄의식에 관한 이야기가 나왔습니다. 그는 매일매일 마음에 심어 주신 좋은 생각들을 실천하지 못하고 낭비해 버린 것에 대한 죄스러운 마음을 나누었습니다. 그러다 무심코 이런 말을 던지는 것이었습니다. "뭐 모르는 사이도 아닌데, 당연히 봐 주시겠지." 결코 쉽지 않은 수도 생활을 견뎌 온 그의 입에서 나온 심드렁한 농담에 한참 웃던 나는 아직도 그 말이 준 위안에 감사하고 있습니다. 한편 나에게 하느님은, 노년에 들어섰음에도 여전히 어린아이를 반기듯 하시는 아버지의 이미지입니다. 늙고 약해진 육신의 아버지를 가까이 보고 자란 막내라서 그런지, 나에게 하느님은 무섭기보다는 그 섬세한 사랑을 받고도 더 잘해 드리지 못하는 것에 미안해지는 분입니다. 이렇게 신앙감에는 하느님에 대한 이미지가 담기게 됩니다.

  신앙감에는 감각적인 기억과 추억, 삶의 역사도 담깁니다. 어느 여름 수련회에서 반짝이는 별을 보며 하느님의 임재를 느낀 개인의 역사는 그 누구와도 다른 자기만의 신앙감을 형성합니다. 길을 걷다가 혹은 잠에서 문득 깨어 하느님의 음성을 느낀 적이 있다면, 화창한 봄날 '얘야, 나는 너를 위해 이 봄날을 창조했단다' 하는 음성을 들은 적이 있다면, 친구의 배반에 마음이 아플 때 고통의 심연에서 붙드시는 신의 손길을 느낀 적이 있다면, 이 지극히 사적인 계시들이 각자의 신앙감이 될 수 있습니다. 가톨릭의 경우, 비가시적인 하느님 은총의 가시적 표현인 성사, 예를 들어 성찬 같은 순간도 신앙감을 형성합니다.

또한 신앙감은 영혼에 깊이 새겨진 성서의 말씀과 관련이 깊습니다. 성서는 매번 읽을 때마다 새롭게 다가오지만, 그럼에도 자신에게 특별한 의미로 다가왔던 구절들을 꼽아 보면 거기서 개인의 영성을 찾을 수 있습니다. 나는 명랑한 사람이지만, 밑줄 그은 성서 구절들을 읽어보면 늘 죽음이나 세상의 덧없음에 관한 것입니다. 특히 좋아하는 구절은 시편이나 잠언 같은 지혜문학인데, 거기에는 우리 인생이 한갓 풀포기와 같다는 구절들이 많이 나옵니다. 그러니 나의 까불까불한 성품은 인생의 일회성과 죽음을 앞둔 존재가 가지는 가벼움에 기인합니다. 우리는 식별하는 가운데 신앙감을 넓혀 가고, 반대로 이 신앙감이 식별의 소중한 단서가 되기도 합니다.

둘째, 경험을 통해 축적된 지식과 신앙의 내용물이 식별에 영향을 줍니다. 내면을 주의 깊게 성찰하는 사람은 식별을 위한 자료가 풍부한 사람입니다. 우리는 자신이 삶을 대하는 태도와 경향, 자유의 체험들, 또 그런 자유를 체험할 때 자신이 어떤 행동을 하는 경향이 있는지 등을 알고 있어야 합니다. 몸은 이런 진정성 있는 반응을 보여 주는 척도입니다. 어떤 결정의 순간에 몸이 어떻게 반응하는지 아는 것은 매우 유익합니다. 두려움을 느낄 때 몸이 반응하는 방식이나 기쁨을 느낄 때 취하는 동작들에 대한 지식은 식별을 도와줍니다. 미국에서 수도회 입회를 결정할 때 한국인인 내 정체성에 혼란이 왔고, 한국에서 수도 생활을 해야 하지 않을까 하는 의문이 계속 들었습니다. 그렇게 힘들게 미국 수도원에서 "아직 입회를 결정할 때가 아닌 것 같아요"라고 말하는 순간, 뱃속이 편안하고 따스해지는 것을 느꼈습니다. 그때 내 몸은 아직 시간이 되지 않았다고 이야기하고 있었던 것 같습니다.

마지막으로, 경청은 식별의 매우 중요한 요소입니다. 식별하는 동안 가장 중요한 작업은 주의 깊게 듣고 보는 일입니다. 오늘 마음을 사로잡은 뉴스, 카페에서 들은 어떤 말마디, 친구와 수다를 떨다가 마음에 들어온 말, 독서를 통해 만난 글귀 등은 모두 식별을 위해 우리에게 다가오는 메시지입니다. 그 말들이 자신에게 어떤 느낌을 주고, 현재의 식별 주제와 어떤 관련이 있는지 계속 살펴야 합니다. 개인적으로 자신의 마음을 경청하고 주변에서 들려오는 모든 목소리를 주의 깊게 듣는 일은 결국 삶에 정성을 기울이는 섬세한 기술입니다.

특히 자신이 그동안 살아온 패턴과 다른 새로운 길을 가는 순간에 와 있음을 깨닫는 것은 식별의 백미일 것입니다. 무수히 반복한 삶의 방식을 깨닫고, 새로운 길로 걸음을 내딛는 순간에 와 있음을 알게 된다면, 많은 불편에도 불구하고 불확실한 새로운 것을 선택해야 할지도 모릅니다. 이때 경청은 마음에 탄력성을 제공하고, 새로움을 받아들일 수 있는 개방성을 제공합니다. 이 책 여러 곳에서 강조하고 있지만, 경청은 영성 생활의 가장 중요한 요소이고, 식별에서도 가장 중요한 요소가 됩니다.

식별을 위한 준비

식별을 시작하려면 구체적으로 무엇을 식별해야 하는지가 분명해야 합니다. 좋은 신앙인이 되고 싶다거나 복된 삶을 살고 싶다는 막연한 갈망이 아닌, 신학교에 들어가거나 누군가와 결혼을 하기로 선택하는 것과 같은 구체적인 내용이 있어야 합니다. 내가 아는 한 자매는 남편이 해외 선교사로 부르심을 받았습니다. 그때 자신은 그저 선교사의 아내로 함께 떠나면 되는 것인가 하는 의문이 들기 시작했습니다. 그래서 그는 기도를 시작했고, 자신을 선교사로 부르시는 하느님의 음성을 느끼고 기쁘게 선교의 길을 나섰습니다. 대부분은 그저 막연히 남편이 선교사가 되면 아내로서 자신은 당연히 선교사로 부름받는다고 생각하지만, 이 자매는 자신의 질문 앞에 성실히 기도하고 식별했습니다. 그리고 선교사로서 자신의 길을 간 것입니다.

　식별을 시작할 때 가장 중요한 것은 매일 기도하는 것입니다. 기도하지 않으면서 식별의 방법을 알 길은 없습니다. 특히 하루 동안의 생활을 돌아보면서 그날 자신에게 다가온 메시지를 인식하는 예민함을 불러일으키는 의식 성찰 같은 기도가 중요합니다. 의식 성찰을 하면서, 하루 중 어떤 순간에 하느님을 향해 마음이 열렸고 또 어떤 순간에 사랑에서 멀어졌는지, 또 어떤 기분에 빠져들었는지를 기억하고 그 시간에 다시 머물러 보는 것입니다. 또한 하느님의 빛 안에서 어떠한 결정도 잘 받아들일 수 있도록 은혜를 청하면서, 마음이 갈수록 열려 가는지, 아니면 닫혀 가는지 살펴봅니다. 만일 점점 영혼의 기쁨이 사라지고 걱정과 불안에 사로잡힌다면, 이 결정을 접고 다른 방향으로 식별을 시작해야 합니다.

　많은 경우, 이미 마음이 정해져 있거나 두려움에 사로잡히면 참된 식별이 되지 않습니다. 그래서 어떤 선택으로부터도 약간의 거리를 둘 필요가 있습니다. 그래야만 어떤 방향으로 결정한다고 해도 그것을 받아들일 수 있는 자유가 주어지기 때문입니다. 예수회 창설자 이냐시오는 이런 상태를 무심함이라고 설명합니다. 무심함을 나타내는 영어 단어 'indifference'는 냉담한 무관심의 뉘앙스를 풍깁니다. 하지만 이냐시오가 말하는 무심함은

양쪽 저울이 평행을 이루는 정지점 혹은 균형점을 의미합니다. 따라서 기다림의 순간이라고 볼 수 있겠습니다. 이런 상태에서는 한쪽으로 미세하게 기울어지기만 해도 금방 느낄 수 있습니다. 그러므로 식별의 전제 조건으로서 무심함이란, 무질서한 애착과 거리를 두고 하느님이 역사하시는 모든 움직임에 열려 있는 상태를 의미합니다. 그러므로 식별하는 동안 우리는 이러한 마음의 자유, 무심함을 얻기 위해 매일 기도해야 합니다.

식별하기·

먼저, 결정할 어떤 사항과 관련된 장점과 단점을 열거해 봅니다. 내용들을 나열하면서 자신의 마음을 계속 주시해 봅니다. 두 개의 칸을 만들어서, 그것을 선택할 때 좋은 점과 어려운 점을 적어 봅니다. 가령 두 명의 자녀를 둔 오십대 여성이 공부를 새로 시작하기로 했다면, 학위를 가진 전문가로서 목소리를 낼 수 있고, 자기만의 시간과 공간을 획득할 수 있고, 하느님을 더 알아

• 참고로, 인생의 중요한 문제를 두고 식별할 때는 영성 지도자와 함께하는 것이 좋다. 감정이나 사고의 흐름을 통해 일하시는 성령의 이끄심을 바라보는 일을 신뢰할 수 있는 사람과 함께 하면, 그 과정 자체에 더 신뢰가 생기기 때문이다.

갈 수 있고, 친구나 새로운 네트워크가 생기며, 결과물을 공동체의 유익을 위해 쓸 수 있다는 점 등을 장점으로 적을 수 있을 것입니다. 그리고 다음 칸에는 어려운 점이나 이 결정이 가져올 불이익을 열거해 봅니다. 은행 대출을 얻으면 공부가 끝난 후 재정적 어려움이 생기고, 나이와 체력을 고려할 때 물리적으로도 어려울 것이고. 아이들과 함께 보내는 시간이 줄어들고, 아침에 혼자 묵상하고 산책하는 중요한 영적 수련을 희생해야 하고, 만약 공부를 하고도 학위를 따지 못하면 주위에 체면이 말이 아닐 것이라는 점 등 떠오르는 대로 적어 봅니다.

그리고 이 모든 조건에서 마음이 어느 곳으로 기우는지를 봅니다. 구체적으로 각 사항에 점수를 매겨 보아도 좋습니다. 만일 자기만의 시간과 공간을 얻는 데 높은 점수를 주었다면, 그것을 통해 내 욕구를 알아차릴 수 있습니다. 이 과정에서는 모든 것을 있는 그대로 바라볼 수 있어야 합니다. 학위를 얻는다면 평소에 느끼던 열등감이 다 사라질 것 같고 그것이 공부의 주된 목적이라면, 그것은 무척 중요한 요소입니다. 또 경제적인 것들이 그다지 크게 문제 되지 않는다면 그것도 자신에 대해 알아 가는 좋은 단서가 될 수 있습니다. 어려운 점으로 꼽은 것들이 사실상 큰 부담이 되지 않는다거나 긍정적인 부분이 너무 크고 중요한 일이라 다른 것들이 모두 부수적으로 느껴진다면, 긍정적 선택을 따라가면 됩니다.

이때 자신이 유지해 온 신앙의 색깔과 방향을 떠나 갑자기 다른 방향으로 나아가려는 움직임이 있다면, 주의를 기울여야 합니다. 예를 들어, 가난한 사람을 위해 봉사하고픈 마음으로 살아오던 사람이 갑자기 관계를 다 끊고 기도에만 전념하고픈 욕망이 생겼다면, 이것은 새로운 방향이 시작되는 것이므로 잘 식별해 보아야 합니다. 새롭게 기도 생활을 하고 싶은 욕구가 타자를 섬기는 의무에 지친 데서 연유한다면, 그 동기가 바른 것인지 식별해 보아야 합니다. 반대로, 영성적인 것에 관심이 없었는데 갑자기 예배를 드리고 싶고 기도에 관심이 생긴다면, 이런 갑작스런 변화에 대한 불안은 그 자체로 영적 위안 spiritual consolation 의 경험입니다. 이처럼 식별은 삶 전체가 움직여 가는 방향의 변곡점에서 이루어지는 것이라고 볼 수 있습니다.

두 번째로, 잠정적 결정을 내리고 마음의 흐름을 살핍니다. 예를 들어 공부를 더 하기로 결정했다면 그에 따라 마음이 어떻게 흘러가는지를 살펴봅니다. 이때 가장 중요한 것은 섬세한 경청입니다. 마음에 떠오르는 여러 감정들을 마주하고, 외부에서 들려오는 소리와 성서의 말씀들이 결정을 확인해 주는지 아닌지를 관찰합니다. 그리고 그 과정에서 마음에 떠오르는 감정들을 잘 살펴봅니다. 새롭게 공부를 시작한다는 기쁨과 떠오르는 걱정

중 어느 것이 더 강력하고 마음에 오래 남는지, 또 시간이 흐르면서 어떤 것이 더 진정한 감정인지를 보는 것입니다. 평화와 기쁨이 우러나고, 더 큰 것을 향해 나아가고자 하는 마음이 커진다면 식별이 이루어졌다고 할 수 있습니다.

반대로, 잠정적으로 선택을 내린 후 불안감이 증폭되는 경우가 있습니다. 그럴 때는 식별하는 동안 적어 놓은 기록을 잘 읽으면서 어느 시점에 부정적 감정이 크게 작용하기 시작했는지, 자신의 진정한 자유를 따르지 않고 타인의 목소리를 따라감으로써 불안을 잠재운 것은 아닌지, 혹은 자신의 욕심이 전체 과정에 깊은 영향을 미쳤는지를 살펴봅니다. 도피 욕구, 두려움, 분노와 같은 부정적 감정과 생각의 원천은 무엇이고, 삶의 어떤 경험과 연결되는지, 그리고 그런 경험 속에서 하느님은 자신을 어떻게 이끄셨는지 다시 곰곰이 생각해 보아야 합니다. 그러면서 마음이 다시 깊은 평화로 돌아가는 것을 느낀다면 이 선택이 현재로서는 최선이라고 할 수 있습니다.

그럼에도 감정과 생각이 계속 반대 방향으로 치닫는다면, 이제는 처음의 결정과 반대되는 것을 잠정적 결정으로 간주합니다. 그리고 여러 내면의 소리 가운데서 하느님의 목소리를 찾아내려고 노력합니다. 예를 들어, 스스로 계산한 모든 부정적인 내면의 소리를 인정하고 수긍할 때 어떤 일이 일어나는지 살펴봅니다. 갑자기 허탈해지거나 공허감이 점점 커질 수도 있고, 분노나 수치심 같은 감정들이 올라올 수도 있습니다. 경제적인 부분이 가장 큰 걱정인데 장학금을 받을 수 있다는 소식을 들을 수도 있고, 실패할 수 있다는 두려움이 점점 확신으로 바뀔 수도 있습니다. 그런 과정을 통해 선택이 분명해지기도 합니다.

내 일생에 가장 힘든 변곡점이 된 순간은, 한국 수도회의 명을 거스르고 공부를 더 해야 할지를 식별했던 순간입니다. 사실 마음에서 바람은 생기는데, 나는 지원할 준비가 전혀 되어 있지 않다고 느꼈습니다. 그래서 준비해야 할 서류를 보면서 겁을 먹고 포기할 생각을 했습니다. 너무 막연하고, 스스로도 될 리가 없다고 생각했습니다. 그래서 실망에 차서, "예수님, 이건 정말 불가능한 꿈인가 봐요. 이제 이 꿈을 접어야겠어요. 저는 스물다섯 페이지 이상 쓴 논문이 없어요. 그걸 언제 새로 써요"라고 중얼거렸습니다. 그런데 그때 이런 소리가 들렸습니다. "있어. 네가 나한테 써서 봉헌한 페이퍼가 스물다섯 페이지였어." 나는 깜짝 놀랐습니다. 석사 과정 때 내가 두 개의 수업을 듣고 있던 한 교수님이 25페이지의 페이퍼 하나를 써 보라고 하셨고, 마리아와 마르타에 대한 나의 해석을 주제로 처음 페이퍼를 쓰게 되었습니다. 그리고 여성주의 영성에 관한 그 첫 페이퍼를 제출하기 전에 학교 성당 예수님의 감실 앞에 놓아 드렸습니다. 나의 첫 수확을 주님께 드리고 싶어서였습니다. 그 순간이 갑자기 떠오르면서, 나는 이 일에 하느님이 개입하신다는 확신이 들기 시작했습니다.

한편, 소극적인 결정을 위한 식별도 있습니다. 무언가를 '하지 않는' 것이 삶의 본질을 구성하는 환경으로 느껴지고, 그 상황을 받아들이는 것이 최선이라는 느낌이 점차 강해지고, 그 안에서 평화가 느껴지면, 그 일을 하지 않겠다고 식별할 수 있습니다. 예를 들어, 어린 자녀를 위해 지금은 모든 욕구를 보류한다는 식별이 옳은 것이라면, 기쁨이나 만족감 같은 것이 올라옵니다. 우리는 종종 식별을 적극적인 방향으로만 생각하지만, 소극적인 형태로 식별이 분명해지기도 합니다. 우리에게 잘 알려진 파커 파머Parker Palmer의 식별 이야기는 내가 식별 수업에서 자주 쓰는 예입니다. 그가 가르치던 학교에서 총장 선출을 하게 되었습니다. 그는 강력한 후보자가 되면서 식별을 했는데, 그가 총장이 되고 싶은 이유는 단 하나, 도서관에 있는 역대 총장들의 사진에 한 자리 끼고 싶은 것임을 알게 되었습니다. 사실 그는 학교 행정 자체에 전혀 흥미가 없을 뿐더러, 후원금을 모금하는 재능도 없음을 잘 알고 있었습니다. 그래서 도서관에 총장들 사진이 걸려 있지 않다면 어떨까 하는 상상을 해 보면서 자신의 욕망이 정말 어처구니없는 것임을 알았다는 이야기입니다.

나는 이 식별 이야기가 참 좋습니다. 그는 우리 모두에게 있는 허영이나 명예욕을 정직하게 다루기 때문입니다. 그리고 무엇보다 이 이야기가 돋보이는 부분은 유머러스한 정서입니다. 가볍고 유머 감각을 잃지 않아서 더욱 매력적인 식별인 것 같습니다.

이제, 식별이 완성되었다는 표지를 생각해 봅시다. 우선 감정의 큰 기복이 없고 잔잔한 느낌이 듭니다. 감정이 롤러코스터를 탄다면 거의 처음부터 다시 식별을 시작해야 할지도 모릅니다. 둘째, 무언가를 행할 에너지가 점점 생기기 시작합니다. 식별은 다 끝났는데 이상하게 그 결정을 향해 나아갈 에너지가 하나도 없다면, 그 식별은 잘못된 것입니다. 식별을 잘 했다면 내면이 단단해지면서, 새로운 선택을 향해 걸음을 내디딜 에너지가 서서히 커질 것입니다. 셋째, 어떤 행동은 반드시 다음 단계의 행동으로 이어집니다. 그리고 마지막으로, 마음이 가벼워지고 새롭게 다가오는 것들에 마음이 열립니다.

이외에도, 베스 리버트Beth Liebert는 자신이 할 수 있는 것과 할 수 없는 것을 구분할 수 있고 하느님께로 향하는 신뢰가 더욱 깊어졌을 때, 그리고 비록 영혼이 메마르다고 느낄지라도 하느님께로 더 나아갈 때, 그것은 식별이 잘 완성된 표지라고 강조합니다.[*]

---

* 앞의 강의 내용 중에서.

식별하는 공동체

공유하는 지향점에 맞는 행동을 결정하기 위해 공동체는 함께 식별 과정을 거칩니다. 특히 복음의 정신을 따라 살고자 하는 작은 공동체에서 식별은 중요한 방향과 지침을 결정할 수 있도록 돕고, 또 식별하는 공동체는 고유의 정체성을 계속해서 공고히 해 나갈 수 있습니다. 공동체가 함께 식별하기 위해 유념해야 할 점이 몇 가지 있는데, 먼저 공동체는 한 마음을 유지해 나가되 획일적인 생각을 강요해서는 안 된다는 점입니다. 건강한 공동체는 각 개인의 개성과 자유로운 표현이 허용되는 곳이기 때문입니다.

둘째, 공동체는 각자의 다른 점을 인정하고 축하해 줄 수 있어야 합니다. 어떤 문화적·인종적 차이를 열등한 것으로 이해하거나 단일한 문화를 강요하는 것은 그 공동체의 영을 거스르는 것과 다름이 없습니다. 이 부분을 깊이 생각하며 행동하지 않으면 지역주의, 지연 및 학연에 의한 특권의식, 세속적 기준에서의 계급의식이 생겨날 수 있습니다.

셋째, 각 구성원은 공동체 내에서 일어나는 일에 책임감을 가지며, 짐을 나누어 져야 합니다. 공동체를 향해 요구하는 것은 많으면서 정작 자신은 전혀 일하지 않는 사람들도 있습니다. 일을 그르칠 것에 대한 두려움 때문에 해 보지도 않고 남에게 미루려는 사람들도 있습니다. 모두가 책임을 나누고, 만약 주어진 일을 해내지 못했다면 사과하고 다른 구성원에게 부탁해야 합니다. 이런 경우 정직한 소통이 필요하며, 어떤 일을 책임질 수 없는 문제에 대해 공적으로 고백하는 것이 바람직합니다. 서로 자신의 부족함을 고백하고 실수를 인정할 때, 그 공동체는 성장할 수 있습니다.

넷째, 식별하는 공동체는 탄력적인 구조를 가지고 있습니다. 어떤 것은 절대 안 된다거나, 꼭 어떤 방식으로만 해야 한다고 생각하는 공동체는 새로운 것을 받아들일 수 없고, 더 나아가 현실을 왜곡하게 됩니다. 디즈니 만화영화 〈엔칸토Encanto〉의 유명한 삽입곡 중 "브루노에 대해 말하지 마We Don't Talk About Bruno"라는 노래가 있습니다. 누군가의 결혼식에 비가 올 거라고 이야기하는 그로 인해 마음이 망가져 버렸으니, 더 이상 나한테 브루노에 대해 말하지 말라는 내용입니다. 듣기 싫은 현실을 이야기하는 브루노는 완벽한 엔칸토 공동체에서 소외된 사람입니다. 완벽해야 하는 이 공동체에서 부정적인 이야기나 불편한 진실을 꺼내는 불편한 존재이기 때문입니다.

특정한 방식만 고집하고 탄력성을 잃은 공동체는 아무 노력도 하지 않고 침몰하는 배와 같습니다. 바로 이런 공동체가 식별하지 않는 공동체라 할 수 있습니다. 시대의 뜻과 공동체의 현실을 똑바로 직시하고 그에 맞추어 조직을 바꾸어 갈 탄력성을 갖출 때, 브루노와 적극적이고 열린 대화를 할 수 있을 때, 엔칸토는 다시 아름다운 공동체가 될 것입니다. 즉, 식별하는 공동체로 매번 다시 태어날 수 있을 것입니다.

마지막으로, 식별하는 공동체는 복음적 가치에 따라 움직여 가는 공동체입니다. 그것은 가난한 사람들이 있는 곳으로 달려가는 공동체입니다. 코로나 팬데믹 기간에 베트남의 한 공동체 수녀님들이 병으로 쓰러진 사람들을 방문하고 돌보았다는 이야기를 들으면서, 이 공동체는 시대의 표징에 따라 움직인 공동체라는 확신이 들었습니다.

공동체 식별의 과정

공동체의 식별은 개인의 식별만큼이나 중요합니다. '새로운 수도원 운동'을 펼쳐 온 에반 하워드 Evan Howard는, 공동체의 식별이란 기도에 푹 잠기는 행동인 동시에 행동하는 기도라고 말합니다. 그리고 공동체 식별의 과정을 관찰하기, 함께 모이기, 평가하기, 결정하기, 행동하기로 나누어 설명합니다. 이제 여러 사안을 놓고 식별에 들어가는 사례들을 살펴보겠습니다.*

1. 관찰하기. 식별의 시작은 관찰입니다. 어떤 현상과 그에 대한 반응, 구조에 대한 관찰이 필요합니다. 예를 들어, 어떤 교회 공동체에서는 전도사로 일하는 젊은 여성들이 일 년 이상을 일하는 경우가 드뭅니다. 신자들은 새로 온 여전도사를 대할 때 '곧 그만둘 사람'으로 여기며 유난히 거리를 두고 경계심을 가집니다. 이 현상을 외부에서 보면 '여성에 대해 편견이 많은 공동체인가 보다', '여성 성직자들이 성실하지 않은가 보다', '신자들이 무례하다' 등의 생각을 할 수 있습니다. 이럴 때 가장 먼저 해야 하는 일은 교회의 구조를 살펴보는 것입니다.

이 교단은 여성에게 안수를 주지 않습니다. 그러므로 여성이 일을 열심히 한다 해도 목사가 될 수는 없습니다. 그러므로 여성은 그냥 목회의 도구로 취급받습니다. 창의적인 안건을 내더라도 의견이 채택되는 경우는 없습니다. 구조가 이렇다 보니 젊은 여성 전도사는 꿈이 좌절되는 경험을 자주 하게 되는 것입니다. 일을 새롭게 추진할 기회도 별로 주어지지 않고 남성 목회자가 결정한 것을 실행하거나 늘 보조 역할만 해야 합니다. 이런 구조

---

* 나는 공동 식별에 관한 내용의 많은 부분을 에반 하워드의 책에서 인용했다. Evan Howard, *Deep and Wide: Reflections on Socio-Political Engagement, Monasticism(s), and the Christian Life* (Eugene: Cascade Books, 2024), pp. 41-45.

에서는 남성 사역자와 여성 사이에 긴장이 있을 수 있고, 만일 갈등이 생기면 주로 여성이 교회를 떠날 것입니다. 이렇게 구조를 분석하고 그 구조에서 무슨 일이 일어나는지를 생각해 보면, 왜 그런 일이 일어났고 공동체에 구체적으로 어떤 영향을 미칠 수 있는지를 알 수 있습니다.

2. 함께 모이기. 공동체가 식별할 때는 모두 함께 모여야 합니다. 그리고 어떤 결정을 내릴 경우 그것이 어떤 구성원에게 어떤 식으로 고통을 줄 수 있는지 잘 경청해야 합니다. 그리고 주로 결정에서 소외되는 사람들을 초대해서 상황을 잘 들어야 합니다. 앞서 말했듯 교황 프란치스코가 제안한 '시노달 과정'이 좋은 사례입니다. 그는 현대 교회가 해야 할 일을 식별하기 위해 세계 모든 지역 교회의 구성원으로부터 이야기를 듣는 과정을 제시했는데, 이를 시노달 과정이라고 합니다. '함께 가는 길'이라는 '시노드'의 의미대로, 교회 내 모든 구성원의 목소리를 경청한 후 기도하면서 앞으로의 갈 길을 모색하는 것입니다.

이 과정에서는 공동체의 당면한 문제에 대해 다각적이고 구체적으로 연구하게 됩니다. 전문가를 초청해 이야기를 듣기도 하고, 재정 현황이나 다른 공동체와의 관계도 생각해 보아야 합니다. 만약 어떤 공동체가 지역 아동을 위해 공부방을 열기로 했다면, 얼마 정도의 예산이 필요하고, 누가 직접적으로 이 사업에 뛰어들 것인지, 해당 지역 아동 인구와 공부방 현황은 어떤지 등을 고려해 보아야 합니다. 만일 어린이를 위한 공간이 필요하지만 운영할 여력이 안 된다면, 다른 가능성도 생각해 볼 수 있습니다.

그리고 공동체 구성원의 감정이나 기대를 함께 모아 봅니다. 어떤 위대한 큰일이 아니라 공동체의 영적 감수성에 맞는 작은 결정이어도 좋습니다. 공동체의 뜻이 어떤 새로운 방향으로 기울어진다면 처음에 내린 결정이나 처음 제기한 질문을 수정할 수 있습니다. 예를 들어 새로운 시설을 짓기보다는, 이미 존재하는 시설을 지원하는 방법을 찾는 방향으로 변경될 수 있습니다.

3. 평가하기. 식별 과정이 진행됨에 따라 긍정적인 면과 부정적인 면을 비교하는 순간이 옵니다. 매우 단순한 한 가지 요소가 식별의 전체 방향을 바꿀 수도 있습니다. 만약 어느 수녀원이 공부방을 운영하고 싶지만 현재 구성원 중 누구도 이 일에 관여할 여건이 안 된다면, 그 프로젝트는 불가능합니다. 하지만 그 수녀원이 운영할 여력이 있는데 그 일을 맡을 만한 회원이 힘들어하고 자신이 없다면, 그것은 하느님이 주시는 도전일 수 있습니다. 공동체는 어떻게 그 회원을 지지할 수 있을지를 고민하고 그의 마음을 잘 경청하면서 프로젝트에 대한 판단을 내려야 합니다.

이때도 공동체는 마음의 내적 자유가 있는지 살펴보면서, 하느님의 인도에 마음을 열고 따라갈 수 있는 무심함을 공동체에 내려 달라고 기도해야 합니다. 물론 공동체가 가진 사회정치적 관점이나 우선적 선택을 포기한다는 뜻은 아닙니다. 이것들은 식별 과정 내내 존중되어야 합니다. 그럼에도 불구하고 우리는 하느님의 이끄심을 신뢰해야 하고, 상황이 어떻게 진행되는지 유심히 살펴보아야 합니다. 또 이 결정이나 프로젝트가 어떤 마음과 생각으로 이끄는지를 살펴보아야 합니다.

4. 결정하기. 모여서 경청하고, 자료를 모으고, 사회적 구조를 분석하고, 마음과 생각의 흐름을 관찰하면 이제 결정을 내립니다. 성령께서 공동체에 임하시는 듯 어떤 결정을 내려야 할지 매우 분명할 때도 있습니다. 또 한 걸음씩 나아가면서 어떤 결정에 도달할 때도 있습니다. 그런데 도무지 결정을 내리기 힘들 때가 있습니다. 공동체의 갈망이 한 곳에 모이지 않았는데 더 지체할 시간은 없다면, 하느님의 이끄심을 신뢰하면서 최선의 것을 선택하면 됩니다. 전적인 분명함에 이르거나 완전한 평화를 느끼는 것이 그렇게 중요하지는 않습니다. 주님을 신뢰하면서 행동으로 나아가는 것이 더 중요하기 때문입니다. 그리고 우리의 확신은 식별 과정을 똑바로 수행하는 데서 오는 것이 아니기 때문입니다. 더욱 잊지 말아야 하는 것은, 바른 식별이었다고 실패하지 않는 것은 아니라는 점입니다. 우리는 공동체의 선한 마음과 신앙을 가지고 최선을 선택할 뿐입니다.

5. 행동하기. 공동 식별에서 가장 중요한 것은, 결정 사항의 실행에 대해 공동체 구성원 모두가 투명하게 소통하는 일입니다. 그리고 또 한 가지 중요한 것은 놀이하듯 가벼운 태도를 가지는 일입니다. 창의적이고 즐거운 마음으로 새로운 일을 시작하는 것입니다. 그러고 나서 다시 점검하고, 고치고, 새롭게 시작해 봅니다. 외부로부터의 반응과 공동체 안에서의 움직임을 주시하면서 말입니다. 특별히 사회 참여를 위한 식별은 무엇보다 유연하게 해 나가면서 지속적으로 수정해야 합니다. 그런 점에서 공동체 식별은 가볍고 즐거운 마음으로 하느님에 대한 신뢰를 배우는 과정, 하느님이 일하시는 방법을 배워 가는 과정입니다.

* * *

내가 17년 동안 가르치던 대학이 문을 닫으면서 식별을 하게 되었습니다. 학교가 문을 닫기 몇 년 전부터 외부 초청 강연이나 수업 제안이 계속 늘어났고, 그런 글로벌 교육을 하면서 기쁨을 느끼고 있었습니다. 그런데 근처 학교에 교수 자리가 하나 비게 되었고, 그 자리에 지원하라고 여기저기서 연락이 오기 시작했습니다. 다른 사람들의 뜻에 힘입어 떠밀리듯 지원했고, 곧 그 학교에서 가르치게 될 것 같았습니다. 그런데 그 학교 정원에 앉아 있으면 왠지 숨이 답답했습니다. 그래도 최선을 다해 과정에 임

했는데, 막상 내가 선출되지 않았습니다. 기분이 나빴고 실패했다는 생각에 울적했는데, 점점 마음속에 기쁨이 올라오는 것을 느꼈습니다. 그리고 내가 사랑하는 글로벌 교육을 계속할 수 있다는 생각에 마음이 흡족했습니다. 그러면서 깨달았습니다. 긍정적 메시지만 식별의 강력한 표징이 되는 것이 아니고, 부정적인 메시지를 통해서도 하느님의 마음과 일치하는 가운데 영혼의 소망이 하나 되는 것을 알 수 있었습니다. 식별한다는 것은 때로 실패를 통해, 때로는 영광을 통해 주님의 영과 함께 춤사위를 배워 가는 일임을 깊이 깨달았습니다. 그러니 실패나 성공이 중요한 것이 아니고, 오직 하느님만을 바라보면서 주어진 길을 걸어가는 일이 진실로 중요한 것이 아닐까 생각해 봅니다.

맺음말

내가 사는 알라미다에는 지금 봄이 오고 있습니다. 조그만 물새들이 아직 순수한 눈망울을 하고 날기 연습에 한창입니다. 바닷물 속에서는 조그만 물고기 떼가 움직이고, 그래서 빛은 더욱 찬란해집니다. 그렇게 봄날이 오고 있습니다. 요즘 세상은 희망을 찾느라 분주한 것 같습니다. 물론 나도 그러합니다. 그런데 이렇게 갑자기 촉촉한 물기를 올리는 나무들, 날기를 학습하는 작은 새들, 공기에 묻어나는 봄의 향기를 만나면서, 이게 희망이 아닐까 하는 생각을 해 봅니다.

《사려 깊은 수다》를 출간하고 만난 아름다운 여성들을 떠올립니다. 그저 함께 모여 삶의 불확실성을 이야기하고, 속절없이 겪은 생의 아픔을 나누고 또 위로받는 공간들이 여기저기 생겨나면서 여성 영성의 싹이 트고 있음을 느낍니다. 길 위에서 하느님과 춤추고자 하는 갈망을 길어 내는 여성들의 수고와 땀방울을 보며, 21세기 한국이라는 거룩한 대지에 여성들의 영성이 뿌리 내리고 있음을 확인합니다.

아직도 제도 교회는 가부장적이고, 여성의 경험은 주변적인 것으로 치부됩니다. 하지만 그런 현실 속에서도 그 주변의 경험이 주는 해석적 특권을 향유하는 여성들의 모습을 지켜보면서, 영성이란 한편으로는 타자로부터 주입된 많은 목소리에 숨어 있는 진정한 자기 목소리를 찾아가는 일이고, 다른 한편으로는 공동체 안에서 거울을 들여다보듯 내적 여정을 시작하는 지난한 작업임을 배웁니다.

《사려 깊은 수다》독자들과의 교류를 통해, 여성 영성을 공부하는 그룹 '마음길 열다'가 만들어졌고, 서로를 경청하는 작업을 시작하게 되었습니다. 그렇게 함께 공부하며 깊어져 가는 자매들을 볼 수 있어서 행복했고, 이 책은 그러한 영성 수업 과정을 통해 얻은 결과물이라고 할 수 있습니다. 하여, 누가 내게 여성 영성이 무엇이냐고 묻는다면, 사랑이라고 대답할 것 같습니다. 성령으로 잉태한 소녀 마리아가 나이 든 엘리사벳을 찾아 산골길을 걸어갔듯이, 그리고 두 여성이 함께하며 기쁨의 노래를 불렀듯이, 여성 영성은 '우리성' 안에 깃든 거룩함이며, 서로의 성장을 기대하며 마음에 물을 주고 거울이 되어 주는 사랑의 노래입니다.

이 책을 진정한 자신을 찾아가는 모든 순례자 여성들에게 바칩니다. 아무쪼록 이 책이 여성으로 살아가는 데 긍지와 위안이 되는 내면의 공간을 만들어 가는 데 도움이 되기를 소망합니다. 내면의 공간에서 아름다운 그대들은 커다란 나무가 되소서. 짙은 향 머금은 한 송이 꽃이 되소서.

여성 영성 수업
삶을 해석하고 다시 쓰기

초판 1쇄 발행	2025년 7월 20일
지은이	박정은
발행인	임혜진
발행처	옐로브릭
등록	제2014-000007호(2014년 2월 6일)
전화	(02) 749-5388
팩스	(02) 749-5344
홈페이지	www.yellowbrickbooks.com
이메일	yellowbrickbooks@gmail.com

Copyright ⓒ 박정은 2025
ISBN 979-11-89363-30-7 (03190)